邪馬台国女王の都 遂に解明!!

それは紛れも無く熊本県旧玉名郡付近に在った

吉野 満昭

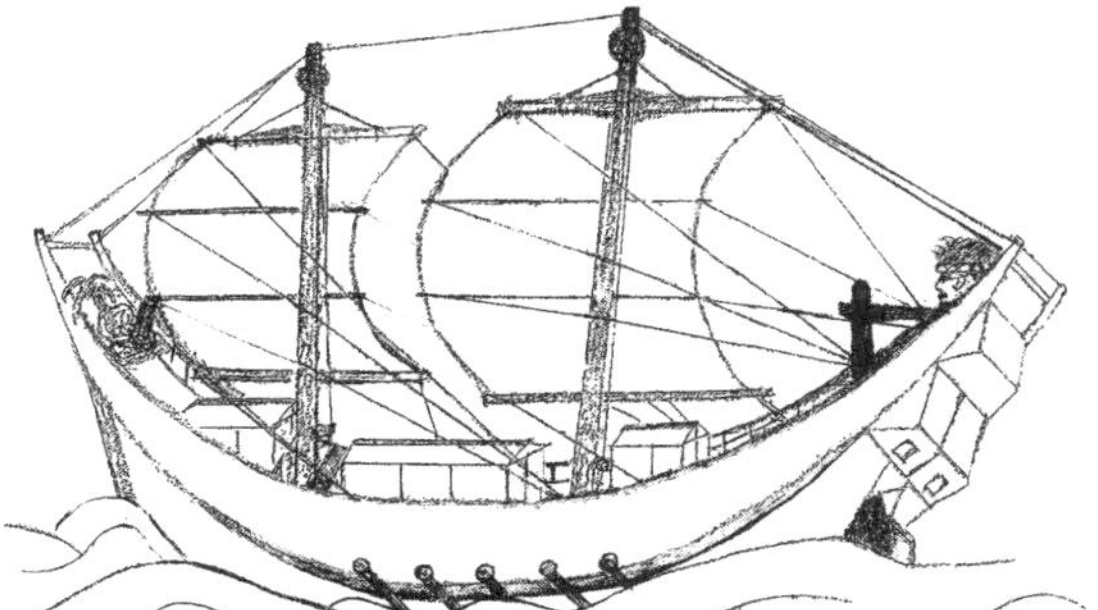

熊本出版文化会館

邪馬台国女王の都　遂に解明!!
それは紛《まぎ》れも無く熊本県旧玉名《たまな》郡付近に在った

目次

目次

序章

一　はじめに

中国（魏《ぎ》・呉《ご》・蜀《しょく》）の歴史書、「三国志《さんごくし》」（全六五巻に及ぶ史書）の中の「魏志の東夷の条」に「魏志《ぎし》・倭人伝《わじんでん》」と呼ばれる、漢文で書かれた書物がある。

この書は、狩猟《しゅりょう》中心の生活から、農耕《のうこう》中心の生活に変り始めた、一世紀から三世紀の弥生時代の日本人の暮しや、文化について、詳しく書かれている。当時、日本は、倭国《わこく》と呼ばれていたが、まだ未開で通貨も無く、市《いち》では物々交換だった、と記されている。

その倭国には、三〇の国が在ると記述されており、国体は連合国だったようだ。

この連合国を統治している人物は、巫女《みこ》から選ばれた邪馬台国《やまたいこく》に都を置く、卑弥呼《ひみこ》という女王だったと記されている。

ところで、その女王の都の在る邪馬台国は、いったい何所に在ったのか、所在地は書かれてはいるが、曖昧にしている。当時中国では、魏《ぎ》と呉《ご》が東支那海や黄海での海上覇権をめぐって抗争を繰り返していた、いわゆる戦時中であった。

更に、魏は倭国を臣下国《しんかこく》としていたためもあり、その場所を秘匿する軍事上の必要から販売用の書籍は、場所の要点を略述して、簡単には解明出来ないようにしていたのだと考えられる。

これまで、何百年にも亙って数え切れない程多数の研究者が、邪馬台国女王の都の所在地探しに取り組んで来た。

しかし、今日に至っても未《いま》だにその所在地は、不明の儘《まま》であった。

女王の都の所へは、水行と陸行で往来した様子が記述されているので、帆船の航行や海での航海の全容を知れば、略述《りゃくじゅつ》部分の解明が出来る筈である。

筆者は、手漕ぎ船から帆船、外洋航行船に至る多種類の船乗り経験を生かして、読者の皆様のご納得が得られるように、これから順々に解明して行きたいので、どうか最後までお付き合い願いたい。

中国の魏は、その南にある呉による海上からの侵略を防ぐために、朝鮮半島と倭国を味方に付けておきたかった事は、地理的に見て当然である。

また、倭国としては、中国の進んだ文化・文明を吸収する必要や、大国の後ろ楯が欲しくてその臣下国になりたかった事は、繰り返し行なっていた朝貢を見れば明らかである。両者の親密化は、利害が一致し、後漢と魏は一世紀から三世紀にかけて、倭国と通交を深めていたのであった。

卑弥呼は、二三八年に初めての使者を朝貢させているが、それは魏の臣下国となって、文明の吸収や後《うし》ろ楯《だて》を得るためであった。

魏の都、洛陽《ルオヤン》まで船を仕立て、生口《せいこう》（奴隷）や貢物を積み込んで、朝鮮の沿岸を進み、遼東《リャオトン》半島の旅《リュウ》順《シュン》港を経て、黄河を遡《さかのぼ》り、朝貢に二回成功している。

この朝貢に対し、魏は莫大《ばくだい》な金品を下賜、翌々年には、わざわざ使者を訪倭させ、印綬などを倭王に拝仮している。

また、後年には黄幢《こうどう》（大将旗）までも、倭国の難升米《なずめ》に与えるため、使者を来倭させ、拝仮した。

これで、倭国は望みどおり魏の臣下国になった事が判る。

倭国は、以前男性の王が統治していたが、戦争が絶えなかった、とあり、七〇〜八〇年に亘って戦《いくさ》が続いた、と「魏志・倭人伝」は記す。

後漢書「倭伝」によると、一四七年から一八九年までの四二年間、倭国では戦いが続いたとあり、この戦争が終わる一八九年に、巫女《みこ》をしていた卑弥呼が倭国王に選ばれ、王位に就いたのではないか、と類推される。

巫女は、若い女性が多いとされているが、カリスマ性、即ち超人間的資質を持ち、また預言者としての神秘性も備え、巫女としての腕前も優れていたと見られる事からすると、即位した時三〇歳位にはなっていたと思われるので、二四〇年に帯方郡使が来訪した時は八一歳という事になる。

「倭人伝」には、年は長大とあるが年齢の記載は無い。しかし、何れにしても卑弥呼が倭王となって戦いは治まったとあり、目出度い。

この倭国の女王は、実弟の補佐を受けて、この三〇国を統治したとある。

「倭人伝」は、この三〇国を倭国、または女王国と記《しる》すが、連合国だったと言える。

続けて記し、倭人皆跣《はだし》で歩き、食事は手掴《てづか》みで食べ、男は大人も子供も皆顔と体に入《い》れ墨《ずみ》をしている、と記す。

男の服は巾広の布を結び合わせただけで、ほぼ縫《ぬ》い目なし、髪は露《あらわ》にして縛り、頭には木綿を巻いている、とあるが麻布《まふ》だろう。

婦人は髪を折り曲げ、単衣《ひとえ》の貫頭衣《かんとうい》を作って着用とある。これのイラストを示す。

二四〇年に初来倭した魏の使者は、倭地《わち》の文明の遅れに驚いた事だろう。この頃、魏《ぎ》・呉《ご》・蜀《しょく》の三国は、覇権《はけん》を争っていた。当時の出来事を収めた「三国志」は、晋が統一を果たした後、二九七年に編纂《へんさん》を終え、史実を三国分纏《まと》めて出版した、中国の史書である。その中の「倭人伝」は、日本古代史の最古の資料だ。二六五年、帝位を禅譲《ぜんじょう》する前の魏は朝鮮半島の中西部を領有し、楽浪郡《らくろうぐん》(役所はピョンヤン付近か)としていたが、後年分轄《こうねんぶんかつ》して南側に帯方郡《たいほうぐん》(役所はソウル付近か)を置き、倭国との通交《つうこう》を盛んに行なうようになった。

西暦紀元二三八年には、倭国王の使者を帯方郡から魏の都・洛陽《ルオヤン》まで同行し、引率して朝貢させた、と制詔《せいしょう》に述べ

邪馬台国婦人の服装（類推）・夏

邪馬台国主人の服装（類推）・夏

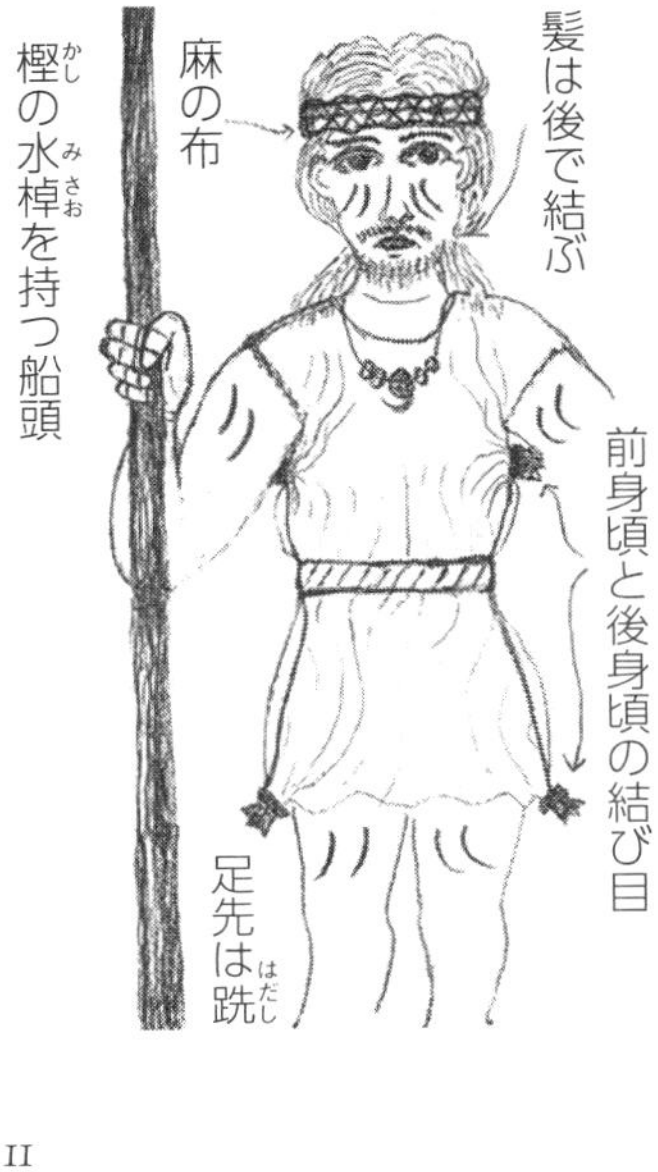

画　満昭

られている。

また、二四〇年には帯方郡の郡使一行が来日し、女王・卑弥呼《ひみこ》に金印などを拝仮《はいか》している。この時、同船した情報係郡使は、帰国せず残り、投馬国《つまこく》巡回などを行なって、倭地の情報収集に努めていたと類推《るいすい》される。この郡使は、後年、二四三年に、金印など拝受《はいじゅ》の返礼のため再朝貢《さいちょうこう》した倭国の公船に便乗し、帰国したと見る。

この時、倭王の遣使《けんし》、大夫《たいふ》・伊聲者《いせき》は、生口・布帛《ふはく》などを奉《ほう》じて朝貢《ちょうこう》し、遣使《けんし》の掖邪狗《ややく》らは、率善《そつぜん》中郎将《ちゅうろうしょう》の称号と印綬《いんじゅ》を賜与《しよ》された。

郡使が、長期にわたって収集した倭地情報は、地理情報など極秘事項が多く、魏としては軍事秘匿の必要から、一部を略述して「魏書《ぎしょ》」として出版・販売していた、と類推される。

江北《こうほく》（長江《ちょうこう》の北の地）を領有した魏は、建国後四五年、西暦二六五年に帝位《ていい》を西晋《せいしん》に禅譲《ぜんじょう》し、書類もその都《みやこ》・洛陽《ルオヤン》と共に、西晋に渡されたが、略述前《りゃくじゅつまえ》の原書は渡らずに、既販《きはん》の略述秘匿《ひとく》本だけが渡ったようで、多分有意《ゆうい》だろう。

魏から禅譲《ぜんじょう》を受けてから三二年後の二九七年に、西晋の陳寿《ちんじゅ》が、全六五巻に及ぶ史書「三国志《さんごくし》」（魏《ぎ》・呉《ご》・蜀《しょく》の史書）の編纂《へんさん》を終えた。その中に収められている「魏志・倭人伝」と呼ばれている史書がある。これは、魏の史書「魏志」の中の「東夷《とうい》」の条に収められている日本の古代史に関する最古の史料である。

陳寿は、残存していた倭国に関するこの書を見付け、その儘《まま》の状態で収めたようだ。

従って、「魏志・倭人伝」は魏の時に出版された史書を、変更せずに編纂《へんさん》されたものと類推《るいすい》される。

つまり、倭国の地を略述によって秘匿《ひとく》したのは魏《ぎ》であって、その臣下国《しんかこく》となっていた倭国を、外敵《がいてき》の侵略《しんりゃく》から守るためであったと考えられる。

それでは、何故《なぜ》、西晋《せいしん》が秘匿《ひとく》したものでは無いと言えるのか、について述べよう。

魏は、倭地情報を倭国と通交《つうこう》しながら集めていた、中国でも唯一の国だったようだ。

ただ、広い中国には倭地の情報を知りたい人々が数多くいた筈だから、全土に販売する目的で、軍事に関する部分は秘匿のため略述した書を態《わざ》々作成して、販売用として出版していた、と見るべきだろう。

一方、西晋《せいしん》は二六五年に魏から帝位を禅譲《ぜんじょう》され、略述された「魏志《ぎし》・倭人伝《わじんでん》」を譲《ゆず》り受けた。敵国だった蜀《しょく》はその二年前の二六三年には滅亡しており、唯一敵国の呉《ご》は二八〇年に西晋自身が滅《ほろ》ぼして天下を統一している。その一七年後、平和な時に出版する史書を略述秘匿するのは不自然だ。

この天下統一によって、倭地情報を匿《かく》す必要は無くなった、と言える。

それより、書《しょ》を早く出版して販売し、資金を得ようとして、「三国志」が編纂《へんさん》され、出版・販売（二九七年頃）されたと見られる。

曹魏《そうぎ》（二二〇～二六五）は、二六〇年頃、「倭人伝」出版のため、戦時秘匿として要点を略述したと見る（曹魏《そうぎ》とは、紀元前や後代《こうだい》の魏《ぎ》と区別のための別称）。秘匿のための略述は、方位・距離・基点・里の尺度などとなっている。

所要日数では、出発の基点や船種《せんしゅ》、航路、順番（陸行・水行の）となっているようだ。

これは、倭王・卑弥呼の使者が朝貢《ちょうこう》し、奴卑《ぬひ》一〇人ほかを献上した時、魏帝《ぎてい》が詔書《しょうしょ》を発して、汝《なんじ》を甚《はなは》だいとおしく思う、との言葉がある。言葉どおり、倭国を真の臣下国と認め、外敵の侵略《しんりゃく》から守るために、その都の場所を幾重《いくえ》にも略述し、秘匿《ひとく》してくれているように思える。

倭国に取っては、善意による秘匿だったと筆者は受け取っている。

何故なら、これらの略述によって当時の倭国が何も困る事は無く、外敵が困るだけだったからである。

帯方郡使が倭地を訪問した当時は、中国東岸沖の海上は、魏《ぎ》や呉《ご》の艦隊が往《ゆ》き交《か》い、抗争《こうそう》を繰《く》り返《かえ》していた時代であった。

その頃、帯方郡使《たいほうぐんし》が態々《わざわざ》倭国を訪問した最大の目的は、倭国の都の場所の確認と、そこへ往来可能な軍船航路の確定、並びに倭地の地理・軍事に関する情報収集、倭の参戦能力の評価、制約条件の掌握だったと類推される。

そのために金印や紫綬を拝仮したり、莫大《ばくだい》な金品を下賜《かし》するなどして、後には黄幢《こうどう》までも拝仮《はいか》して、真の臣下国に仕上げようとしていた様子が目に見える。

一方、郡使達は、倭国での情報収集を命じられ、派遣されたのだが、実際に訪問してみて本国との落差に驚いた事と思う。

やはり、遠地への陸行は無理で、水行するしか無い事を悟《さと》り、納得《なっとく》の上で、実際に船で訪問や巡回を行なったものと類推される。

その時、水行に要した日数を報告書に記載していたのだろう。

従って、水行・陸行の所要日数を入念に調べる事で、主要国の所在地が解る筈である。ここらで、当時の陸行の様子を考察《こうさつ》してみよう。

当時は、倭国には履物も無く、通貨も無いので、市場では物々交換だった、とある。

また、倭人は跣《はだし》で歩き、倭地には牛馬はいない、と「倭人伝」にあり、荷物は自分で荷《にな》うしか、運ぶ方法がなかったようである。

日返り可能な場合は、家族の外人足《ほかにんそく》を雇っていた事は、普通にあっただろう。

しかし、当時、倭地で何日もかかる陸行は、どのようにしていたのだろうか。

これに就いては、本論第六章（六五頁）に記す。

ただし、当時から遠地へ移動していた事は間違い無く、その証拠となる記述がある。

それは、「倭人は里《り》を知らず、距離は所要日数で数えている」とあり、遠地へ船で移動していた事が読み取れ、女王の都の所と共に、真相は本論で述べ、邪馬台国論争を完結に持って行く事を、ここにお誓い申し上げる。

二　追而書《おってがき》

本論に入る前に、「魏志・倭人伝」の、原文の読み方と、和訳の連結文、及び三・五世紀の東アジアの地図を掲載した。

乞う・ご一読を!!

二〇二三年一月　著者　吉野《よしの》　満昭《まんしょう》

12 邪馬台国と東アジア

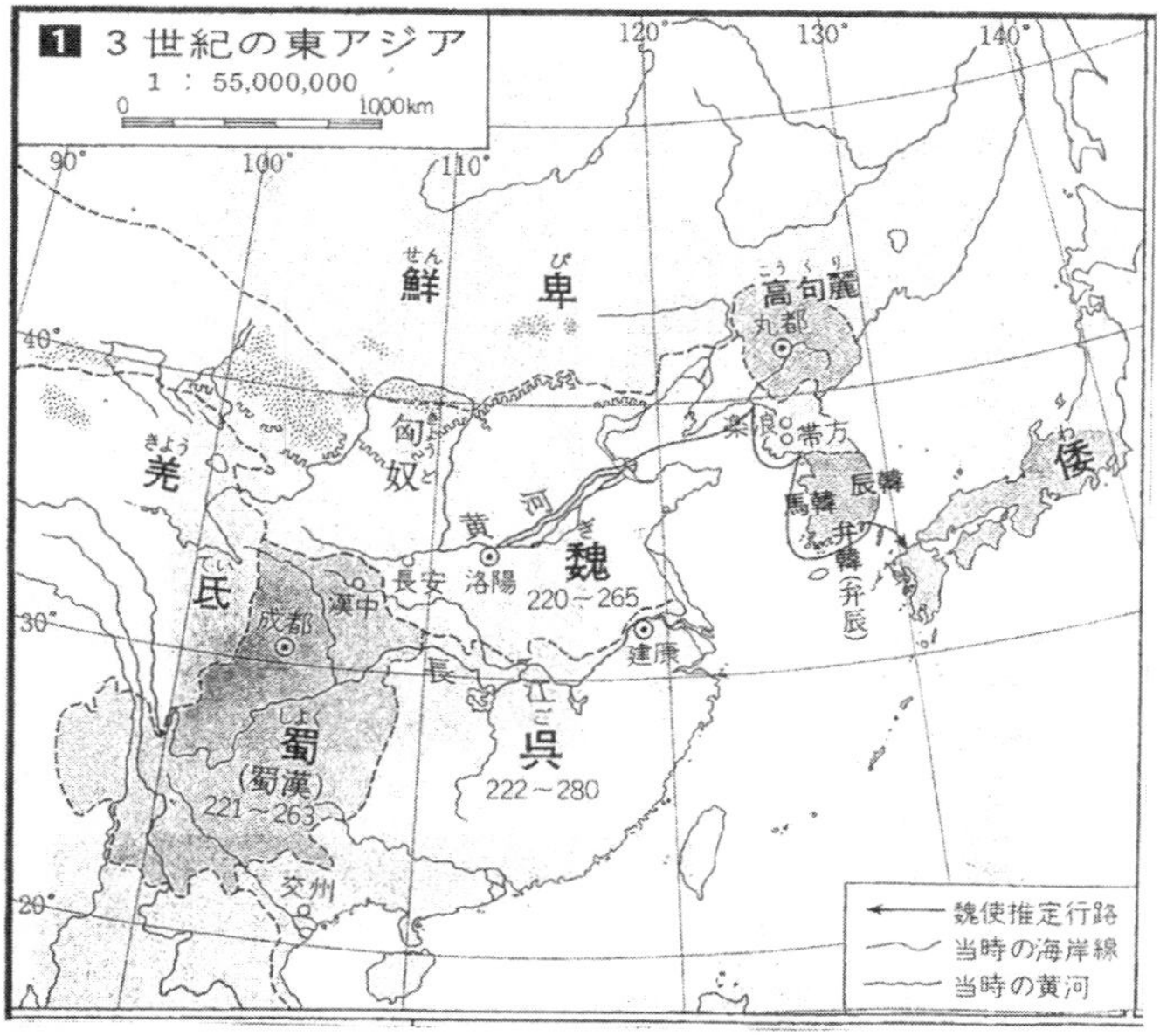

1 3世紀の東アジア
1：55,000,000
0　1000km

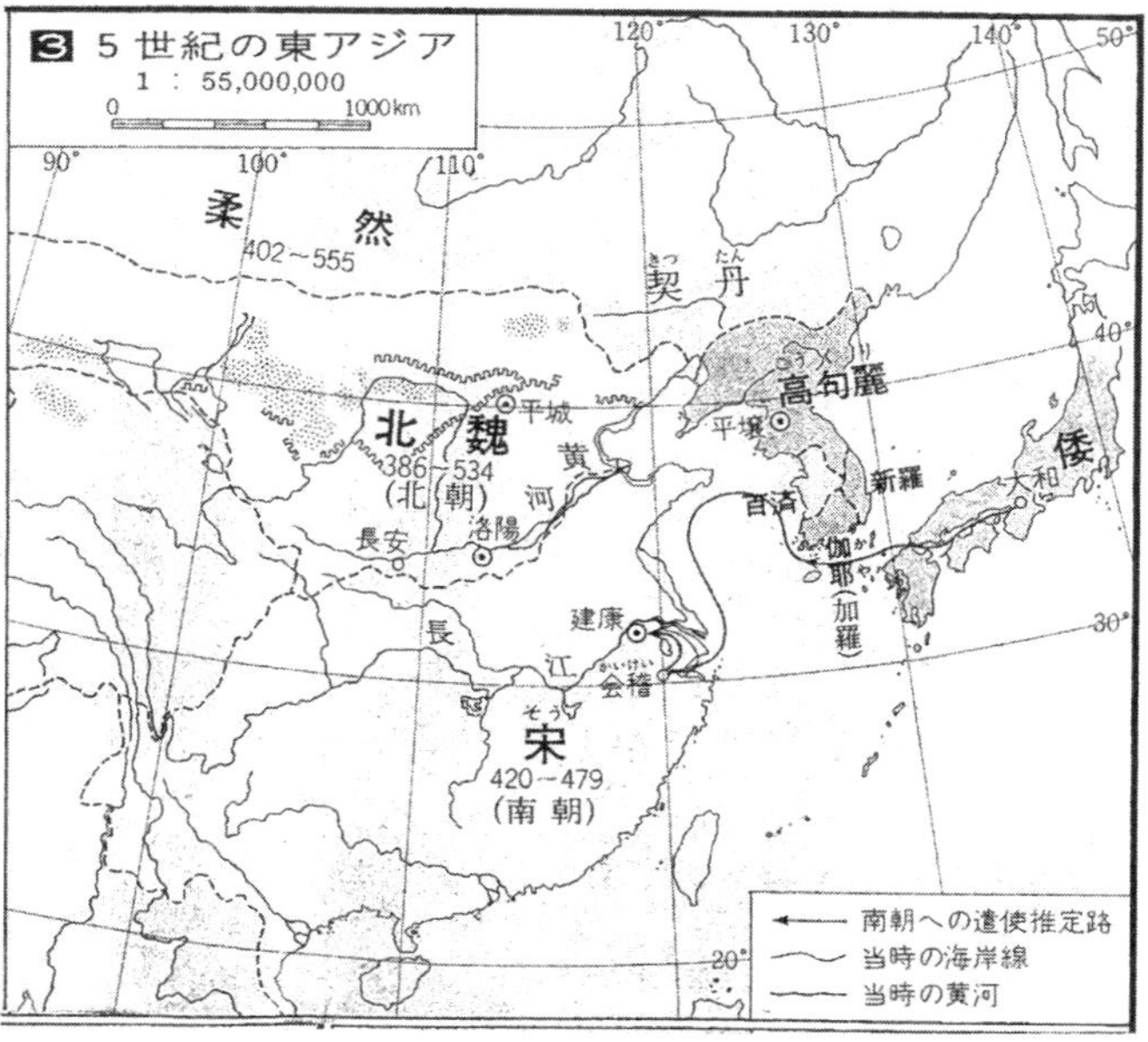

3 5世紀の東アジア
1：55,000,000
0　1000km

(日本史総合図録から転写)

倭人伝

原文・読み	和訳（著者）
倭《わ》人《じん》在《あり》帶《たい》方《ほう》東《とう》南《なん》大《たい》海《かい》之《の》中《なか》依《よりて》山《さん》島《とう》爲《なす》國《こく》邑《ゆう》舊《もと》百《ひゃく》	日本人は、ソウル付近の東南の大海の中の山島に住んで、国や村をなす。もと百
餘《よ》國《こく》漢《かん》時《とき》有《あり》朝《ちょう》見《けん》者《しゃ》今《いま》使《し》譯《やく》所《ところ》通《つう》三《さん》十《じゅう》國《こく》從《じゅう》郡《ぐん》至《いたる》	余国あった。漢の時皇帝に拝謁者があった。今交渉のできる所三十国ある。帯方郡から日本に至る
倭《わ》循《したがう》海《かい》岸《がん》水《すい》行《こう》歴《へる》韓《かん》國《こく》乍《ながら》南《みなみ》乍《ながら》東《ひがし》到《いたる》其《その》北《ほく》岸《がん》狗《く》邪《や》	には、韓国の海岸に沿って水行し、南又は東に進み航行中の船の北岸に当たる狗邪《くや》
韓《かん》國《こく》七《なな》千《せん》餘《よ》里《り》始《し》度《ど》一《いっ》海《かい》千《せん》餘《よ》里《り》至《いたる》對《つい》海《うみ》國《こく》其《その》大《だい》	韓国（七千余里進んだ地点）から、始めて一海を渡ること千余里で対馬島に至る。その大
官《かん》曰《いわく》卑《ひ》狗《く》副《ふく》曰《いわく》卑《ひ》奴《な》母《も》離《り》所《ところ》居《いる》絶《ぜっ》島《とう》方《ほう》可《ばかり》四《よん》百《ひゃく》餘《よ》	官の名前は卑狗、副は卑奴母離という。住む島離れ島で四百里四方ばかりの大きさである。
里《り》土《と》地《ち》山《やま》險《けわしく》多《おおく》深《しん》林《りん》道《どう》路《ろ》如《ごとし》禽《きん》鹿《ろく》徑《みち》有《あり》千《せん》餘《よ》戸《こ》無《なく》	土地は山険わしく、深い森林におおわれ、道は獣道のようである。戸数千余ある。
良《りょう》田《でん》食《しょく》海《かい》物《ぶつ》自《じ》活《かつ》乘《じょう》船《せん》南《なん》北《ぼく》市《し》糴《てき》又《また》南《みなみ》渡《わたる》一《いっ》海《かい》千《せん》	良田無く食糧は、主に海産物で自給自足、船に乗り米を買っている。又南へ一海を渡ること千
餘《よ》里《り》名《な》曰《いわく》瀚《かん》海《かい》至《いたる》一《いち》大《だい》國《こく》官《かん》亦《また》曰《いわく》卑《ひ》狗《く》副《ふく》曰《いわく》卑《ひ》奴《な》	余里（名は、かん海という）で、壱岐島へ着く。官の名前は卑狗、副は卑奴

倭人伝

原文・読み

もりほうばかりさんびゃくりおおくちくぼくそうりんありさんぜんばかりいえそうあり

母離方可三百里多竹木叢林有三千許家差有

でんちこうでんなおふそくしょくまたなんぼくしてきまたわたるいっかいせんよ

田地耕田猶不足食亦南北市糴又渡一海千餘

りいたるまつろこくあるよんせんよこひんさんかいきょそうぼくもせいゆく

里至末盧國有四千餘戸濱山海居草木茂盛行

ないみえぜんじんこうほうおあわびみずなくしんせんみなちんぼつとるこれとうなん

不見前人好捕魚鰒水無深淺皆沈没取之東南

りくこうごひゃくりいたるいとこくかんいわくにきふくいわくそばこへ

陸行五百里到伊都國官曰爾支副曰泄謨觚柄

きょこあるせんよこせいゆうおうみなとうぞくじょおうこくぐんしおうらい

渠觚有千餘戸丗有王皆統屬女王國郡使往來

じょうしょちゅうとうなんいたるなこくひゃくりかんいわくしまこふくいわくひな

常所駐東南至奴國百里官曰兕馬觚副曰卑奴

もりあるにまんよことうこういたるふみこくひゃくりかんいわくたも

母離有二萬餘戸東行至不彌國百里官曰多模

和訳（著者）

母離という。この島は三百里四方ばかりで、竹や木が群がって生えている。家は三千許り有りそう。

田畑はあるが耕作しても食糧はなお不足、北や南と交易米を買っている。又一海を渡る千余里で唐津市に至る。戸数は四千余、海浜や山裾に住んでいる。道は草木生い茂り前を行く人見えない程である。深い浅いの別無く皆潜水して魚や鰒《あわび》を捕え生活している。東南方向へ陸行五百里で糸島市に到る。官の名は、にき、副はそばくへきょこ、と言う。戸数千余ある。歴代の王皆女王国に統属している。帯方郡使の往来時の常駐所である。東南に百里行くと奴国（春日市が中心か）に至る。官の名は、しまこ、副は、ひなもり、戸数二万余、東に百里行くと不弥国（宇美町か）に至る。官の名は、たも

倭人伝

原文・読み	和訳
副曰卑奴母離有千餘家南至投馬國水行二十 ふくいわくひなもりあるせんよけみなみいたるつまこくすいこうにじゅう	副は、ひなもり、と言う。家は千余ある。投馬国に至るには、南へ水行し二十
日官曰彌彌副曰彌彌那利可五萬餘戸南至邪 にちかんいわくみみふくいわくみみなりばかりごまんよこみなみいたるや	日を要する。官の名は、みみ、副はみみなり、と言う。戸数は、五万余ばかり。南にある邪
馬壹國女王之所都水行十日陸行一月官有伊 またいこくじょおうのところみやこすいこうとおかりくこういっかつかんありい	馬台国(女王の都の所)に至るには、水行十日、陸行一月を要する。官の名は、い
支馬次曰彌馬升次曰彌馬獲支次曰奴佳鞮可 きまつぎいわくみまそつぎいわくみまかきつぎいわくなかてばかり	きま、次いわく、みまそ、次いわく、みまかき、次いわく、なかて、と言う。
七萬餘戸自女王國以北其戸數道里可得略載 ななまんよこからじょおうこくいほくそのここうどうりするできるりゃくさい	戸数七万余ほどある。女王国から以北その戸数、みちのり略載することが出来る。
其餘旁國遠絶不可得詳次有斯馬國次有已百 そのよほうこくえんぜつふかえるしょうつぎありしばこくつぎありしひゃく	その外の国は、遠絶のため詳細を得ることが出来ない。次しばこく在り、次しひゃく
支國次有伊邪國次有都支國次有彌奴國次有 しこくつぎありいやこくつぎありとしこくつぎありみなこくつぎあり	しこく在り、 以下和訳の要なし、省略す。
好古都國次有不呼國次有姐奴國次有對蘇國 ここつこくつぎありふここくつぎありしゃなこくつぎあるたいそこく	右に同じ

倭人伝

原文	読み	和訳
次有蘇奴國次有呼邑國次有華奴蘇奴國次有	つぎあるそなこくつぎあるこいふこくつぎあるかなそなこくつぎある	右に同じ
鬼國次有爲吾國次有鬼奴國次有邪馬國次有	きこくつぎあるいごこくつぎあるきなこくつぎあるやまこくつぎある	右に同じ
躬臣國次有巴利國次有支惟國次有烏奴國次	きゅうしんこくつぎあるはりこくつぎあるしいこくつぎあるうなこくつぎ	右に同じ
有奴國此女王境界所盡其南有狗奴國男子爲	あるなこくこれじょうおうきょうかいしょつかすそのみなみあるくなこくだんしゆえに	奴国（春日市が中心か）これ女王国との境界尽かす所である。その南に在る狗奴国男子ゆえに
王其官有狗古智卑狗不屬女王自郡至女王國	おうそのかんあるくこちひこふぞくじょおうからぐんいたるじょおうこく	王、その官くこちひこ、有るが女王に不属である。女王国に行くには帯方郡から
萬二千餘里男子無大小皆黥面文身自古以來	まんにせんよりだんしなくおとなこどもみないげいめんぶんしんからいにしえいらい	一万二千余里ある。男は大人、子供の別無く昔から顔や体に、いれずみ、をしている。
其使詣中國皆自稱大夫夏后少康之子封於會	そのつかいもうでちゅうごくみなじしょうたいふかこうしょうこうのこふうかいにおいて	倭国の使者朝貢の時、皆自称大夫と言う。夏の后少康の子息に、中国会稽に領地を与えたところ
稽斷髮文身以避蛟龍之害今倭水人好沈沒捕	けいだんぱつぶんしんもってさけるこうりゅうのがいいまわいすいじんこうちんぼつほ	断髪し、いれずみをして、もって蛟龍（想像上の龍の子）の害を避けていた。今倭の水人好んで潜水し、

倭人伝

原文・読み

魚《ぎょ》蛤《こう》文《ぶん》身《しん》亦《また》以《もって》厭《あつ》大《たい》魚《ぎょ》水《すい》禽《きん》後《ご》稍《しょう》以《もって》為《なす》飾《しょく》諸《しょ》國《こく》文《ぶん》
身《しん》各《かく》異《い》或《こく》左《さ》或《こく》右《う》或《こく》大《だい》或《こく》小《しょう》尊《そん》卑《ひ》有《あり》差《さ》計《けい》其《その》道《どう》里《り》
當《とう》在《ざい》會《かい》稽《けい》東《とう》治《や》之《の》東《ひがし》其《その》風《ふう》俗《ぞく》不《ふ》淫《いん》男《だん》子《し》皆《みな》露《ろ》紒《かい》以《もって》
木《き》緜《めん》招《しょう》頭《とう》其《その》衣《い》橫《よこ》幅《はば》但《ただ》結《けっ》束《そく》相《そう》連《れん》略《ほぼ》無《む》縫《ほう》婦《ふ》人《じん》被《ひ》
髮《はつ》屈《くっ》紒《かい》作《さく》衣《い》如《ごとし》單《たん》被《ひ》穿《こう》其《その》中《ちゅう》央《おう》貫《かん》頭《とう》衣《い》之《これ》種《うえ》禾《き》稻《いね》
紵《ちょ》麻《ま》蠶《かいこ》桑《くわ》緝《しゅう》績《せき》出《しゅつ》細《さい》紵《ちょ》縑《じゅう》緜其《その》地《ち》無《なし》牛《ぎゅう》馬《うま》虎《とら》豹《ひょう》羊《ひつじ》
鵲《かささぎ》兵《へい》用《よう》矛《ほこ》楯《たて》木《もく》弓《きゅう》木《もく》弓《きゅう》短《たん》下《げ》長《ちょう》上《じょう》竹《ちく》箭《せん》或《こく》鐵《てつ》鏃《ぞく》或《こく》
骨《こつ》鏃《ぞく》所《しょ》有《ゆう》無《む》與《こう》儋《たん》耳《じ》朱《しゅ》崖《がい》同《おなじ》倭《わ》地《ち》溫《おん》暖《だん》冬《ふゆ》夏《なつ》食《しょく》生《なま》

和訳

魚や蛤を捕る。入れ墨は台少康の子息同様に、大魚や水鳥の害を避ける為であったが、後には飾りとなった。
諸国の入れ墨は、それぞれ異って左や右、大や小、身分によっても違う。その女王国の道程を計算すると、
中国の浙江省会稽東治の東に在る。その風俗、みだらでは無い。男子皆髪を露出し
麻布の鉢巻をしている。衣服は巾の広い布を、結び合わせている丈で略縫い目無し、婦人は
髪は伸ばした儘で折り曲げている。　衣服は単衣のように作られ、中央に孔をあけ、貫頭衣になっている。稲や
紵麻(からむし)を植え、桑と蚕を育てて、糸を紡いで上質の麻布や絹布を織る。牛馬虎、豹羊はいない。
かささぎ、いない。兵器は矛楯、木弓、木弓は下が短かく、上が長い。竹の矢の矢鏃《やじり》は、鉄鏃或いは
骨鏃を用いている。有る物も無い物も、海南島の儋耳、朱崖と同じ。倭地温暖で、冬でも夏でも生野菜を食す。

倭人伝

原文・読み

人《じん》壽《じゅ》考《こう》或《あるいは》百《ひゃく》年《ねん》或《あるいは》八《はち》九《きゅう》十《じゅう》年《ねん》其《その》俗《ぞく》國《くに》大人《たいにん》皆《みな》四《し》五《ご》

婦《ふ》下戸《げこ》或《あるいは》二《に》三《さん》婦《ふ》婦人《ふじん》不淫《ふいん》不妬忌《ふとき》不盗《ふとう》竊《せつ》少《しょう》諍《そう》

訟《しょう》其《その》犯《はん》法《ほう》輕者《けいしゃ》沒《ぼっ》其《その》妻《さい》子《し》重《じゅう》者《しゃ》沒《ぼっ》其《その》門《もん》戸《こ》及《および》宗《そう》族《ぞく》

尊《そん》卑《ぴ》各《かく》有《あり》差《さ》序《じょ》足《ぞく》相《そう》臣《しん》服《ぷく》收《しゅう》租《そ》賦《ふ》有《ゆう》邸《てい》閣《かく》國《くに》國《ぐに》有《ある》市《いち》

又《また》有《ある》侏《しゅ》儒《じゅ》國《こく》在《あり》其《その》南《みなみ》人《じん》長《ちょう》三《さん》四《よん》尺《しゃく》去《さる》女《じょ》王《おう》四《よん》千《せん》餘《よ》

里《り》又《また》有《ある》裸《ら》國《こく》黒《こく》齒《し》國《こく》復《ふく》在《ざい》其《その》東《とう》南《なん》船《せん》行《とう》一《いち》年《ねん》可《ばかり》至《いたる》

參《さん》問《もん》倭《わ》地《ち》絶《ぜつ》在《ざい》海《かい》中《ちゅう》洲《す》島《とう》之《の》上《うえ》或《あるいは》絶《ぜつ》或《あるいは》連《れん》周《しゅう》旋《せん》可《ばかり》

五《ご》千《せん》餘《よ》里《り》

和訳

人は長命で百歳や八十、九十歳の人もいる。

身分の高い者、四・五人の妻をもち、身分の低い者で二・三人の妻をもつ者がいる。女は慎み深く嫉妬しない。盗みや争論少ない。

法を犯す者は軽い者は妻や子を奴隷にする。重い者は、一族を奴隷にする。

尊卑の序列があり、上の者に従う。租税を収め邸閣がある。国々に市が開かれている。以下十二行外して次に記す。

女王国の南に侏儒国(小びと国)があり、身長三・四尺(七二〜九六センチ)、女王国から四千余里程である。

其の南東に裸国、黒歯国が在る。船で一年で到達できる。

倭地にたずね着けば絶海の大小の島々に別れて住んでいるが、一周する事ができる。

一周五千余里である。以下省略する。

第一章　倭国《わこく》の女王・卑弥呼《ひみこ》の使者、魏《ぎ》へ朝貢《ちょうこう》

倭国の王であり、邪馬台国《やまたいこく》の王でもある卑弥呼は、西暦紀元二三八年に、倭国王の使者として、大《たい》夫《ふ》・難升米《なずめ》を、次使として都市牛利《としぎゅうり》を魏へ派遣し、朝貢させた。

その時の魏皇帝への貢物は、生口《せいこう》が男四人、女六人、合計一〇人の奴婢《ぬひ》（奴隷）と、班布《はんぷ》二匹二丈のみであった、と「倭人伝」に記されている。

これを和訳すると、生きている人一〇人と、仕切幕などに使う麻布に斑紋（まだら模様）を染め込んだもの二匹二丈、となる。

当時倭地には、木綿は未だ栽培されておらず、倭地での織物は倭人伝によると、絹布や麻布を紡いで織っているとある。

また、二匹二丈を今の日本に合わせて換算すると、一匹は二反《たん》、一反は普通並幅で二六～二八尺、これを二六尺とすると一二四尺となる。これは、鯨尺《くじらじゃく》であり曲尺《かねじゃく》に直すと一五五尺となり、約四七メートルとなる。江戸時代までは裁縫《さいほう》には呉服尺《ごふくじゃく》が使われていたので、それは曲尺の一・二倍に当たり、約五六メートルとなる。

なお、鯨尺は曲尺の一・二五倍で、曲尺は鯨尺の〇・八倍。今でも民間で布を計るのに用いる。しかし、呉服尺は明治に入って廃止された。当時倭地には和服は未だ無かったので、織物の寸法は中国の物に合

わせて織っていたと見る。布幅は並三六センチメートル、広七二センチメートル。

ここで、魏の度量衡《どりょうこう》（表—1）を示す。次は、このような貢物《みつぎもの》を奉《ほう》じて、都の洛陽《ルオヤン》に朝貢した時の、魏の対応について示す。

倭王・卑弥呼には「親魏倭王《しんぎわおう》」の金印と、紫綬《しじゅ》（最高位を示す組《くみ》紐《ひも》）の拝仮決定、装封《そうふう》して帯方大《たいほうたい》守《しゅ》に仮《かり》に授《さず》けられた。

正使《せいし》・難升米《なずめ》には率善中郎将《そつぜんちゅうろうしょう》の称号《しょうごう》と銀印・青綬《せいじゅ》が賜与《しよ》され、次使・牛利《ぎゅうり》には卒善校尉《そつぜんこうい》の称号と銀印・青綬が賜与《しよ》された。

この時、下賜《かし》された金品を記し、括弧内に和訳文を記す。

★絳地交龍錦《こうちこうりゅうきん》五匹。

「深紅《しんく》の絹布に二匹の龍が交わる絵緯《えぬき》の文《もん》織物・五匹」。絵緯は横糸で出す絵柄。

★絳地椄縐粟罽《こうちしょうぞくけい》十張。

時代(年代) ＼ 単位		1尺 cm	1 里 m
周〔春秋・戦国〕	(　—前225)	19.91	358.38
秦・前漢	(前300—後9)	27.65	497.70
新・後漢	(　9—220)	23.04	414.72
後漢	(81—　)	23.75	427.50
魏・西晋	(220—273)	24.12	434.16
西晋	(274—316)	23.04	414.72
東晋	(317—430)	24.45	440.10
宋・南斉	(430—502)	24.51	441.18
梁	(502前後)	24.66	443.88
	(502—557)	23.20	417.60
梁・陳	(502—589)	24.51 23.55	441.18
後魏	(386—　)	27.81 27.90	500.58 502.20
後魏・西魏	(386—557)	29.51	531.18
後魏・東魏・北斉	(495—557)	29.97	539.49
	(557—566)	29.51	531.18
北周	(566—581)	26.68	480.24
	(557—581)	24.51	441.18
隋	(581—602)	29.51	531.18
	(589—606)	24.51	
	(　590)	27.19	
	(603—618)	23.55	423.90
唐・五代	(618—960)	31.10	559.80
宋		30.72	552.96
元		30.72	552.96
明		31.10	559.80
清		32.00	576.00
民国		33.33	500.00
日本(明治以後)		30.30	3,927.27

表1　中国歴代度量衡基準単位表

「深紅の毛織布に添毛の小文を絵緯で織り出した織物・一〇張」。緯《ぬき》は横糸のこと。

★蒨絳《せんこう》五十匹。

「赤青の和合色の布・五〇匹」。

★紺青《こんしょう》五十匹。

「紺と青の和合色の布・五〇匹」。

★紺地《こんぢ》句文錦《くもんきん》三匹。

「紺地に曲線文字を絵緯《いぬき》して織り出した絹の織物・三匹」。

★細班華罽《さいはんかけい》十枚。

「細密なまだらの華文《かもん》を絵緯で織り出した毛織りの飾り張り幕・一〇枚」。

★白絹《はっけん》五十匹。

「白地の絹布・五〇匹」。

★金八両。

「日本では、大宝律令(七〇一年制定)以降の令制下では、一両は金四・四匁(一六・五グラム)とされていた。八両だと一三二グラムとなるので、近年の価額一グラムを六〇〇〇円とすると七九万二〇〇〇円だ。しかし、当時の価額は、不明である」。

★五尺刀二口。

「長刀二振」。

★銅鏡百枚。
「丸い青銅板を、片面磨いた鏡」。
★真珠《しんじゅ》・鉛丹《えんたん》各三〇キログラム。
「鉛丹は橙色の顔料で日本画に用いる」。

「真珠は、辰砂《しんしゃ》（赤色土《せきしょくど》）で、日本画に用いる赤色顔料の、原料鉱物の事だろう。理由は、量が多過ぎる事と、真珠《しんじゅ》は個か粒か玉で数えていた筈であり、又どちらも、顔料と見られるからである」。


次は、制詔《せいしょう》について記す。

この時、魏帝が発した制詔（天子の命令・みことのり）の主要部分を、和訳して記す。

制詔、親魏倭王卑弥呼《しんぎわおうひみこ》。

帯方大守《たいほうたいしゅ》・劉夏《りゅうか》が部下に命じて、汝《なんじ》の大夫《たいふ》・難升米《なずめ》と、次使の都市牛利《としぎゅうり》を引率、汝献上の男の生口四人、女の生口六人、班布二匹二丈を捧じて到着した。汝の居所は、本当に遠くに在ると言える。

使者を派遣し、貢ぎ献じる事は汝の真心の現れである。私は汝を甚だいとおしく思う。今汝を親魏倭王となし、金印紫綬を仮し、装封《そうふう》して帯方大守に付託して、仮《かり》に授《さず》けておく。難升米は率善中郎将とし、牛利は率善校尉とし銀印青綬を仮す。（以下省略）

これら下賜品の重量は概算で梱包込み約一〇〇〇キログラムとなり、公船で黄河を往来した様が伺える。また、布二反を一匹と呼ぶのは二反で馬が一匹買えたためと言う。

更に、倭国の王・卑弥呼は、二回目の魏への朝貢の使者を二四三年に派遣し、朝貢させており、初めての派遣から五年後の事だ。

これは、二四〇年に帯方郡から梯儁《ていしゅん》らが来倭《らいわ》し、金印や紫綬《しじゅ》を倭国の女王に拝仮した事に対する謝恩《しゃおん》のための朝貢《ちょうこう》であった。

この時の倭国王の使者は、大夫《たいふ》・伊聲耆《いせき》、掖邪狗《ややく》ら八人と記している。

この時の貢物は、生口《せいこう》（人数記載なし）、倭《わ》錦《きん》絳《こう》青《せい》縑《れん》緜《めん》衣《い》帛《はく》布《ふ》丹《たん》木《もく》弣《ふ》短《たん》弓《きゅう》矢《や》とある。和訳すると、倭《わ》の錦《にしき》、赤青の絹織物、綿《めん》の着物、白い布、丹、木の握りの付く短弓、矢を献上した、となる。

また、この時の使者・掖邪狗《ややく》らは、率善中郎将《そつぜんちゅうろうしょう》の称号と印綬《いんじゅ》を授《さず》けられた、と記述しているので使者八人に全員等しくこの称号と印綬を授けられたように受け取れるが、気前がよすぎるようにも思われる。

また生口の人数を書いていないのは、実に珍《めずら》しい。しかし、生口を献じたと記述にある。

第二章　魏《ぎ》使節の受け入れとその巡路

「正治《せいし》元年大守《たいしゅ》弓遵《きゅうしゅん》遣《けん》建中校尉《けんちゅうこうい》梯儁《ていしゅん》等《ら》奉《ほう》詔書《しょうしょ》印綬《いんじゅ》詣《けい》倭国《わこく》拝假《はいか》倭王《わおう》」。これを和訳すると、二四〇年帯方大守弓遵《たいほうたいしゅきゅうしゅん》は、建中校尉である梯儁《ていしゅん》らを倭国に派遣し、詔書《しょうしょ》（みことのりの文）、金印、紫綬《しじゅ》（最高位を示す官印用組紐《くみひも》）を奉《ほう》じて倭国に詣《もう》で、倭王・卑弥呼に拝仮《はいか》した、となる。これは帯方大守が先年仮授《かりじゅ》していた物を部下に託し、拝仮《はいか》したものである。

帯方大守とは、朝鮮半島のソウル付近に役所が在って、朝鮮南部から倭国の地域の政務と軍務を統轄《とうかつ》する魏帝直属の地方長官であったと類推する。魏は当時、未開の倭国を臣下国《しんかこく》とするために、訪倭《ほうわ》して直接倭王に拝仮すべき賜与《しよ》のものを用意して、倭国の王都に整然と乗り入れ、王都に通じる航路の確認や、地理・軍事に関する情報を、往復に亙《わた》って収集出来たであろう、と類推される。

王都で拝仮を終え、たで船を済ませた郡使は伊都国の駐留所には情報係の郡使を残して、旗竿《はたざお》に魏の国旗を翻《ひるがえ》しながら帰国したであろうと類推される。この時、狗邪韓国《くやかんこく》からの往復に要した日数から割り出して得た日数を、女王国へは、水行部分を一〇日と記述したのだと類推される。

さて、郡使・郡船が倭国詣《もう》でを行なった時の状況を、詳しく類推してみよう。

西暦二四〇年七月初旬、帯方郡（ソウル付近か）を、随行船と二隻で出港した外洋帆走用の郡船は、約二週間程で狗邪韓国《くやかんこく》（釜山付近か）に到着、たで船など準備を済ませた。九州で梅雨が明ける七月下旬、同地を出港、対馬・壱岐を経て末盧《まつろ》国の唐津市唐房《とうぼう》の港に入港した。陸行する郡使を下船させ、出迎えに来た治所の人に道案内を依頼した。

他の郡使一行は、駐留所に近い糸島市荻浦《おぎうら》の津港に到着、入国手続きを済ませた。拝仮《はいか》品などは郡船保管とし、郡使一行は川船にて雷山《らいざん》川を遡《さかのぼ》り、夕方前には駐留所に着き伊都《いと》国王に挨拶を済ませ、水先《みずさき》人《にん》など所用の依頼を済ませた。翌日は女王国への航海と拝仮の打ち合わせを、船長や水先人、郡使側が会同して行なう事になろう。郡船側に取っても、郡使側に取っても、初めての航路であり、倭地の地図や地理、国防や産業、風物などを知る上で、この上ない有用な機会であったに違いない。

特に、郡船側に取っては、またと無いチャンスで、港湾の水深や底質、設備、食料品調達の可否や海岸線の状況、岩礁や暗礁の場所など、多くの航海に必要な資料を入手出来たと推察する。

この時の航行時の入港地や欠航などの細部については、第一〇章第五節（一二七頁）に述べる。

次は、女王の治所へ向かう打合せを済ませた一行の行動を記す。

郡船二隻を先導する倭国の公船二隻は、郡船を先導して八月上旬頃、倭国の都の在る邪馬台国に到着、女王・卑弥呼の治所を訪問した。

倭王・卑弥呼に拝仮のための賜与のものを台座に揃え、郡の正使や立合人、倭の立合人が揃ったが、倭王・卑弥呼は現われず、代理として男弟が現われ拝仮を受けた。

これにより、金印・紫綬・制詔《せいしょう》拝仮《はいか》の儀式を終了したのだと、筆者は類推している。

ところが、巷《ちまた》ではこの時、郡使達は女王に面会出来たのか、どうかが論争となり、面会出来た説と、出来なかった説に分かれている。

面会出来た説の人は、「拝仮した」とあるから、字義からみて直接会ったとするのに対し、そもそも郡使は伊都国の駐留所に留まっているのだから女王に面会は不可能という。他は、外国の者を政治の中枢へ行かせる事は許されない筈、などの説である。

著者の見方は、賜与の物の女王への直接拝仮はかなわず、代理の者に拝仮したと後述のとおり、女王には面会出来ていないと思われてならない。その理由については、第一〇章第二節（一二三頁）に詳細を述べる。

次は、初めての郡使来訪から五年後の二四五年、魏の皇帝は難升米《なずめ》に与えるための黄幢《こうどう》を帯方郡に送付した、と「倭人伝」に記載している。黄幢を国王にではなく下位の者に与える準備をした事は普通では無く、この頃女王は既《すで》に床《とこ》に臥《ふせ》っていて重病であったとしか、考えられない。

そこで、魏側は先が短いとみて、次は難升米を倭国王に仕立てるため、早めに黄幢を帯方郡に送付して置き、何時でも難升米に拝仮出来る体制を調《ととの》えていたのだと思われる。

就いては、「黄幢《こうどう》」とあるが、これは何かと言えば、魏の軍旗で「大将旗」の事である。これを拝仮され、引き受けるという事は、倭国が魏帝の臣下国に加わる事になる。

魏としては、先々倭国に軍を創設し、この「大将旗」を掲げて戦いに参加させるための布石を打ったのだと著者は見ている。

この戦略を完成させるためには、魏や郡と通交の深かった難升米を倭国王に仕立てる事が、欠かせ無い人事であったと類推される。そこへ「卑弥呼死亡」の知らせが届いた。

急遽《きゅうきょ》二四七年、帯方郡は張政《ちょうせい》らを倭国に派遣し、預かっていた黄幢及び詔書を伊都国に常治する難升米に、伊都国に於て拝下した。この直後、「倭人伝」は次のとおり記述している。それを、原文の儘《まま》記《しる》すと、「詔書黄幢拝仮難升米《しょうしょこうどうはいかなづめ》爲檄告喩之卑弥呼《ためにげきこくゆのひみこ》以死《もってし》」とある。

この「以って死」の解釈が様々であり、黄幢を拝仮された直後に殺されたとか、拝仮される直前に殺されたとか、すでに死亡していた、とする説である。

これに就いて、著者は卑弥呼が死亡したとの知らせを受けて、帯方郡は預かっていた詔書及び黄幢を、急いで張政らに持参させ、難升米に拝仮して、これで次の国王が決まったに等しい形が整ったために、卑弥呼の死を公表出来るに至ったのだと推察している。

ところで、女王の死後、更に男王立つも国中不服で、更に相誅殺《あいちゅうさつ》一〇〇〇余人とあるが、この男王とは誰なのか、難升米《なずめ》とは誰なのかについて、略述している。

これは、略述せざるを得ない理由があったからであろう。

そもそも、一大率は伊都国に常治していると「倭人伝」に記しており、伊都国王も同国に常治しているから、両人は同一人物という事になる。次に、難升米は、伊都国に於て黄幢を拝仮されたのであるから、伊都国に常治する人物と見るのが、至当であろう。

すると、伊都国王・一大率・難升米の三人の人物は、同一人物と見るのが至極当然であり、女王死後の最初の男王とは、黄幢《こうどう》を拝仮された個人名・難升米という人物以外には見当らない。

おそらく、伊都国王が女王によって大率に任命され、魏帝からは黄幢まで拝仮され、女王・卑弥呼の後継として、倭国王の座に就いた。しかし、国中で不満暴発《ぼうはつ》、戦争となり一〇〇〇余人が死亡したと「倭人伝」は記す。

ところが、難升米は女王の男弟だとする説もある。この説を取る人は、伊都《いと》国王・一大率《いちだいそつ》・難升米《なずめ》・男弟《だんてい》は、同一人物であると言う。

この中の、男弟は女王と共に邪馬台国にある女王の都に住み、女王を補佐して三〇国を統治していたはずである。

すると、女王の都の所は伊都国の至近の所になければ、これらの職務を果たす事は無理だと思われるので、その書を全部読むと、邪馬台国（女王の都の所）は福岡市付近だったとある。だとすれば、投馬国はその北となるので、北九州市付近に在ることになる。しかし、「倭人伝」には投馬国は宇美町付近から南へ水行二〇日を要すとあり、矛盾し、この説は成り立たないと言える。

著者は、女王の都の所を、熊本県旧玉名郡付近に比定しているので、男弟が女王を補佐しながらの兼務は遠くて無理だと思う。

ここらで次に進もう。卑弥呼の宗女・壱与（一三歳）を倭国王に立てたところ定まった、と「倭人伝」は記載しており、争いは終わったようだ。

第三章　宗女《そうじょ》・壱与《いよ》（台与《とよ》とも）の国王擁立《ようりつ》

倭国王となった壱与は、その年二四七年、魏へ朝貢のため、正使《せいし》の大夫率善中郎将《たいふそつぜんちゅうろうしょう》掖邪狗《ややく》など二〇人を派遣した。

同時に、卑弥呼の死亡直後に来日し、滞在中であった長政《ちょうせい》らを送還《そうかん》した。朝貢《ちょうこう》の貢物《みつぎもの》は、男女生口三〇人、白珠《はくしゅ》五〇〇〇、孔青大句珠《こうせいだいくしゅ》二枚、異文雑錦《いもんざっきん》二〇匹と「倭人伝」に記載している。魏の張政などは、女王の死後男王が立つ直前に来日し、伊都国に於いて難升米に黄幢を拝仮しており、内戦に至った原因など熟知していた筈であるのに、何故、この大事な出来事を略述したのかについて見てみよう。

これは、魏と倭国合作の男王擁立劇《ようりつげき》が失敗に終った訳であり、魏の皇帝の失敗作を、国書を以って世に晒《さら》す事などできず、略述されたのだと考えられる。

従って、男王に擁立された人物は、難升米《なずめ》と見るのが正当だと思われる。

その証《あかし》は、二四七年に張政などが来訪し、詔書・黄幢を難升米に拝仮、「卑弥呼以って死」とある。

拝仮とは、王に使う文言である。

つまり、詔書・黄幢を拝仮された事によって、新王になるべき人が決まったため、旧王の死が公表出来たのだと類推される。

これは、公式には無いが良くある事とされ、王が死亡しても、次の王が決まる迄、伏《ふ》せて置くのが常であったと言われている。

つまり、王の空白を匿《かく》すための人智《じんち》であったという事に他ならない。

女王・卑弥呼の死亡直後に王位についた男王が、難升米以外の人物であれば、秘匿の必要も無く、堂々とその人物の名を記載出来た筈である。

分析して見ると、難升米以外には男王として擁立され王位に即《つ》ける程の経歴を持ち、魏の信認を得られそうな人は見当たらない。

この男王とは、伊都国の世襲王の難升米と見て間違いないだろう。当時、倭国での民心鎮静《みんしんちんせい》は、女性にしか出来なかったようだ。

第四章　国名の整理

倭国、邪馬台国、女王国と呼ばれている国名を、整理する。「倭人伝」では、倭王の住む諸国名を「邪馬壹国《やまいちこく》」と記すが、日本では「壹《いち》」の字を「臺《たい》」と受け取って邪馬台国と呼んでいる。字義からは間違いだが、本書では従来通り「邪馬台国」と呼ぶことにする。

第一節　倭国《わこく》

秦崩壊後《しんほうかい》の前漢《ぜんかん》の時代（前二〇二年〜後八年、都《みやこ》・西安《シーアン》）、または後漢《ごかん》（二五年〜二二〇年、都《みやこ》・洛陽《ルオヤン》）の時代から、中国は日本の事を倭国《わこく》と呼んでいた。

「倭人伝」の中では、三〇国全体を呼ぶ時は、倭国と記載している。

しかし、日本では今、三〇国全体を呼ぶ場合にも、これらの地が邪馬台国《やまたいこく》と呼ばれている事例がある。「倭人伝」では、「邪馬壱国女王之所都」と記し、倭国三〇国中の一構成国（諸国）として、邪馬台国は扱われている。他の記述では、邪馬台国のことを何度も女王国と記している。

当時、中国で日本を呼ぶ正式国名は倭国として扱い、倭国もそれを受け入れ、朝貢《ちょうこう》などして通交《つうこう》を行なっていたのであった。

ところで、当時の倭国の範囲だが、正確には不明であるが、今日《こんにち》の沖縄県は、旧琉球王国と呼ばれた独立国家だった。

一五世紀以降は日本・中国に両属の形を取り、一七世紀初頭、島津《しまづ》氏に征服《せいふく》され、以後は薩摩藩《さつまはん》の干渉《かんしょう》下に置かれていたが、明治五（一八七二）年琉球藩に、同一二（一八七九）年沖縄県に正式編入された。

北海道は、古く蝦夷《えぞ》と称し、江戸時代に松前藩の領有地となり、明治二年に北海道と改称された。当時、日本列島には、毛人と呼ばれた先住民が関東地方以東を占有していたように筆者は見るが、詳細は第一六章（一七三頁）に記す。

第二節　邪馬台国《やまたいこく》

この国から卑弥呼という女性が、三〇国の王として擁立《ようりつ》され統治するようになって以後、倭国に於て三〇国の総称として便宜的に使われていた可能性は有り得よう。しかし、正式国名は倭国である。

その証拠としては、「倭人伝」に記述されている正式国名が、皆「倭国」となっており、金印・紫綬《しじゅ》の賜与《しよ》先も「倭国王」となっている。

「倭人伝」には、邪馬台国という文言《もんごん》は、その一八行目に出て来るが、それは「邪馬壱国女王之所都」と記しており、中国では邪馬台国という国名は三〇国中の一国として扱っており、三〇国全体を指す場合には使われていない。これらの事から、女王の都は、諸国中の邪馬台国に在る、と断定できる。

二四〇年に卑弥呼に拝仮された金印も「親魏倭王」とあり、邪馬台国は一諸国、と言える。

また、「後漢書」倭伝によると、一〇七年に倭国王・師升《ししょう》らが生口一六〇人を献じて、諸見を帯方郡に請願したと記載されており、いずれも倭国となっている。

当時、中国では日本を倭国と呼び、倭国もそれに従い、朝貢までも行なっていたのであった。

しかし、倭国の中では邪馬台国から王を出して、三〇国を統治している事から、しかもそれが長年続いていると、倭国に於いては自然発生的に三〇国全体を指す場合にも、邪馬台国と呼んでいた可能性は否定出来ない。ところが、「倭人伝」によく出てくる女王国も邪馬台国と同じ一諸国扱いである。

つまり、卑弥呼の居所は邪馬台国に在るが、三〇国全体の正式国名は倭国であるというのが結論である。

第三節　女王国

倭国の王に初めて女性が擁立《ようりつ》され、それにて争いも鎮《しず》まり、統治出来た事もあって、親しみを込めて、また華《はな》やかさを求めて、便宜的に呼ばれていたものと思われる。また、「倭人伝」に記す女王国は全て邪馬台国の事であり正式名は、やはり倭国である。その証《あかし》は前節で述べた。

つまり、女王国とは愛称でもあるが、心静まる音調《おんちょう》や情緒的なものが感じられ、時折り使われるようだ。正式国名では無いが、意味は良く通じるので、今後共無くなる事は無いだろう。当時の倭国は、二度も女性に救われたと言える。それは律令国家に至る前の、当時の倭国では、天の声が聞けるとされる巫女《みこ》以外には、三〇の国から成る連合国を争い無く統治して行く事は、無理だったように思う。

第五章　狗邪韓国《くやかんこく》から不弥国《ふみこく》までの記述

第一節　「倭人伝《わじんでん》」の記述

「倭人《わじん》有《あり》帯方《たいほう》東南《とうなん》大海《たいかい》之《の》中《なか》依《よりて》山島《さんとう》爲《なす》国邑《くにむら》舊《もと》百《ひゃく》餘《よ》国《こく》漢時《かんとき》有《あり》朝見者《ちょうけんしゃ》今《いま》使譯《しやく》所《ところ》通《つう》三十国《さんじゅうこく》從《じゅう》郡《ぐん》至《いたる》倭《わ》循《じゅん》海岸《かいがん》水行《すいこう》歴《れき》韓国《かんこく》乍《つづき》南《みなみ》作《つづき》東《ひがし》至《いたる》其《その》北岸《ほくがん》狗邪韓国《くやかんこく》七千《ななせん》餘《よ》里《り》治度《しど》一海《いっかい》千《せん》余《よ》里《り》對海国《ついうみこく》……」とある。

和訳すると、倭人（日本人）は帯方郡（朝鮮半島ソウル付近か）の東南の大海の中の山島に住み、国や村を生《な》している。

旧《もと》一〇〇余国在った。漢の時期、朝貢者があった（西暦二五年から二二〇年の後漢の時の五七年に、都《みやこ》・洛陽《ルオヤン》に朝貢し、金印を賜与された使者の大夫の事だと思われる）。

今、外交交渉の出来る所三〇国ある。

帯方郡から倭国に行くには、朝鮮の海岸に従って水行し、韓国を経て南や東に進み、七〇〇〇余里進むと、その北岸に狗邪韓国《くやかんこく》が在る。そこから一海を渡ること一〇〇〇余里で対馬島……となる。

ここで、一つ述べておきたい事がある。

それは、原文に「其北岸狗邪韓国七千餘里」とあるが、「其」とは何の事かについて説が分かれる。

ある説は、「其」とは九州の事であり、その北岸は九州北部の沿岸だと言う。

この他、九州から見てその北岸は、朝鮮南岸の事である位の見方で良いとするなどの説であり、船の事だとする人を知らない。

これについて、筆者は帯方郡から狗邪韓国《くやかんこく》（釜山付近か）に向けて、朝鮮の海岸線に沿って沿岸航行し、七〇〇〇余里進んだ船の北の海岸の事であり、強いて言えば「其」とは、帯方郡から七〇〇〇余里航行した時点に於ける船舶の事であると、何の躊躇《ちゅうちょ》も無く類推しているのだが。

ところで、実はこの「倭人伝」では、もうすでに秘匿《ひとく》が始まっており、その事に気付かなければならない。それは帯方郡《たいほうぐん》から釜山《ふざん》付近までを七〇〇〇余里と記してあるが、魏の当時の公里は四三四メートルであるので、七〇〇〇里は三〇三八キロメートルとなる。実際は、当時の帆船による航行距離は約七〇〇キロメートルと見積もられるので、一里は一〇〇メートルとなり、合致しない。

略述によって秘匿《ひとく》が始まったのであるが、これは倭地に対する外敵の侵入を防ぐために、倭国の所在地を匿《かく》す一貫《いっかん》の措置《そち》である、と善意に受け取るべきで、古《こ》の時代の倭国に取っては、真《まこと》に有り難い魏の措置であったと言えるだろう。

第二節　対海国《ついうみこく》（対馬島《つしまとう》か）

「始度《しど》一海千餘里《いっかいせんより》至《いたる》對海国《ついうみこく》……居所絶島方可《きょしょぜっとうほうばかり》四百餘里土地山険《けわし》多《た》深林《しんりん》道路如《ごとし》禽鹿径《きんかけい》有千餘戸無く良田食海物《しょくかいぶつ》自活乗船南北市糴《してき》」。

和訳すると、初めて一海を渡ること一〇〇〇余里にて、対海国《ついうみこく》（対馬島《つしまとう》）に至る。住む島は離れ島で四〇〇里四方許《ばか》りの大きさである。

土地は、山険《け》わしく深い森林に覆われ、道は獣道《けものみち》の如《ごと》くある。戸数一〇〇〇余、良田無く食糧は主に海産物で自給自足し、船を使い南や北に行き交易し、米を買い入れ生活している、となる。市糴《してき》とは、市場で米を買う意。

第三節　一大国《いちだいこく》（壱岐島《いちきとう》か）

「南渡《わたる》一海千余里名《な》曰《いわく》瀚海《かんかい》至一大国……方可《ほうばかり》三百里多《た》竹木《ちくぼく》叢林《そうりん》有《あり》一千許《ばかり》家《け》差《さ》有《あり》田地《でんち》耕田《こうでん》猶《なお》不足　食《しょく》亦《また》南北市糴《してき》……」とある。

和訳すると、南へ瀚海《かんかい》と呼ぶ一海を渡ること一〇〇〇余里で一大国（壱岐島）に付く。この島は三〇〇里四方許《ばか》りで竹や木が多く、生い茂っている。家は三〇〇〇許《ばか》り有りそう。田畑はあるが、耕作しても食糧は尚不足である。南や北の国と交易し、米を買っている……となる。

第四節　末盧国《まつろこく》（唐津市か）

「渡《わたる》一海千餘里至末盧国有四千餘戸濱山海居《ひんさんかいきょ》草木《そうぼく》茂盛《もせい》行《ゆく》不《ふ》見前人《けんぜんじん》好《こう》捕《ほ》魚《うお》鰒《あわび》水《みず》無《なし》深淺《しんせん》皆《みな》沈没《ちんぼつ》取《とる》之《これ》……」

とある。

和訳すると、海を渡ること一〇〇〇余里で末盧国《まつろ》（唐津市付近一帯か）に至る。

戸数は、四〇〇〇余ある。

ここの人は、山裾《やますそ》や海浜《かいひん》に沿って住んでいる。草木《そうもく》生い茂り、前を行く人は見えない程である。水のある所深い浅いにかかわらず皆潜水して魚や鰒《あわび》を捕《と》え生活している……となる。

唐津市唐房の港まで進んでも、まだ一里の尺度を示さないままである。方位は対馬南島から壱岐は東南だが南とある。これは使用していた地図上で壱岐島は南に在ったのだろう。壱岐島からは方位を示さずに一〇〇〇余里で末盧国としているが、東南または南とすべき方位の略述だ。

次に、帯方郡から外洋帆船で水行した場合の釜山付近までの航行距離は実測七〇〇キロメートル。「倭人伝」では七〇〇〇余里とあるので一里は一〇〇メートルとなる。敵国がこの尺度を用いて対馬南島から南行すると壱岐島が見えるが、距離が五〇〇里しか無いため南進を続けると長崎県平戸島《ひらど》に行き着く。そこから方位不明のまま末盧国《まつろこく》目指して惰性《だせい》で南へ、一〇〇〇余里進むと五島灘で取り付く島がない。方位や里の尺度を略述して倭地の所在地を秘匿し、外敵の侵攻を防ぐ措置を講じて、倭国を守ってくれていたと言える。

一　安全性から見た入港地

入港地を選ぶ第一要件は、航路に障害物が無い事であるが、次は全周の風波を遮り、水深が潮の干満に拘《かかわ》らず十分に有り、錨《いか》りを入れるところの底質が泥か砂地が望ましい。

そのような港を探すために、船長は水先人の案内を受け、入港地に唐津市西部の唐房港を前持って選んでいた、と思われる。

末盧国《まつろこく》の入港地は、多くが松浦川河口として来たが、ここは砂地のため波によって砂が移動して砂地に乗り上げる恐れがある。

この他、波で砂が動いて出入口が狭くなり、閉じ込められたり、北寄りの風が真面《まとも》に当たるため危険である。多分、水先人の案内で、唐房の港に入港地を決めたと見る。

船長に取って初めて行く土地への航海は、海図が不正確な時代、水先人が頼りである。また、外国ではこの外に、現地で顔役の案内者を付けないと積荷を奪われたりする。

その点、公船の先導が有れば、別だが。

二　記述方位から見た入港地

「倭人伝」によると、末盧国から伊都国へ行くには、東南方向へ五〇〇里とある。

では末盧国の入港地はどこかだが、松浦川河口とする人達が多かったと思う。これだと、伊都国の方位は東北となり、距離も五〇〇里とあるが、二五キロメートル位であるから三六四里位だ。唐津市唐房の港からだと、三三キロメートルで四八一里となり、ほぼ整合する。

方位も誤差が約四〇度縮まる。

秘匿のため、方位を九〇度狂わせてあるという説がある。この説を解説すると、方向を東南と記述してある場合は、反時計回りに九〇度、度数を動かして北東と読み、他の方位記述についても同様に扱う、と言うのだ。

これだと末盧国での方位のずれは解消出来るが、不弥国の所で記述にある南水行二〇日で投馬国に着く、また南に水行一〇日陸行一月で邪馬台国（女王の都の所）に着く、更にその南に狗奴国が在る……とあるので、これを九〇度動かしてみると、不弥国の東に投馬国、その東に邪馬台国、その東に狗奴国となる。

これだと邪馬台国大和説を取る人々には、一見好都合のように見えるが、帯方郡から女王国は万二〇〇〇里とあるので宇美町からだと一三〇〇里東に女王国が在る事になり、道里計算上、周防灘周辺となり、女王国の比定地が見付からず、従ってこの説は成り立たないと言えよう。

それでは、何故このように方位が違うのかであるが、それは当時の地図が不正確であったためだと思われる。その地図を九州北岸部に位置する国について調べると、この辺の海岸線は本来、ほぼ西南から東北方向に伸びているが、東西に伸びる地図（図１）のような図を使っていたのだろう。すると唐房から伊都国（平原）は、ほぼ東南となる。また、伊都国か

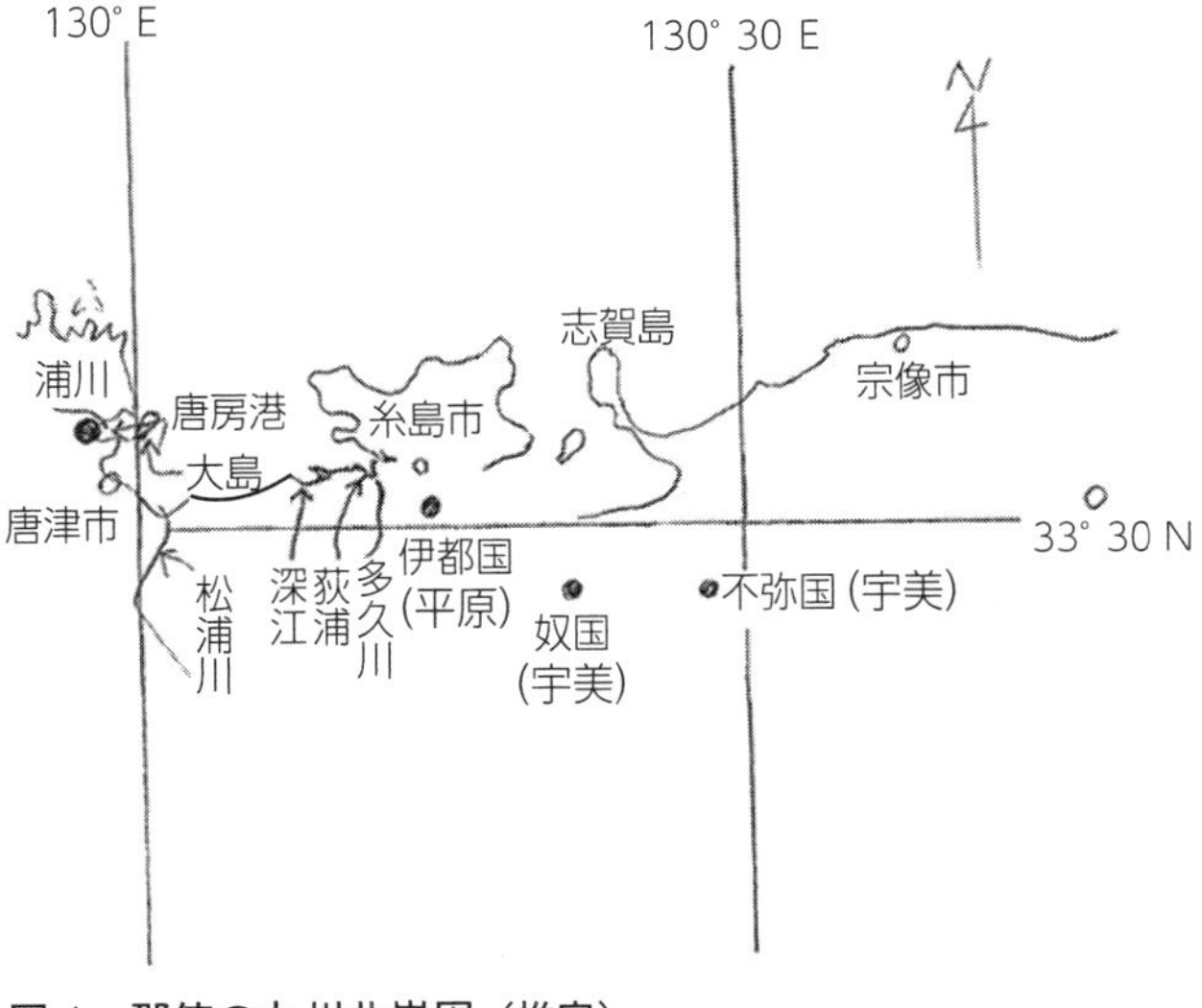

図１　郡使の九州北岸図（推定）

注　本当の地図では九州北岸は南西から北東に伸びているが、この地図ではほぼ東西に伸びている。

ら奴国（春日市付近）も東南で一致、不弥国（宇美町か）は東とあり、これも一致する。

郡使の持参地図が、図1のようであったための方位誤差であると推定される。

この地図を類推し作成した別の根拠は、図2の九州北岸部の海岸線が東西に伸びているからである。魏も当時、このような地図を使っていたものと思われる。

そうすると、「倭人伝」に記述する各国の方位が、実際と完全に一致する。

従って、わざと方位を捩《ね》じ曲げたのではなく、持参地図の不正確さから生じたものと、筆者は類推している。

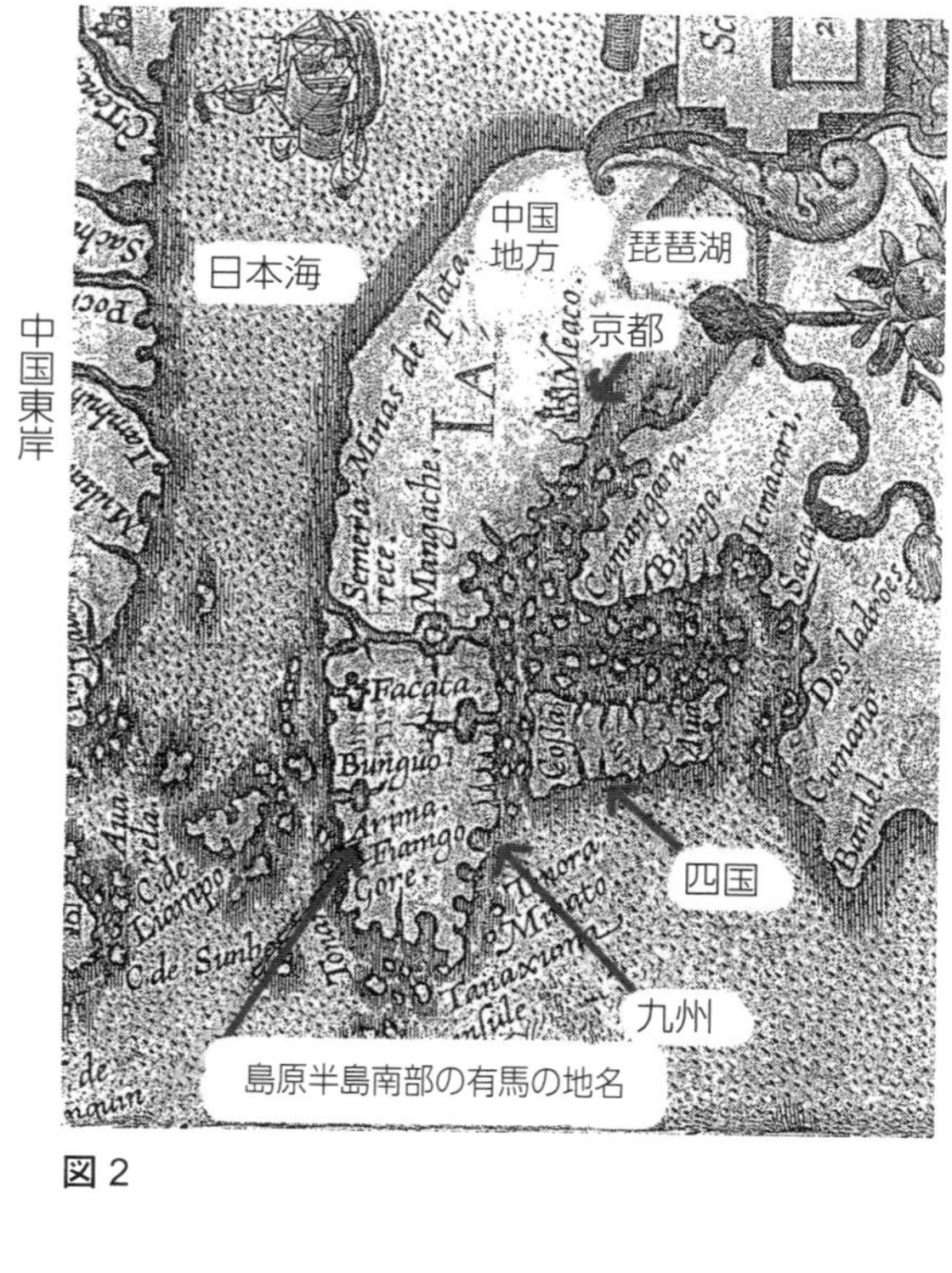

図2

三　伊都国間距離から見た入港地

「倭人伝」によれば、末盧国から伊都国まで五〇〇里とある。末盧国の港を松浦川河口とすると二五キロメートル位なので、五〇〇里で除すと一里は五〇メートルとなり、倭地平均六八・六メートルに対して短か過ぎる。入港地を唐房の港とし、そこからの距離だとすると三三キロメートルとなり、五〇〇里で除すと一里は六六メートルとなる。

これは、倭地での平均六八・六メートルに対し、ほぼ整合すると言える。

末盧国の入港地を唐津市呼子港とする人もあるが、これだと伊都国間の距離が四五キロメートル位となり、一里が九〇メートルとなって、倭地平均六八・六メートルに対し、大きく違って整合しないと言える。

それと、港の出入口付近は島や浅瀬が多く、海潮流も速く、入港するのに難しい港であり、帆船での出入港は危険が一杯で、避けたい港である。

更に、呼子で下船して歩くとなると、今でもそうだが、当時は恐しい山道であったに違いない。末盧国の治所のあったと思われる松浦川の川筋まで二〇キロメートル位あると思われるので、呼子港に昼前に入港しても、明るいうちには到着できないだろう。

当時、夜道は、特に危険であったと思われるので、そのような計画自体立てられなかったと思われる。

末盧国の入港地を総合的に判断すると、唐津市東房の港という事になる。

情報係郡使は、昼頃に唐房の港に入港した郡船を降りて、末盧国の治所から出迎えに来た役人に連れられて歩行し、同国の治所に夕方には到着出来ただろう。

歩行途中の道は殆どが、山道で草木が茂り、風景は殆ど見えなかっただろう。

当夜は、治所に逗留し、話しを聞いて情報収集に努めたが、官の名前は聞き漏らしたのだろう、記載に無い。

翌朝は、朝食後、筍《たけのこ》の皮に包まれた握《にぎ》り飯を昼の弁当として持たされ、見聞しながら歩き、木木《きぎ》の隙間から海の見える場所を見付けて、きっとそこで弁当を食べた事だろう。

案内人が付いていたので、途中の山道も迷う事無く、夕方前には伊都国の駐留所に無事到着した、と見て良いだろう。少し古い筆者手持ちの海図には、唐津湾西部浦川河口港を「唐房」としているので唐房港としたが、今の道路地図には唐津港と記している。

第五節　伊都国《いとこく》（糸島市）

一　「倭人伝」の記述と一大率《いちだいそつ》

「東南陸行五百里到伊都国《いとこく》……有千餘戸世《せ》有王《ゆうおう》皆《みな》統属《とうぞく》女王国《じょおうこく》郡使《ぐんし》往来《おうらい》常所駐《じょうしょちゅう》」とある。

和訳すると、東南方向へ五〇〇里行くと伊都国に到る。戸数は一〇〇〇余、歴代の王皆女王国に統《とう》属《ぞく》。郡使往来時、常《つね》に留《とど》まる所、となる。また、「倭人伝」の記述の後《あと》の行《ぎょう》の記述に、伊都国には一大《いちだい》率《そつ》を常治させて、女王国以北の諸国を検察させている、とある。この一大率は女王の任命である筈だから、この国は一大率が常治しているとあり、国王も常治しているから、常治する二人は同一人物の筈だ。

二　伊都国の遺跡《いせき》

この国は、旧郡名を怡土《いと》郡といって、ここには平原遺跡があり、銅鏡四二面が発見され、直径四六・五センチメートルもある巨大鏡が五枚有る。その他、琥珀《こはく》丸玉約一〇〇〇個、墓の周囲の溝からは一六人の殉葬《じゅんそう》者があったと推定されている。これらの事からみて、ここには相当に有力なる王が居たと推察される。

三　郡使往来駐留所

郡使到着の時、この地のみ「到る」の文字を使っており、ここが目的地であることが良く分かる。経由地の場合は「至る」を用いるのが原則である。ここで、図3を示す。

さて、目的地に到着した郡使達は、ここに留《とど》まって帰国までの間、ここを拠点にして与えられた任務を果たしていく事になる訳であるが、さてどんな任務が課せられていたのか知りたいものである。また、任務を課せられた郡使達は、いつ伊都国に到着したのか解明してみたい。

帯方郡の郡使が伊都

図3　帯方郡から不弥国までの里程図

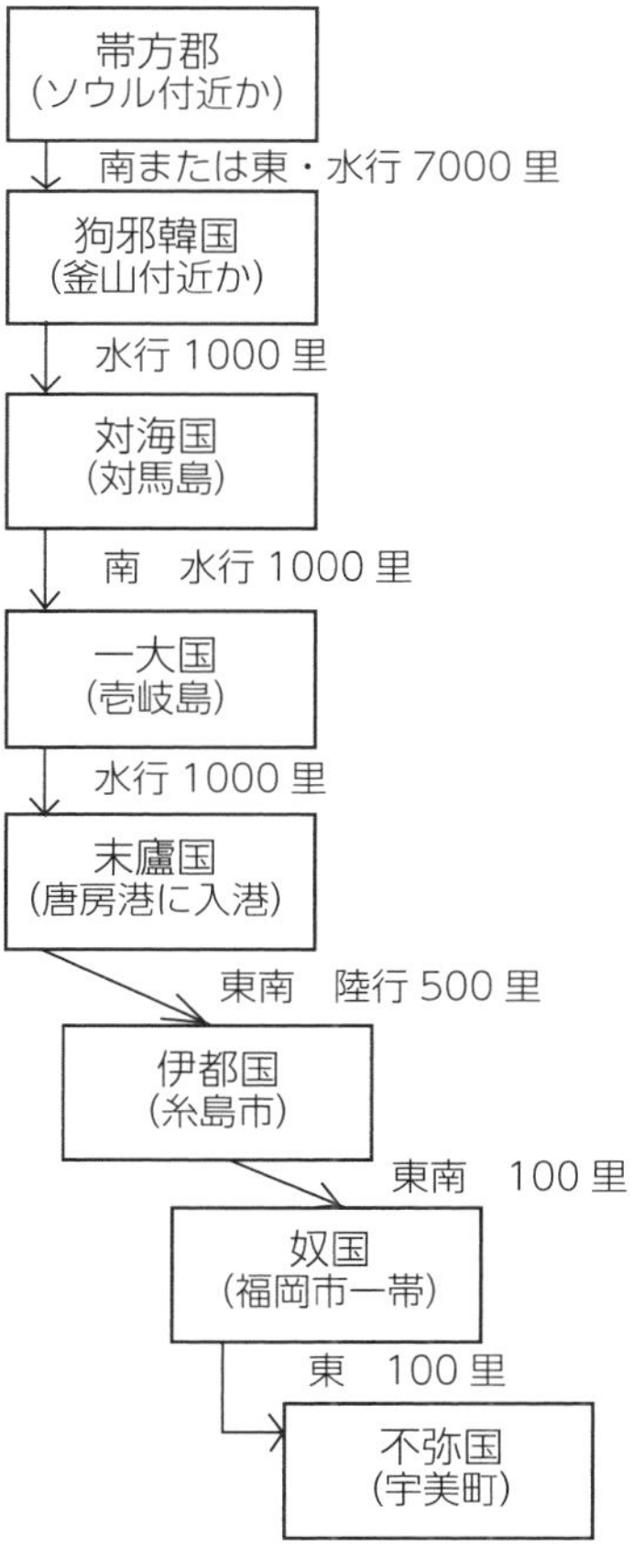

合計10700里（余里は省略）

国に到着したのは、第二章に詳細を記載したとおり、西暦紀元二四〇年に梯儁《ていしゅん》らが倭国を訪問し、印綬《いんじゅ》などを倭王に拝仮したとあり、この時、複数の郡使が来日した事が分かる。次は二四七年、難升米《なずめ》に黄《こう》幢《どう》拝仮のため張政《ちょうせい》らが伊都国に来た時である。

四　駐留者の任務

駐留者に与えられていた任務とは、なんであったのか。それは倭国の実態の調査見聞であって、地理や産業、経済や軍事、社会や風俗、人口や食糧、耕作地や鳥獣、竹木に至るまでの総合的調査であったと推定される。

そのためには諸国を巡回しての見聞が重要であり、それが達成された様子が風物記事などに見える。木竹名は、葉を本国で鑑定したのだろう。ところが、同じ研究者の中にも諸国を巡回するとしても倭国がそれを許したであろうか、と疑問を持たれる諸兄も有るが、ここは良く考えてほしい。倭国は一世紀頃から漢や魏に朝貢を繰り返して、その度に生口を献じて交易によって文明を進化させて来た立場であり、巡回を拒否するなど考えられない。

そもそも朝貢とは、貢物《みつぎもの》を持参して奉《たてまつ》ることであり、貢物《みつぎもの》は必らず必要な物であるが、真の意義は「貴下に敵意はありません、貴下の臣下《しんか》の一員にお加《くわ》え下さい」という誓約のためであって、貢物を受け取ってもらえたならば臣下の一員に加えられたという事である。倭国は、臣下になるために事ある毎に朝貢し、主従関係を維持していたのである。

倭王・卑弥呼は、二三八年に使者を朝貢させ、生口一〇人の奴婢《ぬひ》ほかを献上し、その見返りに金印・紫綬の賜与が決定し、大量の金品を下賜されている間柄《あいだがら》である。

後の二四〇年には、詔書印綬が倭国の王・卑弥呼に拝仮されており、魏と倭国は事実上、主従関係にあったと言える。

五　駐留者の諸国巡回

郡使達は、諸国をどのように巡回したかについて述べてみたい。

水行二〇日は片道であり、往復四〇日を要する。これ程の期間であれば、国の全面支援が必要となろう。用船は、救難用随行船共二隻必要であり、国の支援の有無が成否を分ける筈だ。しかし、それが実現したのだと思う。

さて、投馬国まで水行二〇日を要するとしているが、日数を何によって知り得たのか。それは実際に水行してみて、見聞や体験によって得られた多大な情報と共に、毎日の航海記録を残らず報告書に記述していたため、のちのち「倭人伝」に記載されるに至ったものだ、と推測される。帯方郡から来た若い郡使たちに倭地における水行の所要日数は体験しない限り解《わか》らない。報告書は伝聞で書くものではなく体験や実見によって書くものであって、推測で書いた時は、分かるように書いてある。

郡使達はこの時の水行によって、地理や地図、産業や経済、国防など多くの情報を収集できただろうと推測される。投馬国への水行二〇日の可否については、第九章第三節に詳述するが、図上で検証航海を実施する。当日の実況天気図や気象観測値に基づいて行なう。

次は、邪馬台国（女王の都の所）の訪問についてであるが、郡使達は現地に行っていないとする研究者が意外と多い。帯方郡からの使者は伊都国に留《とど》まっているのだから行ける筈が無いという。筆者は、現地を訪問していると確信している。では、いつ訪問したのか、と言えば二四〇年に魏皇帝の詔書・金印などを卑弥呼に拝仮のため来日した時以外には無かろう。この時は、使者・梯儁《ていしゅん》の随行員として複数の郡使が同行し、現地を訪問したと見られる。倭国の情報の中で、女王の都とする所の確認は、最重要確認事項であったと思われるからである。また、この機会を最大限生かして訪問し、特に港湾や海路、地形や避難港、人口や政治、軍事の情報を得たものと推察する。

治所情報として、担当郡使は現地で見聞したままを、次のように記述したのであろう。「宮室《きゅうしつ》、楼観《たかどの》、城柵《じょうさく》、厳《おごそ》かに設け常に人あり兵を持って守衛す」とか「婢千人《ひせんにん》を以って自《みずか》ら、はべらせている」と記述し、報告したものが、後々「倭人伝」に記載されたのだと推定される。この文章はどう見ても現地に赴いて実見したとしか受取れない。

次は、郡使は女王・卑弥呼に面会出来たのかについて、面会出来たとする研究者があるが、これには違和感を覚える。郡使は治所を訪問はしたが、卑弥呼には面会出来たのか、面会したのなら、どんな風貌《ふうぼう》だったとか、年格好《としかっこう》はとか、身形《みなり》や着衣《ちゃくい》、身丈《みたけ》や御洒落《おしゃれ》はとか、何か一つ位は書き残す筈だが、それが何一つ無い。また、卑弥呼は年は長大《ちょうだい》と記《しる》しているが、王となって以来見たものは少ないと述べ、唯《ただ》男子一人、食事を運び言葉を伝えるために居処に出入りしている、とある。侍者《じしゃ》以外との接触を避けていたようだ。郡使は女王・卑弥呼とは面会出来ていない、と類推したい。

第六節　奴国《なこく》（福岡市付近一帯か）

一　「倭人伝」の記述

「東南至奴国百餘里二萬餘戸……」とある。

和訳すると伊都国から東南一〇〇里で奴国に着く、戸数は二万余、となる。

極めて簡素な記述であるが、七行後に再度奴国のことを記述している。「奴國此女王境界所盡《きょうかいところつかす》」とある。和訳すると、奴国、これ、女王国との境界尽かす場所、となる（参考・「盡《じん》」は、漢字辞典によると、その意味の最初につかすと出る。つかすを「広辞苑」で引くと、すっかりなくす、つかいつくすと出る）。即ち、奴国と女王国とは、境界が接しているのでは無く、離れていることを後の行にわざわざ追い書きしている。これは、地の利を得ている倭国には解《わか》るように、追記してくれた親心からの贈物であると有難く受け止めたい。もし境が接しているのであれば、「境界所接」と書くはずである。

くどいようだが、この境界は接していると解読する研究者が意外と多く存在し、奴国は春日市を中心とした地域で、その直ぐ南東側にある朝倉市付近が女王国である、とする人達が多くあることは不思議である。

なぜかと言えば、女王国の北には戸数五万の投馬国があると受け取れる記述があり、すると投馬国は筑豊か、北九州付近という事になる。しかし、「倭人伝」には、投馬国は不弥国（福岡県宇美町付近か）から南へ水行し二〇日を要する、と記述されている。すると方向が全く逆であり、所要日数も北九州市付近だと宇美町付近から水行四日もあれば行ける。ここまで書くと、邪馬台国（女王の都の所）を福岡県朝倉《あさくら》市付近とする説は「倭人伝」の記述と矛盾《むじゅん》し、成り立たないことが解る。

二　「後漢書《ごかんじょ》・倭伝《わでん》」の記述

この史書は撰者《せんじゃ》・范曄《はんよう》による「後漢書《ごかんじょ》」中の「倭伝《わでん》」という史書であるが、西暦二五年から二二〇年の出来事を、同四四五年に編纂《へんさん》された中国正史《せいし》である。その記述を記《しる》す。

「建《けん》武《む》中元《ちゅうげん》二年倭《わ》奴《な》国《こく》奉貢朝賀《ほうこうちょうが》使人《しじん》自称《じしょう》大夫《たいふ》倭《わ》国之極南界也《こくのきょくなんかいなり》光武《こうぶ》賜《し》以《もって》印綬《いんじゅ》」とある。

これを和訳すると、西暦五七年に倭国《わこく》から奉貢朝賀《ほうこうちょうが》のため、倭国の極南《きょくなん》の奴国から来たという大夫《たいふ》と称する使いの者があった。時の光武帝から印鑑と組紐《くみひも》を賜与《しよ》された、となる。この記述から五七年頃は奴国の治所は春日市付近で、ここより北と倭の諸国が点在していたように見られる。

三　賜与《しよ》された印鑑と組紐《くみひも》の詳細

この印鑑と組紐について詳しく解説する。この賜与された組紐は行方不明だが、印鑑は現存し、印面

「漢委奴国王《かんのいなのこくおう》」と刻印された黄金製《おうごんせい》の印《いん》鑑で、一辺二・三五センチの四角形で撮《つまみ》が付いている。重さは一〇八・七三グラムで、この印鑑は行方不明となっていたが、江戸時代中期の一七八四年二月に、当時、筑前国《ちくぜんのくに》糟屋郡《かすやぐん》志賀島《しかのしま》南端の叶崎《かのうざき》で、所有者・甚兵衛《じんべえ》の田畑において、小作人二人が溝の修理中に大石にぶつかり、鉄梃《かなてこ》で掘り起こしたところ金印が出土し、その金印は今でも福岡市博物館にある。その金印を図4に示す。

一般には金印を掘り出したのは百姓・甚兵衛となっているが、これは郡奉行《ぐんぶぎょう》に出した書類に土地の所有者である甚兵衛のサインがあるからだと郷土史家・筑紫豊氏は述べている。

この金印を賜与された時の朝貢時の貢物は生口と海産物であった、とも述べられた。

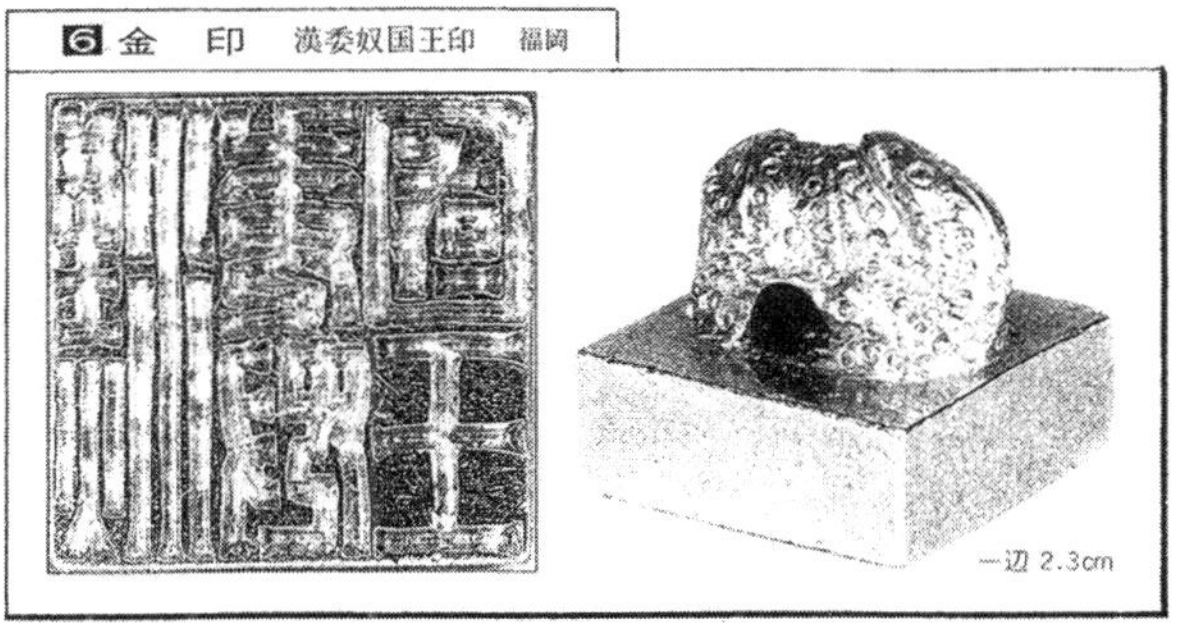

図4 金印 （「日本総合図録」から転写）

四 朝貢《ちょうこう》の持つ意義及び渡航の実態

「倭人伝」によれば、後漢の一世紀頃から漢王に朝貢する倭の国々があったと記されており、倭国の諸国の中には、後漢《ごかん》の都《みやこ》・洛陽《ルオヤン》に生口を奉じて朝貢に出向いてまでも、その臣下国《しんかこく》へ入り、絶大な後ろ楯を得たかったのだろう。その裏には、倭地の中の諸国間の争いが激しく、誰も平定《へいてい》出来ずにいた事を物語っていると言えよう。

一方、後漢《ごかん》としては、倭国を臣下国とする絶好の機会と捉《とら》えて、光武帝《こうぶてい》は「漢委奴国王《かんのいなのこくおう》」の印面を持つ「金印」と組紐《くみひも》を賜与《しよ》したのであろう。この「漢委奴国王」印の、印影の持つ字義《じぎ》を解説すると、「奴国王よ、漢の事を宜しく頼んだぞ、この印綬の使用も委《まか》せるから、交易などの際必要があれば使っていいぞ」と和訳できる。印綬を賜与《しよ》した後漢の光武帝からみると、「王」は「帝」の下の等級であり、実質小国の王でもあるため、子供に言うような訳し方を取ったが、朝貢した場合は必ずこのように上下関係が生ずることは至極当然の事であり、必然であろう。

実は、この印影の読み方も様々で、発見当時、最初に鑑定した学者は福岡藩校の館長で医者だった亀井南冥《なんめい》だが、先生は「カンノイトコクオウ」と読まれた。その後、明治の中期になって、三宅米吉博士が、「カンノワノナノコクオウ」と読み、これが定説となったが、違う読み方も出て来ている。

筆者は、解説で記《しる》したとおり「カンノイ、ナノコクオウ」と読むが、この違いは発見当初の読みは別として、「委《い》」の文字を何と読むかの違いである。漢字辞典では「倭《わ》」は、「い」とも、「わ」とも読むが、「委《い》」の読み方は「い」だけが乗っている。昔、日本で「委」を「わ」と読んだ時期があったようだが、中国では当時、どう読んでいたのかである。

「委」を「わ」と読む辞書が有れば見てみたい。印面の「委」は委任するであって倭国《わこく》の倭《わ》とは字義が違い、「委」は「い」と読むべきだと思うが、「わ」と読む根拠を知りたい。

次は朝貢の持つ意義について述べよう。

当時、朝貢は貢物《みつぎもの》を持参して朝帝にお詣《まい》りに出向くことであり、「どうぞ私どもを貴下の臣下にして下さい」という服従の意志を表し、反抗などしないことを誓うための訪問であった。貢物《みつぎもの》は必需品《ひつじゅひん》であって、いつも生口《せいこう》を伴っていた。ここで女王の使者ら一行の魏《ぎ》へ朝貢《ちょうこう》時の途中の様子を類推《るいすい》して記述する。

倭国を初夏の頃に出発した公船は、狗邪韓国《くやかんこく》に着《つ》き入国手続きを済ませ、帯方郡《たいほうぐん》に向け朝出港、午後、港に入港し、生鮮食材を物々交換で調達しながら倭国出発後一ヵ月で帯方郡に到着、郡役所に出向き朝貢を願い出た。

郡役所では、朝貢承認取得の書類を洛陽《ルオヤン》の治所に発送した。約三ヵ月程して承認書が届き、引率する郡船に先導されて、旅順口《リューシュンコウ》を経て黄河《ホワンホー》河口の港に着いた。倭国出発から五ヵ月を要した。ここで公船を黄河に乗り入れ、郡帆船の後方に付いて進み、黄河《ホワンホー》を遡《さかのぼ》る事約七七〇キロメートルで魏の都・洛陽《ルオヤン》に到着、総計七ヵ月を要した。「倭人伝」によれば、渡海し中国に朝貢する時は常に男一人の持衰《じさい》を乗せ、衣服は汚したままで肉を食べさせず、虱《しらみ》を取らせず、髪を梳《くしけず》らせず、婦人を近付けず、喪中のようにさせる。無事に到着出来たら、財物や婦人を与えるが、病人がでたり暴風の害に合うと、持衰《じさい》が謹まなかった所為《せい》だとして、これを殺したいと望む……と記述している。

当時、中国への航海は、それ程危険であった事を伺い知る事が出来る。

当時の地図と航路の図を掲示する。

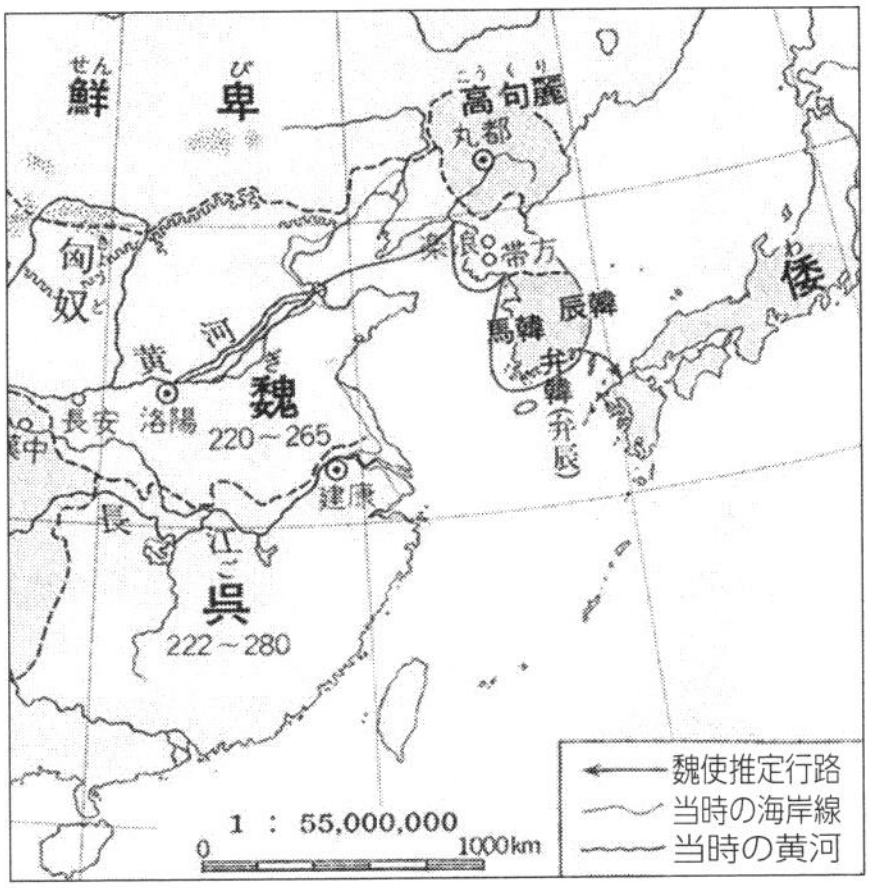

（「日本総合図録」から転写）

倭国の都を出発し、女王の遣使や生口を乗せたこの帆船は、魏の都で朝貢を済ませ帰着するまでには、約一年を要したと見積もられるが、この往路に必要な食糧について積算してみる。

外洋に出る航海には二隻以上で航行するが、本船一隻分について積算する。

乗組員は、船長一・航海士三・漕ぎ方二〇・賄方三・大工一・水先人一・通訳人一・現地案内人一・生口九、合計四〇人とする。

一日一人分、主食用米麦五合、生鮮食料用代物米二合、合計七合とすると四〇人で二斗八升、一ヵ月で八四斗、七ヵ月分で五八八斗であり、四斗俵《だわら》で一四七俵、一俵は風袋込みで六四キログラムとして九四〇八キログラム。

この他、干魚介・干肉・干野菜一人一日〇・二キログラムで、四〇人では月二四〇キログラム、七ヵ月分で一六八〇キログラム。総合計一一〇八八キログラム。

この船の食糧積載能力は、風袋込み四〇〇〇キログラム、消費一ヵ月（一一〇八八÷七＝一五八四キログラム）、全消費（四〇〇〇キログラム÷一五八四キログラム＝二・五）、食糧は満載で二ヵ月半分である。

水は、一人一日六リットルとして四〇人では二四〇リットル、五日で一二〇〇リットル（一・二立米《りゅうべい》）、これが搭載限度だろう。

水は五日分しかなければ、遭難した時はどうするのか。帆布などで雨水を受け止めて桶に溜めて使う。

海水を飲んではいけない。小便を飲んで命を繋ぐ。水分が無くなり唇が粘着して離れなくなった時は、海水で唇を湿らせると上下の唇が離れる。

遭難を防ぐ方法は、計画した以上の欲張り航行をしない事である。特に帆船は。

さて、渡航の話を進めよう。

日本では後年の六三〇年から八九四年まで洛陽《ルオヤン》の西三三〇キロメートルに在る唐の都、当時・長安、今・西安《シーアン》に、正式に勉学派遣があった。

その状況を、「日本史総合図録」から集計（一部平均値）したので記述する。

出発総隻数三二、派遣人数三七四四、一隻当りの派遣者人数一一七、帰還隻数二〇、未帰還隻数一二であった。

出発した船の内、帰還出来た船は六二・五％、未帰還船三七・五％。

七世紀から九世紀に至っても、中国への往来時は遭難する船が多かった事が分かる。

これを遣唐使派遣というが、大和政権下の日本国公船であっても、中国への渡航は危険であった事がわかる。

実際は、もっと多くの船や人が出発しているが、帰着の記録が無い分や規模などが不明の分は、始めから除外した。

遣唐使が派遣された国は李唐とよばれ、六一八年から九〇七年まで栄えた国家であった。

その都は、西安《シーアン》に置かれていた。

遣唐使は大阪を出港し、福岡県宗方《むなかた》市・壱岐・対馬・朝鮮の多くの港に寄港し、中国遼東半島先端部に在る旅順港に寄港したであろう、と見られる。

ここで、当時の地図と航路を示す。

ここからは、山東半島の蓬莱《ホンライ》に着き、陸行を始め、鄭州《チョンチュウ》・洛陽《ルオヤン》・西安《シーアン》まで約一一〇〇キロメートルを進むのに、一日一七キロメートル進むと約六五日の道程となるが、途中一〇日間を悪天や休養日に当てると、七五日を要する。

つまり、蓬莱から陸行し、二ヵ月半で都・長安に到着したであろう、としておきたい。

遣唐使達は、始めの一～二年間は、往路については海上の安全性が高いと見られるこの航路を取っていた、と推定される。

遣唐使用の帆船は、乗客一一七人程乗れる大型帆船であったため、黄河の航行

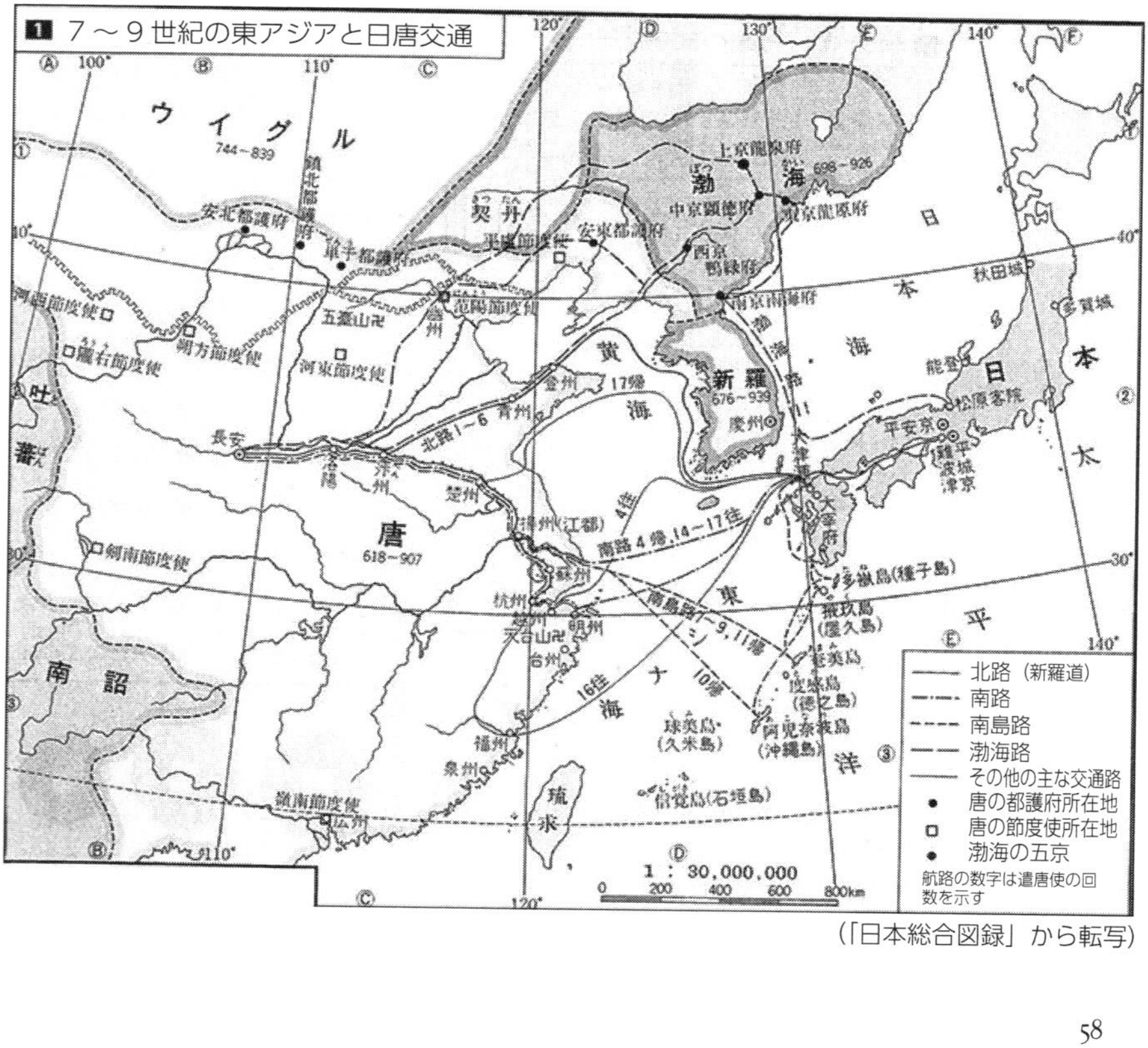

1 7～9世紀の東アジアと日唐交通

（「日本総合図録」から転写）

は出来なかったように思われるので、皆草鞋掛《わらじがけ》して歩き、草鞋擦《わらじず》れで歩けなくなった者だけ牛車に乗りながら陸行していた、と推定される。

牛車の速度は、人の歩く速さとほぼおなじとされているので、各人の所持荷物は牛車に積み、船一隻分一一七人程が一箇隊を組んで、牛車を先頭に隊列をなし、一日一隊ずつ出発していたであろう、と類推される。

牛車を先頭にするのは、先導の役割と荷物を盗まれないためである。

また、遣唐使船は二～四隻で出港していたので、一隻《いっそう》分ずつ日をずらして陸行しないと食事処や旅館が確保出来ない恐れがあるからである。

さて、大阪港を五月頃出港した遣唐使達は約半年後の年末までには、李唐の都・西安に集結出来たと思われる。

派遣された遣唐使達は、約一年程勉強して翌年の暮れ頃、倭国に向けて出発し、帰路の途についたと思われる。

帰路の経路は、往路と違って、洛陽・楚州（今の除州）を経て連雲港まで陸行したと見られる。

その後は、この港に迎えに来た帆船に乗り、山東半島先端部を経て朝鮮半島西岸の港に寄港し、後は往路とほぼおなじ航路を取り、六月頃には大阪港に入港出来たものと思われる。

ここで一つ断り書きをしておきたい。

遣唐使達の西安での勉学期間を、約一年程と記述したが、その証明となる書き物は見付けられなかった。

しかし、「日本史総合図録」によると、この初回出発は六三〇年で、帰着は六三二年となっている。ただし、出発の翌年に帰着した組もあり、勉学の期間は細かく見れば半年〜一年であったように類推される。

このようにして李唐の都・西安で学んだ先人達が、帰国後、日本の法律や規則を作成したのであった。七〇一年制定の大宝律令《たいほうりつりょう》や七五七年制定の養老律令は、正《まさ》にその一つであった。律令の律は刑法で、令は行政法の事であるが、この律令は唐の時代の中国で発達、日本でも多く取り入れられた、とされている。

この他、遣唐使船には持衰《じさい》に相当する卜部《うらべ》を壱岐や対馬で乗船させて、航海していたという。

第七節　不弥国《ふみこく》（福岡県糟屋郡宇美町《かすやぐんうみまち》か）

一　「倭人伝」の記述

「奴国に続いて東行至る不彌国《ふみこく》百里……有千餘家」とある。

和訳すると、奴国から東に一〇〇里行くと不弥国に着く、家は一〇〇〇余ある……となる。

次は、「南至る投馬国《つまこく》水行二十日五萬餘戸南至邪馬壹国《やまたいこく》女王之所都水行十日陸行一月……七萬餘戸……」とあり、以下省略する。

和訳すると、投馬国は不弥国の南に在り、水行して二〇日で行き着く、戸数は五万、となる。

邪馬台国女王の都の所は、不弥国の南に位置する。

そこへ行くには、水行部分が一〇日、陸行部分が一ヵ月を要する。

戸数は、七万余……となる。文脈からはそうだが、邪馬台国への基点は明示されていない。

この漢文は、和文のように句点や読点が無いので解りにくいが、方位の基点は不弥国からであっても他との矛盾なしだが、日数の基点は不弥国以外の所でないと、この「節」は成り立たない。

また、女王国は奴国と境が離れているとし、郡から一万二〇〇〇里の所にあり、不弥国から南一三〇〇里の所だと取れる。その基点は、帯方郡から女王国までの内にあり、郡使はその水行日数を来訪によって知ったと類推できる。陸行日数の郡から釜山付近までは一ヵ月掛かると知っていた為、それを記したのだと思える。これを倭地に求めると、陸行して一ヵ月を要する都など、九州のどこを探しても、在り得ない。

また、陸行を先にして水行を後にしても同じである。

更に、この書は出発の基点だけで無く、出発の順番（水行が先か、陸行が先か）も略述し、女王国の場所を匿そうとしている。

また、「倭人伝」の三行目に、倭国へ行くには韓国の沿岸沿いに水行し、幾つもの海を渡って倭国に着いてから陸行して各地へ行く様子が述べられているが、それは不弥国までである。

二四〇年に初めて公式訪問した郡使は、確かにこのコースを取って倭地を訪問したとみられるが、他にも倭地に行く順路は分かっていたようだ。虚偽記載なしで完全秘匿するために、倭女王の都の所は水行一〇日、陸行一月とし出発の基点を示さないばかりか、出発の順番は水行が先であると思わせようとして水行を先に記し、不弥国から南へ水行一〇日、のち陸行一月とし、倭の中枢を秘匿したと読める。

この順路は、帯方郡を陸行で出発し、一ヵ月で狗邪韓国に着き、そこから帆船で水行すると一〇日で女王の都・熊本県旧玉名郡付近に着く。

この問題と、正面から取り組んで解明しようとしている人をまだ見たことがない。

それはさておき、「水行一〇日」を概算してみよう。

釜山付近から出港して倭地へ向かう公船は、外洋帆船以外に無い。昼間のみの航行で、航行した日は一日約七〇キロメートル進める。一〇日の内七日航行したとすると四九〇キロメートル進める。この距離は、熊本県菊池川流域に当たる。

「陸行一月」は帯方郡（ソウル付近か）から釜山付近までだとすると一日一六キロメートルずつ進むとして二五日で四〇〇キロメートル進めるが、これは郡から釜山付近までの道程と一致する。

二　不弥国の場所について

この不弥国（福岡県糟屋郡宇美町か）は、福岡市の都市圏に在りながら小高い丘の向こう側にあるため、市街地を通る主要道路から見て四キロメートル程しか離れていないにも拘《かかわ》らず目にする事が出来ない地域である。

また、宇美町の南約三キロメートルには大城山四一〇メートル、南南東約四キロメートルに大原山三五四メートル、南東約六キロメートルに宝満山八六九メートル、東から北東方向、さらに北側約五キロメートル離れた所に幾つもの山が、市町村の境界線上に列をなして聳《そび》える。北から東側そして南側へと、宇美町を中心にして半円形を形作り立ち塞《ふさ》がって、宇美町地域を守っているかのように見える。

この不弥国は糟屋郡の有力地域である宇美町付近のことと思われ、「古事記」にも「日本書紀」にも「宇美」、「宇瀰」の地名が残っている。ここの地形が、不弥国を守って来たのだろう。また、同郡内で最大・最古と言われる正方寺古墳なども在り、由緒ある土地柄である。

さらに、ここから南へ水行二〇日で投馬国に至ると記述されているが、宇美町を流れる宇美川を利用して博多湾に出れば、福岡の港から手漕ぎ船の使用で投馬国まで水行できる。宇美川は明治期、上流から檜《ひのき》材を筏《いかだ》で運んでいたとの石碑が、福岡市東区筥松《はこまつ》にある。

これらの事から宇美町を「倭人伝」にある不弥国に比定する事にした次第である。

次は、投馬国の場所を考察しよう。

それは、宇美町の南で水行二〇日で着く、とある。奴国（福岡市一帯）と邪馬台国は、境界が離れているとも述べている。

「倭人伝」はさらに記し、狗奴国は邪馬台国の南に在ると述べ、邪馬台国と奴国の間に空《あき》が出来る。隣国が述べられていない主要国はどこかを探すと、投馬国である。

投馬国をこの空いた地域に比定しても矛盾は起こらない。

「倭人伝」はさらに、「自《じ》女《じょ》王《おう》国《こく》以《い》北《ほく》其《その》戸《こ》数《すう》道《どう》里《り》可《か》得《とく》略《りゃく》載《さい》」と述べ、女王国以北の国は、その戸数や道里について分かっているので記載している、としている。

一方、その他の周辺国については、「其餘旁国遠絶不可得詳」と記述し、遠く離れているので詳しくは知り得ないとして、国名のみを二〇国示した。伊都国、奴国、不弥国（道筋に当たる国）の情報は得られたが、他の国には陸行出来ず、不弥国から水行によって投馬国に二〇日かけて行き着き、官の名前や戸数などの情報が得られたように類推出来る。

また、投馬国は女王国の北に在る、と読み取れる記述があるが、それがなぜ分かったのかといえば、それは投馬国に行ったからに他ならない。

さらに奴国と女王国は境界が離れている、と述べているのも女王国や投馬国に行って知っている事の現れと見るべきだ。すると投馬国は、地理的に見て奴国と女王国の間に在る事になる。

これまでの記述から見ると、投馬国のように道里、戸数など記載している国は、女王国の北に在る事になる。

すると奴国と女王国は境界が離れている、とあるので、この空いている場所に、投馬国が在る事になる。

つまり、女王国の北には戸数五万を擁する投馬国が、境を接して存在している事が、「倭人伝」の記述から導き出されたと言える。

第六章　三世紀の倭国に於ける陸行の実状

「倭人伝」によれば、不弥国（宇美町か）の所で、南水行二〇日で投馬国に着く、とある。これを検証してみると、投馬国の場所は八女市中心部で矢部川の流域に当たる。

一方、宇美町から陸行すると、距離は四五キロメートル位なので四～五日で着けるだろう。

それをなぜ、水行二〇日としているのかについては、第九章第三節（九五頁）に詳述する。

それでは、陸行するとしたら一体どうなるのかについて考察してみよう。

一行の人数は、郡使二人、案内人（伊都国の者）一人で合計三人とする。

一回目は、途中に宿屋も食事処も無く、荷物は全員で荷なうとして往復九日分の所要物重量を記す。「食糧米・干魚介肉菜《ほしぎょかいにくさい》・木炭五二・八キログラム」、「炊事用鍋釜・焜炉《こんろ》・桶《おけ》・食器・俎板《まないた》・庖丁《ほうちょう》五〇キログラム」、「苫《とま》六・柱六・棟木《むなぎ》梁桁《はりけた》横木《よこぎ》五・蓑《みの》綱《つな》敷物《しきもの》で七〇キログラム」、「杭《くい》・鍬《くわ》・おお鎚《づち》で二〇キログラム」合計一九二・八キログラム。出発初日は、この重さの荷物を三人で運ぶ事になるが、一人当たりの重量は六四・二七キログラムとなり、この荷は嵩張《かさば》るため持てる量ではない。

そもそも郡使は、情報収集のための巡回であり、荷運びなど出来ない。二日目からは、食糧と木炭の消費分、一日約二キログラムずつ減量するだけだ。

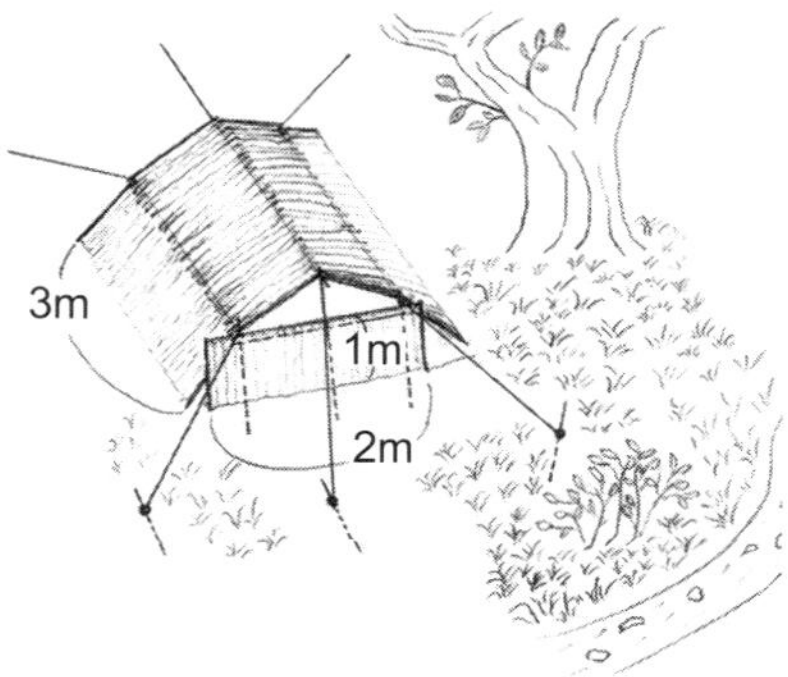

苫張りの図

次に、苫張りのイラストを掲示する。

ここで苫について説明しよう。通常薄《すすき》が穂《ほ》を出す前、夏の内に刈り取って乾燥させる。茅《かや》の中でも一番長くなるのは薄《すすき》であり、二メートル余《よ》に達する。中程で折り曲げると一メートル位になる。これを横に並べて一本ずつ茎《くき》の部分だけを五列程糸編みし、二メートル位で止め、両端に小竹を取り付けて、撓《たわ》むのを防ぐ。

約一メートル残っている葉の部分を折り曲げ、茎面に被《かぶ》せる。葉の部分のずれを防ぐため、折り曲げ部から二センチメートル位の所を茎に編み付ける。

保管時には乾燥させ、葉を内側にして一枚ずつ巻き横にして置くと、何年でも使える。葉の中程を編み付けると雨漏《あまも》りする。

ここまでの考察で、苫張《とまは》りに関連する荷物さえなければ、陸行も可能だと思われるが、これを外す事は出来ないので、数日を要する陸行は、当時はできなかった筈だ。

それなら、荷を運ぶ人足を日替わりで雇えば済む筈である、との見解もあろう。

では、一九二キログラムの荷物を、日替わり人足で運ぶとしよう。跣《はだし》で山道を歩くには一人三〇キログラム荷なうのが限度だろう。そうだとすると荷運びに人足六人を要する。この人足日当用の米、一人一日一五キログラム（現在約五〇〇〇円）とし、往復九日分で一三五キログラム、六人分で八一〇キログラムを要する。出発初日は、この米を運ぶためだけの別途の人足数を計算する。一人で三〇キログラム荷《に》なうとし、内一五キログラムは自分の日当用の米となる。すると八一〇キログラムを一人一五キログラムで除すと、五四人となる。後は毎日六人ずつ減るが、これは実行不可と見る。

次は、道の要所に宿屋が有った場合について考察してみよう。

宿代となる代物の米を荷なって、朝出発した一行は、夕方前には宿に着いて、夕食・朝食の後、弁当を作って貰《もら》って、宿屋支払いの代物用の米を引き渡した。

さて、一泊三食分として、米何升請求されただろうか。米一五キログラム（現在五〇〇〇円位）では、どうだろうか。すると往復九日分を持ち運ぶと、出発初日は代物米だけで一人一三五キログラムとなる。荷なって歩ける量ではない。三人では四〇五キログラムとなり、荷なって歩くには一人三〇キログラムが限度だろう。日替わりの人足は自己の日当用米一五キログラムと併せて、三〇キログラム荷なうので荷運びの実質分は一五キログラムであり、初日人足二七人が必要で、この計画の実現は不可と言えよう。

考察の結果は、数日を要する陸行が可能となるのは、一つは牛馬などによる荷物運びが依頼出来る事。二つ目は軽量の通貨が、流通するようになる事であった。日本における通貨は図に示すとおり、七〇八年、和銅開珎《わどうかいちん》が発行された。駅家《えきや》が置かれ延喜式官道《えんぎしきかんどう》が整備されたのは九〇五年である。

その図を次頁に示す（図５）。

日本における通貨

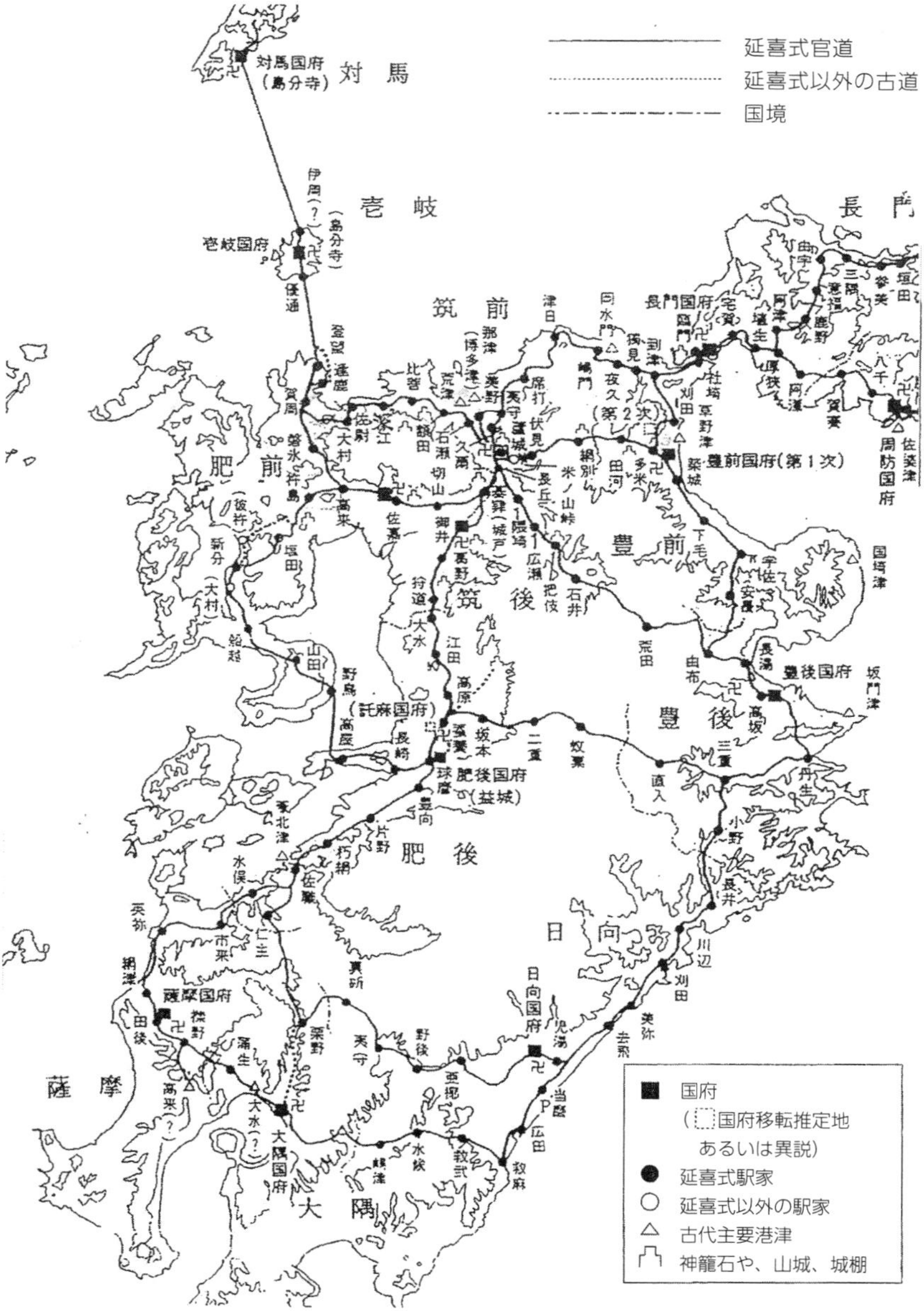

図5　西海道の国府・城郭と駅路

（木本雅康「西海道における古代官道研究史」古代交通研究会 11 回大会〈2002 年〉レジュメによる。但し、『日本歴史地図・原始古代編』下、木下良作図に加筆）

（「海路」より転写）

第七章　献上生口《けんじょうせいこう》の出自《しゅつじ》（出どころ）

「後漢書・倭伝」によれば、後漢の五七年に倭国王の使者・大夫が朝貢した。光武帝印綬《こうぶていいんじゅ》を賜与《しよ》とある。

印綬とは、中国では印鑑と組紐を指す。組紐は行方不明だが、印鑑（金印）は、福岡市博物館に現存する。

この時の朝貢には、生口（奴隷）や海産物を献上し、大夫は光武帝に会っている事が、資料に載っていると郷土史家・筑紫豊氏は、西日本シティ銀行発行の冊子「金印・日本号・かぶと」掲載の対談で述べられた。

資料名は記述にないが、後漢《ごかん》の時からも朝貢時は貢物を奉じ、生口も献上していたのだと頷《うなず》ける。

他に筑紫氏は、この朝貢のため黄河《ホワンホー》水系に在った西安《シーアン》の都に行ったと受け取れる発言をされている。

しかし、後漢《ごかん》（二五年から二二〇年）の都は西安ではなく、その東約三〇〇キロメートル離れた洛陽《ルオヤン》に在ったと「広辞苑」にもあるので、朝貢した都は洛陽《ルオヤン》であった、としておきたい。

さらに「倭伝」は、一〇七年に倭国王・帥升《すいしょう》らが、生口一六〇人を奉《ほう》じて朝貢を願い出たと記すが、その後の事は記述にない。

一方、「倭人伝」には、二三八年、倭国王の使者・大夫、難升米らが、魏の都・洛陽《ルオヤン》に朝貢し、生口男女一〇人と班布を献上したと記す。

さらに、二四三年には謝恩のため倭国王の使者・大夫、伊聲耆《いせき》らを送り生口や絹布《せんぷ》・短弓《たんきゅう》を献上したとあるが、生口の人数は記載がない。

この時、掖邪狗《ややく》らは率善中郎将の称号と、印綬を賜ったとある。

次は、二四七年、倭国王・壱与《いよ》の使者二〇人を派遣し、朝貢させた。

この時の貢物は、男女生口三〇人と、白珠《はくしゅ》五〇〇〇や雑錦《ざっきん》二〇匹他となっている。

このように朝貢の都度生口を献上しているが、その生口はどのようにして集めたのかについて述べてみたい。

七〇一年には大宝律令《たいほうりつりょう》が制定され、律令政治《りつりょうせいじ》の下《もと》、身分制度が始まり、奴婢《ぬひ》（奴隷《どれい》）が出現した。

次は、当時の生口（奴隷）の出自について考察する。序章の追而書《おってがき》六枚目に「其犯法軽者没其妻子重者没其門戸及宗族」とある。この文で「没《ぼつ》」とあるが、漢字辞典には「没」は、しずむ、しぬ、ない、とある。広辞苑には、取り上げること、「没収《ぼっしゅう》・没官《もっかん》」とある。没官《もっかん》は、重罪を犯した者の父子・家人・資財・田宅《でんたく》などを朝廷や幕府が取り上げること、とある。人を没官《もっかん》した場合は奴婢《ぬひ》としたとある。一世紀頃から律令制に近い考えが、倭国に入っていたように見える。

「倭人伝」中、法犯者「没」と記すのは、奴婢（奴隷）にしたと著者は受け取っている。こうして、犯罪者と妻子、宗族などで奴婢とされた者の中から朝貢の際の生口にされたのであろうと思われる。この他、戦争で捕虜《ほりょ》となった者や、対立国間での人攫《ひとさら》いにより奴婢にされた者も含まれよう。入れ墨《ずみ》をしているのは、攫《さら》われた後助け出すためだと見えるのだが。

第八章　「倭人伝」に記載する里の尺度

第一節　「倭人伝」の里程

魏の時代の一里は、中国の度量衡基準表によると四三四・一六メートルとされているが、「倭人伝」に使用されている道程の里数とは全く違っている。その表は第一章（二三頁）にある。

今日に於いても日本の多くの研究者が、独自に算出した数値を使って解読しており、統一された尺度は無いのが実状である。

そこで、筆者も独自に算出した数値を使っている。それを明示する。

まず、「倭人伝」の記述を紹介すると「狗邪韓国《くやかんこく》……始度一海千余里至對海國《ついうみこく》……又南渡一海千余里……至一大国《いちだいこく》……又渡一海千餘里至末盧国《まつろこく》……東南陸行五百里到伊都国《いとこく》」とある。

これを和訳し、解説を加えると次のようになる。

「狗邪韓国（釜山付近か）から、初めて一海を渡ること一〇〇〇余里にて対馬国に至る。

南へまた一海を渡ること一〇〇〇余里にて壱岐国に至る。

また一海を渡ること一〇〇〇余里にて松浦国《まつらこく》に至る。東南へ陸行五〇〇里にて伊都国に到る」

となる。これは図３（四七頁）に示す。

つまり、狗邪韓国から郡使の常駐所である伊都国までは、三五〇〇里であると書いてあるのだ。

しかし、それでは邪馬台国は、福岡市付近とする研究者に取っては、この里数では自己主張に合わないので、何か合わせる方法は無いものかと考えたすえ、対馬島と壱岐島の各島の二辺、合計一四〇〇里を加える事を思い付いたと述べる研究者もある。

そうすると、この区間の里数が延びて、四九〇〇里となる。すると一里の長さが短くなる。さらに伊都国から邪馬台国までの残里数が短くなって、一五〇〇里あったものが僅か一〇〇里だけとなるため、邪馬台国（女王の都の所）は、福岡市付近になるのだ。

しかし、このようにして女王の都の所を福岡市付近だとしても、伊都国から一五〇〇余里あるとする「倭人伝」の記述は変わらない。

従って、二島の二辺一四〇〇里を加える事は、女王国の場所の解明に取っては無意味であると言える。

さらに、この問題は無意味なだけに留《とど》まらず、間違いである事を指摘したい。

そもそも水行距離は、水上を行く距離であって、途中、島の港に入港したからと言って、その島の二辺の長さを水行距離に加える事など有り得ない。

また、これを加える事によって、計算上は狗邪韓国（釜山付近か）から邪馬台国までの距離が、約九七キロメートルも短くなり、熊本県北部の比定地から、福岡市に比定地が移動する事になる。

もう一つ、これによって自己の主張する比定地に近付けたとしても、それはやはり誤りである。なぜなら、邪馬台国（女王の都）の北に戸数五万を擁する投馬国が在る事を第九章第二節（七五頁）に述べているが、すると投馬国は玄界灘か北九州市付近に在る事になり、宇美町から南へ水行し二〇日で投馬国に着くとの記述とも大きく矛盾するからである。

第二節　水行・陸行の実距離と一里の長さ

帯方郡使が、来日時に水行に使用した船舶と同規模、同性能の船舶を想定し、寄港地を設定して航行距離を算出する。

これは、「倭人伝」にある里数と実距離とを比較して、「倭人伝」にある一里の長さを知るために行なうものである。

釜山港から伊都国までの道程を地図上で測定する。釜山港から対馬の浅茅《あそう》湾まで八六キロメートル、同湾から東回りで壱岐島郷ノ浦港まで七八キロメートル、同湾から唐津市唐房の津港まで四三キロメートル、合計二〇七キロメートル。陸行は、同港から伊都国まで三三キロメートル。水行・陸行の合計は二四〇キロメートルとなった。

この二四〇キロメートルを三五〇〇里で除すると、一里は六八・六キロメートルとなる。著者は、今後、一里は六八・六メートルとして換算する。

第九章　投馬国《つまこく》（八女市付近か）

第一節　「倭人伝」の記述及び外洋帆船による航海

「倭人伝」によれば「南至投馬国水行二十日……可《ばかり》五萬餘戸」と簡略に述べているが、一〇行後に、「奴《な》国《こく》此《これ》女王《じょおう》境界《きょうかい》所《ところ》盡《つかす》其《その》南《みなみ》有《ある》狗《く》奴《な》国《こく》男《だん》子《し》爲《ために》……不《ふ》属《ぞく》女王《じょおう》自《から》郡《ぐん》至《いたる》女王国《じょおうこく》萬《まん》二《に》千《せん》餘《よ》里《り》……」とある。この記述が投馬国の場所の有力な決め手となっている。

それは、投馬国は不弥国(宇美町か)の南に在る。女王国も南とし、狗奴国は女王国の南に在るとしている。次は、奴国と女王国は境が離れているとしている。すると、奴国と女王国の間に国が在る事になり、それが投馬国だとしても記述との矛盾はない。その南は女王国と狗奴国となる。これら三国の内、隣国が明示されていない国は投馬国だけであり、投馬国は不弥国南の旧筑後国に在った、とするのが自然だ。

すると、これら三つの大国は一番北が投馬国、その南が女王国、その南が狗奴国だ。

これだけの大国が南北に三つ並んで存在し得る地域は、有明海《ありあけかい》から八代海《やつしろかい》に掛けての東岸地域以外には見当たらない。

そこで、これらの地域の中から投馬国の場所を遺跡の状況なども勘案し比定したい。

すると、矢部川中流の福岡県八女市が最有力地だと泛《うか》んだので、ここを比定したい。

次は、水行二〇日で投馬国に行けるとの「倭人伝」の記述と、適合するかを考察する。

まず、不弥国から川船で博多湾まで下り、その後外洋帆船にて西行し、平戸瀬戸から九州西岸を南行、長崎半島先端で東行を始め島原湾に入り、有明海を北上して八女市まで水行する。この場合、航行可能日数は、夏場（五月～九月）で月間二五日位であろう。

この日数は筆者の経験則であるが、二〇日の内には一六日は航行出来るだろう。

だとすれば、この航路は三五〇キロメートル程なので外洋帆船だと五～六日で到着出来るから、水行二〇日とは、これ以外の船での航行と見る。

第二節　小型手漕《てこ》ぎ船による投馬国巡回

小型手漕ぎ船を使用して投馬国巡回を行なう場合を、まず考察してみよう。

当時、倭国内の連絡や小荷物運搬用として、沿岸の津港間を往来する小型の手漕ぎ船を諸国が公船として保有していたであろう、と類推される。

当時、数日を要する陸行は、事実上無理だった事を第六章（六五頁）に述べたが、その代わりに船の方が意外と発達し、民間に於いても漁業や商業に外海《そとうみ》でも使える手漕ぎ船を所有していたであろう、と推察される。

さて、投馬国巡回だが、川船と小型手漕ぎ船を使用し、九州西回りコースを取り、島原湾から有明海を北上、福岡県八女市中心部まで水行し、投馬国の地に着いたと推察する。

この航路は、小型の手漕ぎ船の場合は、出港出来た日は三〇キロメートル位進める。

航行可能日数は、夏場（五月～九月）は月間二〇日位、冬場（一二月～三月）は月間一〇日位だ。この日数は著者の経験則による。

出港初日、宇美町から川船で福岡市東区多々良川河口へ。ここで小型の手漕ぎ公船に乗り換え、西行して同市西区端梅寺川河口港へ、三〇キロメートル。

出発二日目、同港から同県糸島市岐志《きし》港へ、三〇キロメートル。

出港三日目、同港から佐賀県唐津市呼子港へ、二四キロメートル。

出港四日目、同港から長崎県松浦市松浦港へ、三六キロメートル。

出港五日目、同港から佐世保市鹿町港へ、二七キロメートル。

出発六日目、同港から同県西海市太田和港へ、三五キロメートル。

出発七日目、同港から佐世保市多比良港へ、三五キロメートル。

出港八日目、同港から同県脇岬港へ、二七キロメートル。

出港九日目、同港から同県加津佐港へ、二七キロメートル。

出港一〇日目、同港から同県島原港へ、三二キロメートル。

出港一一日目、同港から福岡県大牟田港へ、二七キロメートル。

出港一二日目、同港から同県矢部川河口港で川船に乗り替え八女市中心部へ、二五キロメートル。

考察の結果は、航行距離三五五キロメートル、航行日数一二日、一日平均の航行距離二九・六キロメートルと算出された。実際の所要日数は、気象・海象状況によって変化するので、次節で検証する。

出発は、不弥国（宇美町か）から同国で用意した公船（川船）で宇美町を下り、多々良川河口の津港まで移動する。この津港には倭国が用意した二隻の手漕ぎの連絡用の公船を待たせてあった。早速この内の一隻に郡使や案内役の一行が乗船して出港し、福岡市西区の端梅寺川河口の津港に向かった。

もう一隻は随行船で、後方に付いて進む。

古の時代、公船は外海に出る時は、二隻以上で航海に出ていた。これは、遭難したときの救助が最大の目的だが、本船《もとぶね》が必要とする物資などを補給する役目も担う。出発時は、目的地到着までの食糧を積載しておく必要がある。

この内、主食用米麦一人一日五合、生鮮食品調達用の代物米《だいぶつまい》、同四合、合計九合とし、往路分二〇日と予備分四日、合計二四日分を算出してみる。

すると、一人二四日分で二・一六斗となり、船員五人、乗客八人、合計一三人分では、二八・〇八斗となる。四斗俵《たわら》で七・〇二俵《ひょう》となり、重量は風袋込《ふうたいこ》みで一俵約六四キログラムであるので、四四九・三キログラムとなる。

これは、大人約七人分の重量であり、客人の居ない伴走船に荷積みしないと本船《もとぶね》に積むには無理な量だ。

船は、塩・味噌・水や木炭、鍋釜《なべかま》、焜炉《こんろ》、ほか非常用食品の干飯《い》や干魚介《ほしぎょかい》類・乾燥野菜、寝具用として藁筵《わらむしろ》や掛布《かけふ》、雨の時や夜間用として苫などを積み込んでおり、いつも満杯だ。

船は、入港すると生鮮食品や水を調達するが、代物は米だったはずだ。夜は随行船は本船《もとぶね》と舫《もや》い船して過ごす事が多い。船上泊も月夜の晩は良いが、闇夜《やみよ》の晩《ばん》は僅《わず》かの明《あ》かりでも欲しくなる。それに風雨が強まり波が高くなると、肝《きも》を潰《つぶ》す。しかし夜の船上も悪い事ばかりでは無い。波打ち際から二〇〇メートル位離れると蚊《か》や蝿《はえ》が来ない。昔はこれも助かった。

ところで郡使達の食事は、どうしたのだろうか。多分だが、持参した食器に盛って箸《はし》を使って食べただろう。その食事の場所も料理も、随行船が受け持っただろうと類推される。

船の航路は、平戸瀬戸まで西行し、そこから南行し、九州西岸に沿って進み、長崎半島先端から東行して島原湾に入った、と推定しているが、違う見方をする人も有る。それは、佐世保湾に入り、針尾瀬戸を通って大村湾を南行して、諫早市津水町付近に着いて陸行し、五キロメートル程で有明海側の港に着く。そこで待ち受け中の船に乗り、肥後や筑後に移動した事も有り得る、との見方だ。

確かに、その航路を取れば、福岡市内から有明海沿岸の地域への移動は、近くなり早くもなる。針尾の瀬戸も潮待ちすれば難無く通れる。距離は三五パーセント位圧縮され、佐世保湾から先は内海航路となるため、欠航日数が大巾に減る。所要日数も水行一二日位で有明海沿岸の全地域に着ける。二〇日は長過ぎる。

筆者が比定する女王国（玉名郡）や投馬国（八女市）に行くのに、この航路にしない理由は、一つは水行二〇日は一二日位でないと整合しないからだ。二つ目は、魏が知りたい事は、多数の軍船が倭地中枢部へ向け行動する場合の安全な航路発見と制約事項だろう。通り抜け出来ない航路を知る事よりも、軍船往来に必要な航路周辺の地理や地図・海図に関する細密な情報を元にした、軍議のための集結地や暴風時の避難地、軍船に対する物資の補給地だったと思われるからである。

やがて、八女市中心部で川船を降りた郡使達は、同行した案内人に連れられて投馬国の治所に到着できたであろう。来訪の時期は、皆沈没魚や鮑《あわび》を捕らえる、とあるので真夏だろう。また、倭地は温暖で冬でも生野菜を食《しょく》す、とあり自国では冬は寒冷で、今と特段変わりなかったようだ。

さて、郡使達が、今回の来日時に取った行動から見てみよう。郡使一行は、梅雨が開ける七月二五日頃に対馬島に到着し、八月三日頃に卑弥呼の治所を訪問した。二夜程逗留し、八月九日頃に伊都国荻《おぎ》の津港に入港して駐留郡使を下船させ、高官はそのまま翌朝出港し、帰国したと見る。駐留郡使は休養後、八月一三日に投馬国巡回に出発したとして同じ月日に検証航海に出発する。季節が違うと航行可否日数が大きく違ってくるので、実際の巡回時期を的確に類推して、それに月日を合わせて検証航海しないと正確性が損《そこ》なわれる。そのために実際の投馬国巡回の時期を綿密に類推して来たのである。

この図上による検証航海は、「倭人伝」にある水行二〇日で投馬国に至ると記述される所要日数で、著者が比定した投馬国まで行き着けるのかなど、検証のための航海を行なって、その適合率を算出し、比定地の妥当性を確認するための航海である。

そこで、気象状況と航行との矛盾《むじゅん》を無くすため、全期間の天気図と気象観測値を掲載する。この気象資料は、全て気象業務支援センター発行の『気象年鑑』に掲載の物とし、この図や数値から当日の気象及び海象状況を類推して、出港か欠航かの決定を行なう。

出発に先立って、同航海に使用する日にちの天気図及び、日別地上気象観測値（福岡・鹿児島）の二〇一八年と、二〇一九年の各七・八月分を掲載する。

気象観測値 2018 年の記録

福岡

日付	7月 天気	7月 気温℃ 最高	7月 気温℃ 最低	7月 降水量 mm	7月 最大風速 風向	7月 最大風速 m/s	7月 平均湿度 %	8月 天気	8月 気温℃ 最高	8月 気温℃ 最低	8月 降水量 mm	8月 最大風速 風向	8月 最大風速 m/s	8月 平均湿度 %	9月 天気	9月 気温℃ 最高	9月 気温℃ 最低	9月 降水量 mm	9月 最大風速 風向	9月 最大風速 m/s
1	◎	35.2	23.8	0.0	S	6.3	67	⦶	34.9	27.9	-	NE	6.2	63	●	27.8	23.9	20.0	N	6.4
2	◎	31.8	26.3	0.5	SE	4.8	68	●	37.5	27.7	17.0	SSE	8.7	65	⦶	32.6	23.3	0.5	SE	5.6
3	●	27.1	24.3	73.0	S	14.1	86	○	34.6	27.7	-	N	5.3	67	⦶	34.8	24.4	-	NNW	5.5
4	・	33.1	24.6	1.0	SSW	7.7	71	⦶	34.5	28.0	-	N	5.7	69	⦶	32.5	25.7	0.0	WSW	7.1
5	●	26.8	24.0	101.0	SSE	3.2	92	○	34.5	27.2	-	NW	6.7	69	⦶	32.1	24.5	-	NW	6.4
6	●	25.8	21.6	236.0	N	6.7	98	○	34.1	27.7	-	N	6.3	75	◎	30.1	24.3	0.5	NW	3.8
7	・	23.3	20.8	1.5	N	7.2	93	⦶	33.9	27.1	-	N	9.1	74	●	29.5	22.6	16.0	W	5.1
8	◎	27.1	21.0	0.5	NNW	4.2	90	⦶	31.7	25.9	-	NNW	7.9	71	●	23.1	20.9	12.5	SE	5.3
9	⦶	31.8	23.1	-	N	6.0	82	⦶	32.6	26.1	-	NNW	8.2	73	●	25.5	20.8	7.5	NNE	9.0
10	・	34.9	24.0	3.0	NW	6.1	73	⦶	33.2	26.1	-	NNW	6.2	74	・	27.2	20.7	4.5	N	9.3
11	⦶	32.8	25.4	-	NNW	5.4	69	⦶	36.1	26.9	0.0	N	5.7	68	◎	28.6	19.9	-	NE	5.4
12	⦶	32.6	25.9	-	NNW	5.3	73	・	37.1	29.3	3.0	S	6.7	66	◎	28.7	23.7	0.0	SE	4.8
13	⦶	32.9	26.6	-	N	5.8	73	・	36.2	27.7	4.5	N	6.6	67	◎	30.5	23.1	0.0	NW	4.1
14	⦶	33.1	25.5	-	NW	5.6	71	⦶	37.0	27.7	-	NNW	5.3	59	◎	29.2	24.7	0.5	ESE	3.5
15	○	34.8	26.0	-	N	5.1	65	・	31.7	26.4	3.5	S	6.4	72	・	29.8	24.4	1.0	N	4.9
16	○	34.2	26.9	-	NNW	6.2	68	◎	33.9	27.5	0.0	NE	6.3	73	⦶	31.2	23.8	-	NW	6.3
17	⦶	33.9	26.9	-	NNW	5.4	69	⦶	32.0	25.2	-	N	9.7	65	⦶	28.8	23.0	0.0	NNW	5.1
18	⦶	33.4	27.0	-	N	5.9	67	⦶	33.2	23.7	-	N	6.0	62	⦶	30.6	23.0	-	N	5.5
19	○	33.7	26.9	-	NW	4.8	69	⦶	32.4	25.4	-	N	6.1	67	⦶	30.8	22.6	0.0	N	5.6
20	⦶	38.3	27.7	-	SE	6.5	60	⦶	33.4	25.1	-	N	5.8	62	●	27.8	20.9	36.0	WSW	6.1
21	⦶	35.8	28.4	0.0	SE	4.7	57	⦶	38.1	27.5	-	SE	7.3	55	・	30.0	23.2	4.0	SW	5.9
22	●	36.9	26.6	16.0	NNW	5.0	71	◎	36.8	30.5	0.0	SE	8.3	50	・	28.4	22.8	3.5	N	5.3
23	⦶	33.9	27.0	0.0	NNW	5.7	79	●	36.9	27.1	5.5	SE	7.4	66	◎	28.6	21.3	0.0	N	3.4
24	⦶	34.0	27.9	-	NNW	6.1	74	⦶	34.1	27.3	0.0	SSW	7.5	63	◎	24.9	21.4	0.0	N	5.9
25	⦶	34.7	27.6	-	N	5.6	73	・・	36.4	27.1	1.5	SSW	5.7	76	⦶	27.4	20.7	-	N	8.9
26	⦶	35.3	28.1	-	NNW	5.8	70	⦶	36.2	27.6	-	S	5.8	64	◎	25.2	19.7	-	N	7.6
27	⦶	34.6	28.0	-	N	6.5	75	・	33.8	27.4	4.0	S	4.8	72	⦶	27.8	19.0	-	N	9.7
28	⦶	34.1	27.2	0.0	N	9.3	74	⦶	33.7	25.8	-	NW	5.7	71	・	28.8	17.5	4.5	N	5.3
29	●	29.8	25.5	34.0	NNW	9.6	83	⦶	35.1	27.0	-	NW	5.1	70	●	20.5	18.8	25.5	N	6.4
30	⦶	32.3	25.0	0.0	ENE	6.2	69	●	31.1	26.6	6.5	SSW	4.6	76	●	23.0	18.4	40.0	N	14.4
31	⦶	33.7	27.7	0.0	ENE	6.9	63	●	33.8	26.2	6.5	NW	5.4	78						
平均		32.6	25.7	466.5	N	2.9	74		34.5	27.0	52.0	N	2.9	68		28.5	22.1	176.5	SE	2.6

天気： 降水のある日の天気概況は次の基準により分類して示した。

● **（雨）**……日降水量 5.0mm 以上

・ **（雨）**……日降水量 1.0mm 以上で 5.0mm 未満

＊ **（雪）**……1 日の降雪量 1cm 以上、1cm 未満の場合は、1 日の現在天気の半分以上（7 回観測の地点は 4 回以上、4 回観測の地点は 2 回以上）に雪が観測された場合

上記以外の天気は、3・9・15・21 時の雲量の平均値によって、下記のように分類した。

○ **（快晴）**……平均雲量 1.4 以下

⦶ **（晴）**……平均雲量 1.5 以下 8.4 以下

◎ **（曇）**……平均雲量 8.5 以上

降 水 量： 1 日に観測された降水量の合計で、雨、雪、あられ（霰）、ひょう（雹）などをすべて水になおして測定した降水量。単位は㎜。

最大風速： 1 日に観測された 10 分間風速の最大値（m/s）とその際の風向（16 方位）を示す。風速（m/s）をノット（knot）に換算するには、1.944 を、時速（㎞ /h）に換算するには 3.6 を乗じる。

投馬国（八女市付近か）

気象観測値 2018 年の記録

鹿児島

7 月

日付	天気	気温℃ 最高	気温℃ 最低	降水量 mm	最大風速 風向	最大風速 m/s	平均湿度 %
1	●	31.4	25.7	10.0	ESE	10.0	77
2	●	30.3	23.8	31.0	SE	10.6	81
3	●	28.4	24.8	101.5	SSE	16.1	89
4	●	31.8	24.7	9.0	SSE	6.0	82
5	●	29.3	25.0	22.5	SSW	7.1	86
6	●	28.2	25.4	7.0	S	8.4	86
7	●	27.3	24.2	138.5	SSW	8.2	95
8	●	27.1	24.2	27.5	SSE	6.3	92
9	⦶	32.7	23.8	–	E	6.2	75
10	⦶	32.8	27.7	–	E	6.6	71
11	⦶	33.7	27.0	–	SSE	6.2	75
12	⦶	33.5	26.0	0.0	SSE	5.1	80
13	⦶	34.3	26.1	–	NNW	4.6	75
14	⦶	33.0	25.8	–	SE	3.5	73
15	○	32.7	26.1	–	SE	4.7	75
16	⦶	33.9	25.7	–	WNW	5.1	72
17	⦶	34.5	25.7	0.0	WNW	5.5	70
18	⦶	34.0	26.0	–	WNW	6.1	71
19	⦶	33.9	25.8	–	S	5.7	71
20	・	32.5	27.2	2.5	NE	7.9	75
21	●	31.4	26.1	25.5	E	8.9	81
22	◎	33.5	27.7	–	SE	6.6	75
23	⦶	33.6	27.4	–	WNW	4.8	77
24	⦶	35.7	26.9	–	W	6.6	76
25	⦶	34.9	27.4	–	WNW	5.1	76
26	⦶	34.3	27.3	0.0	WNW	6.1	79
27	・	33.9	26.2	4.5	WNW	6.4	82
28	◎	35.6	26.8	–	W	6.4	73
29	●	33.6	25.2	30.5	NNW	8.0	71
30	●	30.4	24.8	16.5	E	7.3	81
31	●	30.8	25.6	10.0	NNE	9.5	82
平均		32.4	25.9	436.5	SE	3.6	78

8 月

日付	天気	気温℃ 最高	気温℃ 最低	降水量 mm	最大風速 風向	最大風速 m/s	平均湿度 %
1	・	32.6	25.6	3.5	SE	8.6	76
2	・	31.8	26.0	3.0	SE	7.6	77
3	⦶	33.5	27.7	–	SE	4.5	74
4	⦶	33.6	27.3	–	WNW	5.5	79
5	⦶	35.2	26.9	–	W	7.8	78
6	⦶	35.6	26.8	–	W	5.9	78
7	⦶	35.3	27.6	–	W	5.3	76
8	⦶	35.8	27.6	–	W	6.9	71
9	⦶	34.7	27.1	–	SE	5.5	70
10	⦶	34.8	27.3	0.0	SE	4.7	69
11	⦶	34.2	27.3	0.0	SE	6.4	72
12	⦶	34.1	28.7	0.0	SE	7.8	70
13	⦶	34.5	28.9	–	SE	6.8	67
14	⦶	36.3	27.8	–	NE	8.9	68
15	・	32.3	26.9	3.5	SE	7.7	81
16	◎	32.8	28.3	0.0	SE	6.9	74
17	◎	32.3	27.0	0.0	NNE	5.2	72
18	⦶	31.9	26.0	–	NE	5.4	66
19	⦶	30.7	25.0	–	NE	7.1	67
20	⦶	33.6	25.1	–	NE	6.9	65
21	⦶	33.4	27.2	0.0	E	17.2	72
22	・	32.6	26.9	1.0	ESE	16.3	74
23	◎	33.9	27.1	0.0	WSW	7.1	75
24	●	31.7	25.6	23.5	SSW	5.7	84
25	⦶	33.1	26.6	0.0	SE	6.7	77
26	⦶	33.5	27.8	–	SSE	6.4	72
27	⦶	33.3	27.1	–	WNW	4.7	74
28	⦶	33.6	26.8	0.0	SSE	4.7	76
29	⦶	32.8	25.7	0.0	S	5.7	77
30	⦶	33.9	26.9	0.5	SSE	6.3	78
31	●	33.4	25.7	11.0	W	5.1	79
平均		33.6	26.9	46.0	SE	3.6	74

9 月

日付	天気	気温℃ 最高	気温℃ 最低	降水量 mm	最大風速 風向	最大風速 m/s	平均湿度 %
1	●	29.0	25.5	19.5	WNW	4.1	87
2	⦶	32.2	25.9	0.5	NNE	6.4	80
3	⦶	33.4	26.0	0.0	NE	9.5	72
4	・	32.2	25.9	1.0	WNW	8.8	74
5	⦶	32.9	23.5	–	W	5.0	72
6	⦶	30.9	24.7	0.0	SSE	5.8	78
7	●	30.7	22.3	36.0	WNW	7.3	86
8	●	26.2	22.4	27.5	NNE	5.9	93
9	●	28.6	23.8	47.0	WNW	3.8	91
10	⦶	30.3	22.8	0.0	NNE	4.9	75
11	◎	30.8	24.1	0.0	E	5.7	70
12	●	29.5	23.7	21.0	NE	5.2	83
13	・	30.9	24.0	4.5	SW	4.7	81
14	◎	31.5	25.3	0.0	SE	4.2	79
15	◎	31.1	25.9	0.0	W	4.7	81
16	○	33.7	24.9	–	W	6.6	76
17	⦶	33.5	23.9	–	W	7.5	74
18	⦶	33.7	24.6	–	W	7.4	71
19	⦶	32.3	24.1	–	WNW	5.4	73
20	●	31.0	24.8	48.0	W	7.2	86
21	●	28.1	24.3	18.0	WSW	5.0	91
22	◎	31.0	23.8	0.0	NW	5.1	74
23	⦶	31.1	23.1	–	WNW	4.9	71
24	●	25.5	20.1	5.0	NNW	6.7	72
25	◎	29.3	22.2	0.0	NE	7.2	62
26	●	26.4	20.0	9.5	NE	8.6	75
27	・	27.8	19.1	4.0	NE	6.4	74
28	⦶	28.8	22.8	0.5	NNE	7.7	66
29	●	29.3	22.7	13.0	NNE	8.0	86
30	●	28.3	21.1	113.5	NNE	21.3	78
31							
平均		30.3	23.6	368.5	NNE	3.3	78

天気： 降水のある日の天気概況は次の基準により分類して示した。

● （雨）・・・・・・ 日降水量 5.0mm 以上

・ （雨）・・・・・・ 日降水量 1.0mm 以上で 5.0mm 未満

＊ （雪）・・・・・・ 1 日の降雪量 1cm 以上、1cm 未満の場合は、1 日の現在天気の半分以上（7 回観測の地点は 4 回以上、4 回観測の地点は 2 回以上）に雪が観測された場合

上記以外の天気は、3・9・15・21 時の雲量の平均値によって、下記のように分類した。

○ （快晴）・・・・ 平均雲量 1.4 以下

⦶ （晴）・・・・・・ 平均雲量 1.5 以下 8.4 以下

◎ （曇）・・・・・・ 平均雲量 8.5 以上

が多いが、前項と同様の理由で日中や夜間に最低気温が観測されることもある。単位は℃。

降 水 量： 1 日に観測された降水量の合計で、雨、雪、あられ（霰）、ひょう（雹）などをすべて水になおして測定した降水量。単位は㎜。

最大風速： 1 日に観測された 10 分間風速の最大値（m/s）とその際の風向（16 方位）を示す。風速（m/s）をノット（knot）に換算するには、1.944 を、時速（㎞ /h）に換算するには 3.6 を乗じる。

日々の天気図

No. 198

2018年 7月

・1～8日、「平成30年7月豪雨」。前線や台風7号の影響で西日本中心に記録的大雨。各地で河川氾濫等発生、死者・行方不明者多数。
・23日、埼玉県熊谷で歴代全国1位の41.1℃。西～北日本で猛暑続く。
・28～30日、台風12号が本州・九州を異例の西進、各地で強風害等。

（気象庁予報部予報課）

1日（日）局地的短時間大雨続く
湿った空気の影響で西～東日本太平洋側の一部で雨。岐阜県樽見では75.5㎜/1h。台風は沖縄本島の南を北上。沖縄県慶良間で最大瞬間風速37.0m/s。北海道は前線の影響で雨。

2日（月）青森県で震度4
台風第7号の影響で沖縄・奄美と九州の一部は大荒れ。沖縄県粟国の日最大風速25.5m/sは7月1位。暖かく湿った空気が流入した西日本太平洋側や前線に近い北海道でも雨。

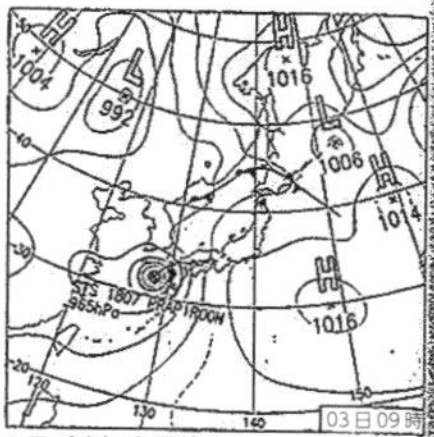

3日（火）台風第7号東シナ海北上
九州中心に大荒れ。長崎県頭ヶ島最大瞬間風速42.2m/sは史上1位。沖縄・奄美は雨が続き、沖縄県北原90㎜/1hは7月の記録更新。前線の影響が続く北海道は一部で激しい雨。

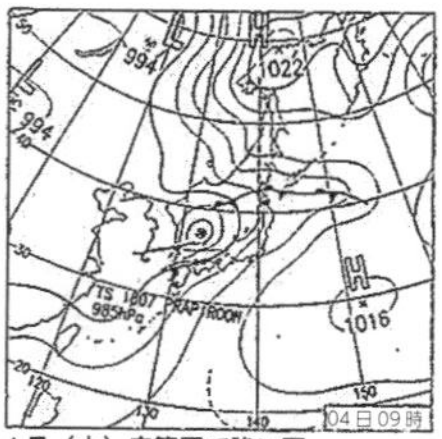

4日（水）広範囲で強い雨
台風第7号は15時温帯低気圧に。マリアナ諸島では台風第8号発生。前線や湿った風の影響により西日本～北日本の広い範囲で雨となり、沖縄県仲筋では129㎜/1hの猛烈な雨。

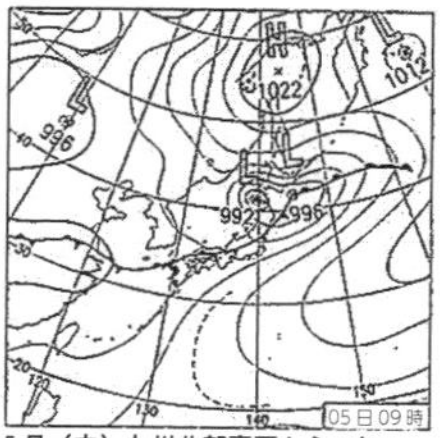

5日（木）九州北部豪雨から1年
北海道付近の低気圧や北日本から九州にのびる前線、及び暖かく湿った空気の影響で全国的に雨。沖縄県城辺で史上1位111㎜/1hの猛烈な雨。日降水量は高知県魚梁瀬で469㎜。

6日（金）西日本に大雨特別警報
長崎・佐賀・福岡・広島・岡山・鳥取・兵庫・京都の8都県に発表。本州付近に停滞する前線の活動が活発。日降水量、高知県本山510.5㎜は観測史上1位の値、佐賀県北山でも422.5㎜。

7日（土）西日本など記録的大雨
岐阜県にも大雨特別警報。岐阜県御母衣の日降水量330.5㎜は史上1位。一方、オホーツク海高気圧からの冷たい空気の流入が続く北日本は、最高気温4月下旬～5月並の所も。

8日（日）四国にも大雨特別警報
梅雨前線の活動が活発で西日本～東海や北陸～東北は引き続き雨や曇り。愛媛県や高知県に特別警報発表。高知県宿毛と岐阜県金山で108㎜/1hの観測史上1位となる猛烈な雨。

9日（月）広い範囲で梅雨明け
太平洋高気圧が日本付近に張り出し、梅雨前線が北日本付近まで北上。九州北部・中国・近畿・東海・北陸で梅雨明け発表。北海道は前線の影響で曇りや雨、本州の内陸は熱雷も。

10日（火）四国で梅雨明け発表
台風8号の影響で先島諸島は大荒れ。北日本は前線の影響で曇りや雨。その他の地域は晴れたが、東日本では午後に雨や雷雨の所も。大分県日田で36.6℃など所々で猛暑日。

11日（水）九州南部梅雨明け発表
前線上の低気圧が北海道付近を東進。北海道を中心に東北でも雨。北海道斜里の日降水量57㎜は7月1位の値。西～東日本は晴れて午後には待機不安定、岡山県下皆部50.5㎜/1h。

12日（木）関東で非常に激しい雨
日本付近は高気圧に覆われたが、上空寒気の通過や日中の気温上昇により、九州～東北南部で大気の状態が不安定。埼玉県鳩山55.5㎜/1hなど局地的に非常に激しい雨。

13日（金）西～東日本は猛暑
北日本は気圧の谷の影響で曇りや雨。沖縄・奄美～東日本は高気圧に覆われ晴れ。全国35の都府県で高温注意報を発表。福岡県久留米で最高気温36.4℃をはじめ48地点で猛暑日。

14日（土）各地で猛暑続く
沖縄は上空の寒気の影響で所々で雨。西～東日本から東北南部にかけては高気圧に覆われ晴れ。東北南部の梅雨明けを発表。岐阜県多治見の38.7℃をはじめ161地点では猛暑日に。

15日（日）西～東日本は連日猛暑
北海道は低気圧の接近で雨。その他は高気圧に覆われて概ね晴れ。京都府福知山や岐阜県揖斐川で38.8℃など、全国200地点で最高気温の史上1位を更新。

投馬国（八女市付近か）

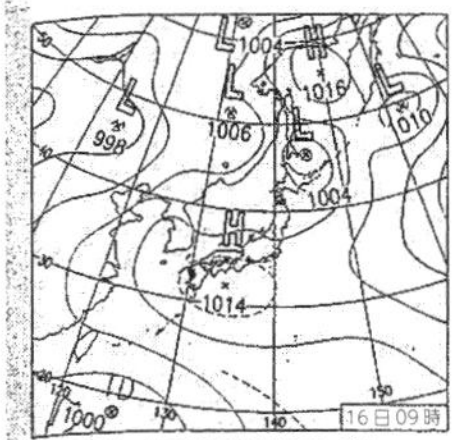

16 日（月）岐阜県揖斐川 39. 3℃
西～東日本は高気圧に覆われて晴れ。全国 186 地点で猛暑日。栃木県奥日光 30.4℃は 1944 年の統計開始以来 1 位の高温。北日本は気圧の谷の影響で曇りや雨。北海道で震度 4 の地震。

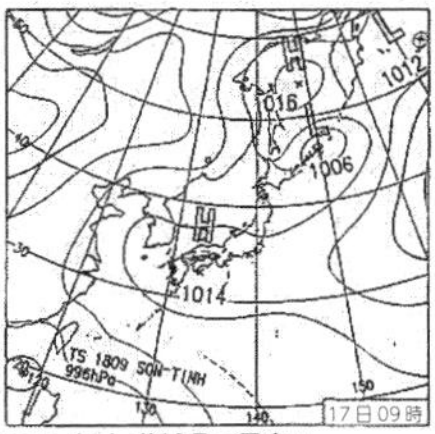

17 日（火）茨城県で震度 4
太平洋高気圧が西日本に張り出し、全国的に晴れの天気。岐阜県揖斐川で 38.9℃。京都で 38.1℃など気温上昇、全国 149 地点で猛暑日を記録。南シナ海で台風第 9 号が発生。

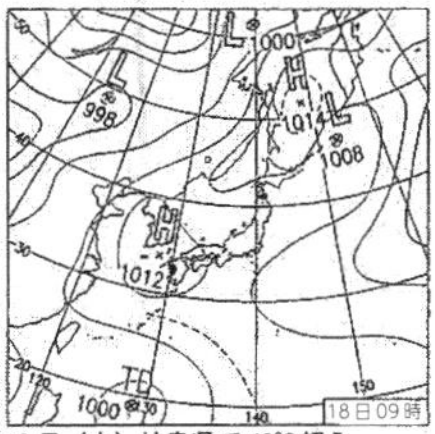

18 日（水）岐阜県で 40℃超え
西～東日本は高気圧に広く覆われ晴れて気温が上がり、岐阜県多治見で 40.7℃。美濃で 40.6℃の最高気温を記録。東北北部や北海道太平洋側は曇りや雨で気温上がらず。

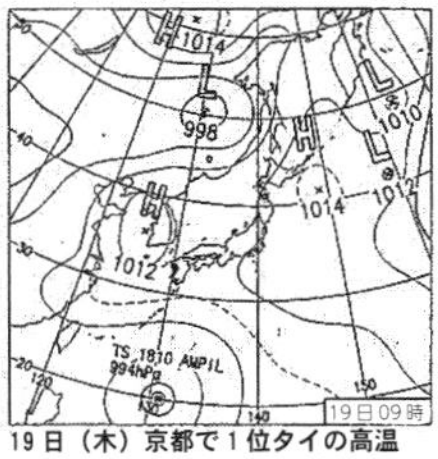

19 日（木）京都で 1 位タイの高温
沖縄・奄美は温かく湿った空気により雨。北海道太平洋側も湿った空気で曇。その他は太平洋高気圧に覆われ概ね晴れ。最高気温は京都の 39.8℃など 12 点で史上 1 位かタイ。

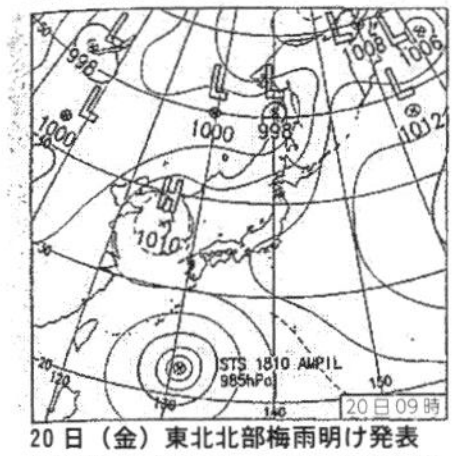

20 日（金）東北北部梅雨明け発表
台風第 10 号や湿った空気の影響で、沖縄や西日本太平洋側は曇りや雨。その他は高気圧に覆われ概ね晴れ。兵庫県豊岡で 38.9℃など全国 201 地点では猛暑日。北海道では所々で真夏日。

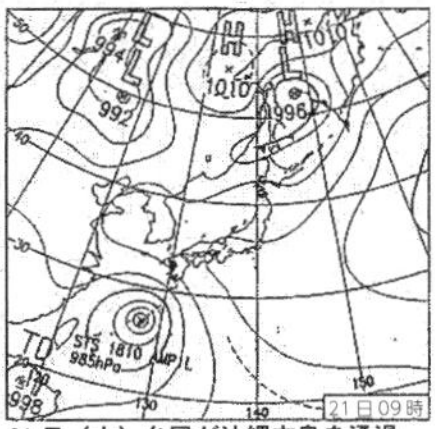

21 日（土）台風が沖縄本島を通過
台風第 10 号は東シナ海へ。奄美中心に大雨で鹿児島県天城の 73.5㎜ /1h、日降水量 238.5㎜は共に 7 月 1 位。九州や四国も一部雨。京都府舞鶴と鳥取県鳥取では最高気温 38.2℃。

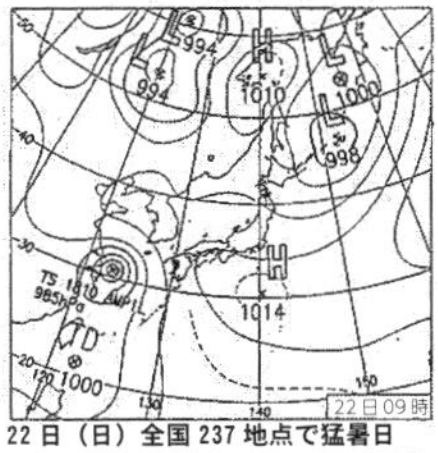

22 日（日）全国 237 地点で猛暑日
高気圧が西日本中心に張り出し全国的に気温上昇。岐阜県八幡の最高気温 39.8℃は史上 1 位。東北は最低気温も高く平年差＋ 6℃の所も。湿った空気により九州や沖縄・奄美で雨。

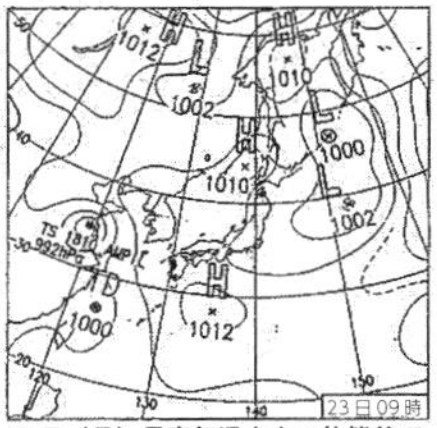

23 日（月）最高気温史上 1 位熊谷で
高気圧に覆われ西～東日本は猛暑続く。猛暑日 242 地点。最高気温は埼玉県熊谷 41.1℃をはじめ 40℃以上が 4 地点。一方、北日本は 6 月並の気温の所も。

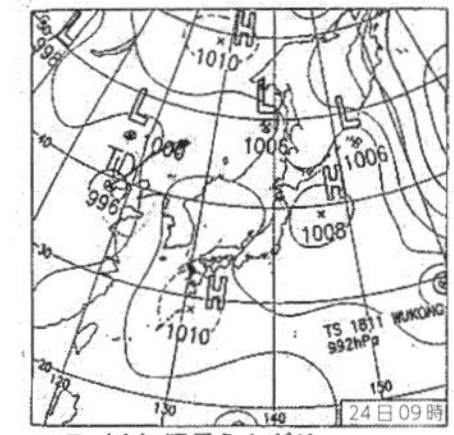

24 日（火）猛暑うんざり
高気圧に覆われ西～東日本で猛暑となり岐阜県美濃で 39.3℃など全国 211 地点で猛暑日。一方、北日本は寒気の影響で最高気温が平年より低い所も。台風第 12 号発生。

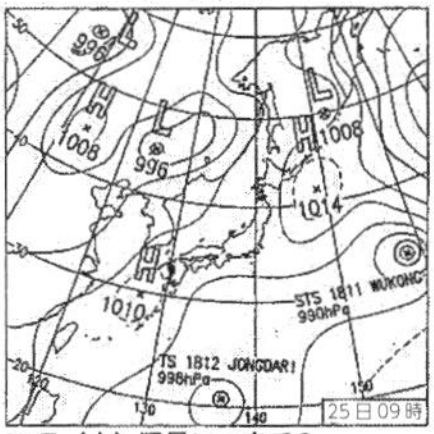

25 日（水）猛暑いつまで？
広く高気圧に覆われ、全国的に晴れや曇り。午後には東海などで局地的な雷雨。山口の最高気温 38.8℃は、1966 年の統計開始以来 1 位。西日本～東海で厳しい暑さ続く。

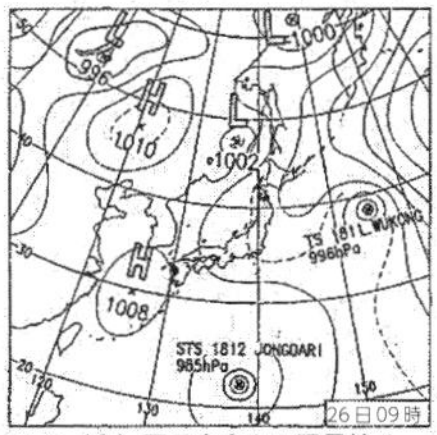

26 日（木）西日本中心に猛暑続く
関東や北海道太平洋側などでは湿った空気の影響で概ね曇り。その他は晴れ。西日本では 4 割を超す地点で猛暑日。京都の最低気温 28.7℃は 1880 年の観測開始以来 1 位の高温。

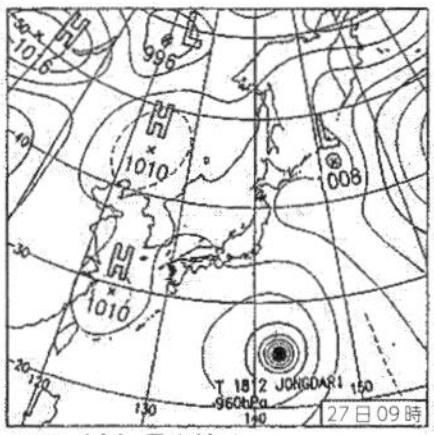

27 日（金）暑さ続く
高気圧に覆われ全国的に概ね晴れ。北日本も気温上昇、北海道下川は 7 月 1 位の最高気温 32.7℃。東北も含め全国 59 地点で猛暑日。午後は九州中心に大気不安定で激しい雨の所も。

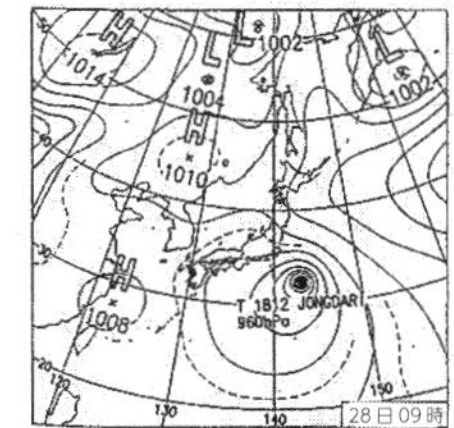

28 日（土）台風第 12 号関東接近
台風は八丈島の東から東海道沖へ北西進。東海～関東は大荒れ。東京都三宅島で最大瞬間風速 39m/s、青ヶ島 44㎜ /1h。晴れた地域は気温上昇し、九州や新潟県では猛暑日の所も。

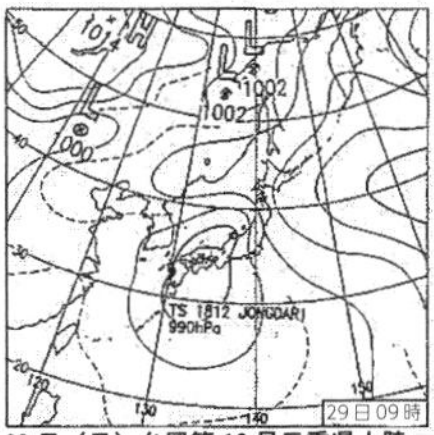

29 日（日）台風第 12 号三重県上陸
台風は 1 時頃三重県伊勢市付近に上陸後西進。東海以西で大雨。奈良県曽爾で 93.5㎜ /1h。台風東側の南風で北陸中心にフェーンとなり新潟県大潟の最高気温 39.5℃は史上 1 位。

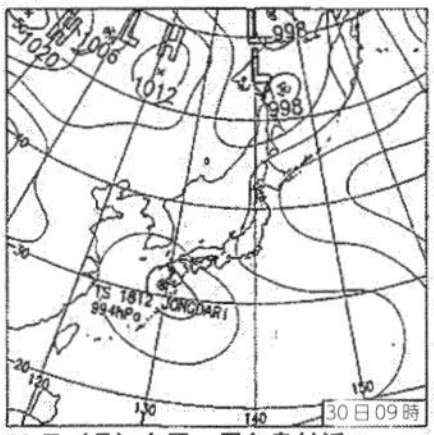

30 日（月）台風、屋久島付近へ
台風第 12 号や湿った空気の影響で西日本太平洋側を中心に雨。その他は高気圧に覆われ晴れや曇り。石川県かほくで 37.7℃など、西日本～北日本の日本海側で猛暑日続く。

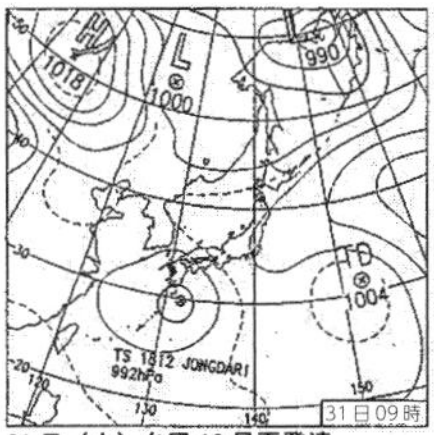

31 日（火）台風 12 号再発達
台風は種子島付近を西へ進み、夜には中心気圧 985hPa に。九州南部では日降水量 100㎜を超す大雨。中国、近畿～北日本は概ね晴れ。北海道雄武の最高気温 35.2℃は史上 1 位の値。

日々の天気図

No. 199

2018年 8月

・西～東日本で猛暑続き、東海・関東・北陸で最高気温 40℃超も。
・台風、月間 9 個発生、日本接近 7 個は共に統計開始以降 3 位タイの多さ。13 ～ 16 日、4 日連続発生。
・23 ～ 24 日、台風第 20 号が四国・近畿に上陸、北上。風力発電施設の損壊等強風害や交通障害等発生。

（気象庁予報部予報課）

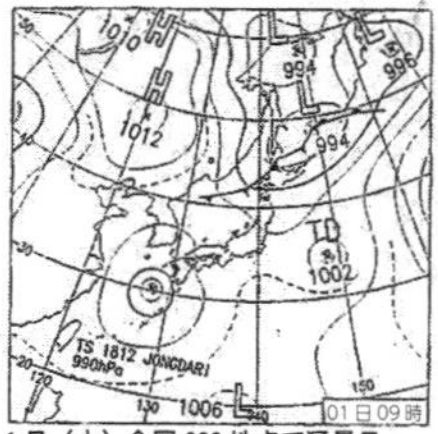

1 日（水）全国 200 地点で猛暑日
全国的に上空まで気温が高く、仙台の最高気温 37.3℃は観測史上 1 位。京都府舞鶴の最高気温 38.6℃は 8 月 1 位更新。一方、台風 12 号に近い九州や四国では局地的に激しい雨。

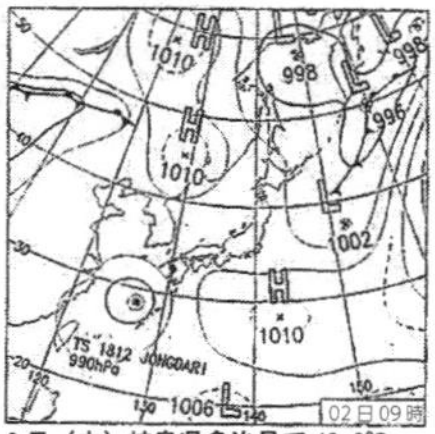

2 日（木）岐阜県多治見で 40.2℃
九州から北海道にかけて高気圧に覆われ概ね晴れて気温が上がり東北南部～九州北部の各地で猛暑日。台風第 12 号が東シナ海で停滞し、九州南部や沖縄・奄美では強い雨も。

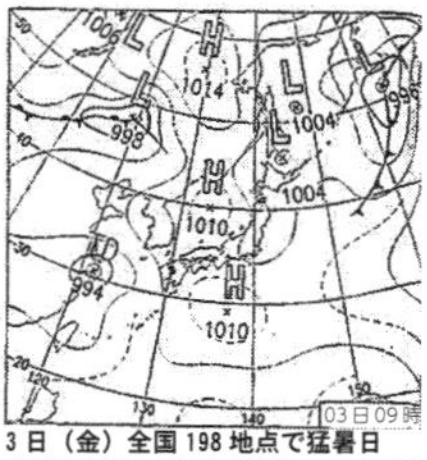

3 日（金）全国 198 地点で猛暑日
全国的に晴たが夕立の所も。名古屋の最高気温は観測史上初めて 40℃を超え岐阜県美濃と共に 40.3℃。南鳥島近海で台風第 13 号発生。台風第 12 号は華中に上陸、熱帯低気圧に。

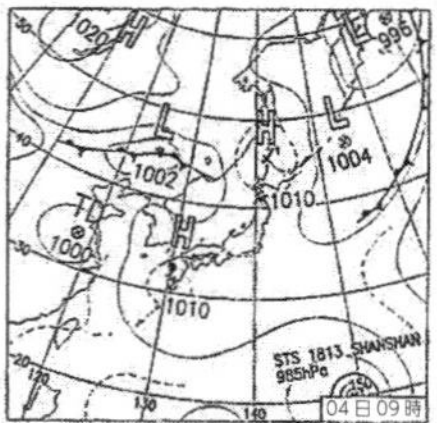

4 日（土）猛暑続く
沖縄から東日本は概ね晴れ。北日本は気圧の谷の影響により所々で雨。岐阜県美濃 38.7℃など西日本～東日本で猛暑が続く一方、北日本では最高気温が平年より 5℃以上低い所も。

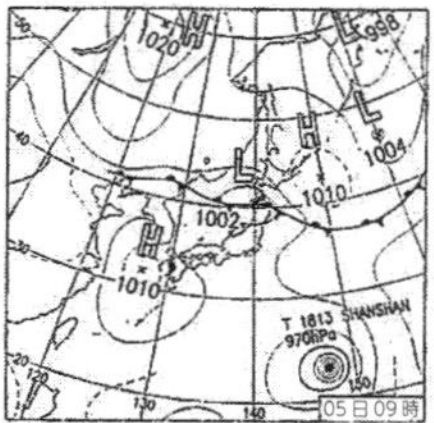

5 日（日）東北地方で記録的大雨
停滞前線がゆっくりと南下。山形県酒田市大沢で 112.5㎜ /1 h の記録的短時間大雨。日降水量も山形県金山で 302.5㎜。西～東日本は晴れて猛暑日。名古屋で最高気温 39.9℃。

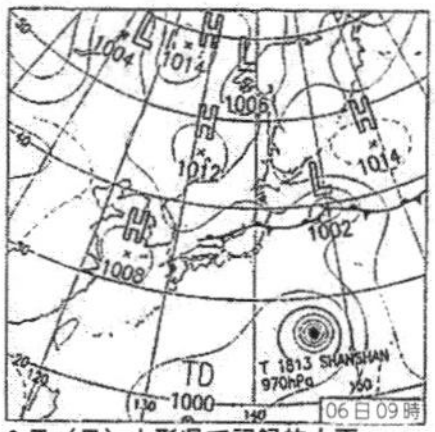

6 日（日）山形県で記録的大雨
前線に近い山形県肘折の 67.5㎜ /1h は、観測史上 1 位の値を更新。一方、東海以西を中心に晴れて気温上昇。岐阜県金山の 41.0℃は、最高気温の観測史上 1 位の値を更新。

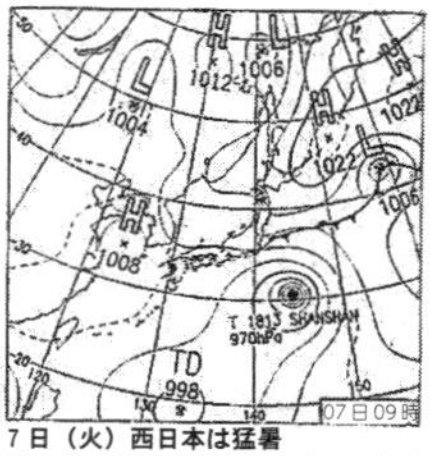

7 日（火）西日本は猛暑
引き続き西日本中心に上空まで気温が高く、松山 37.4℃や佐賀市川副 37.1℃は最高気温史上 1 位。東日本以北は湿った空気により曇りや雨。各地で最高気温が平年差－ 6℃以上。

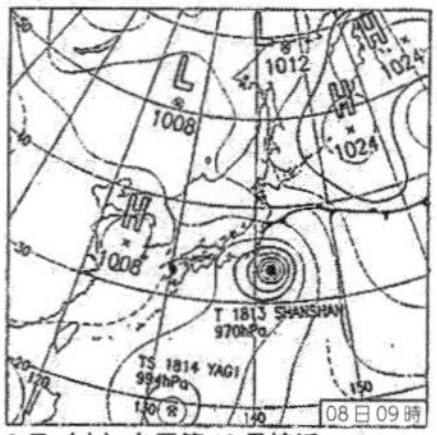

8 日（水）台風第 13 号接近
台風第 13 号と前線の影響により関東付近と東北太平洋側は雨。その他の地方は概ね晴れて気温上昇。岐阜県美濃の最高気温 41.0℃は観測史上 1 位。台風第 14 号発生。

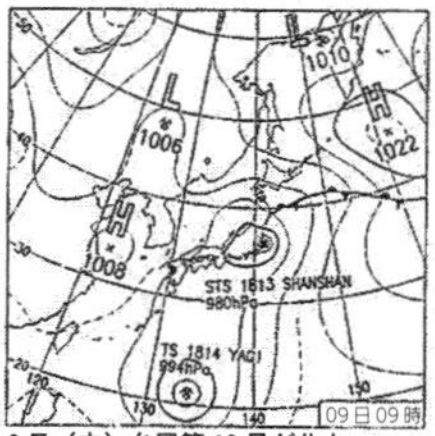

9 日（木）台風第 13 号が北上
台風は銚子沖～宮城沖を北上。太平洋沿岸の日降水量 100㎜程度。千葉県銚子で最大時間風速 27.5m /s。北海道は雨。沖縄、九州。東海は晴れ。岐阜県金山と八幡で最高気温 38.7℃。

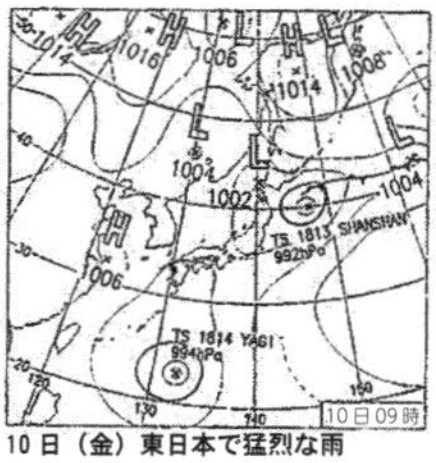

10 日（金）東日本で猛烈な雨
気圧の谷や湿った空気の影響で北日本中心に曇りや雨。午後は大気の状態が不安定となり岐阜・長野・群馬・栃木各県で記録的短時間大雨。長野県白樺湖 73.5㎜ /1h は観測史上 1 位。

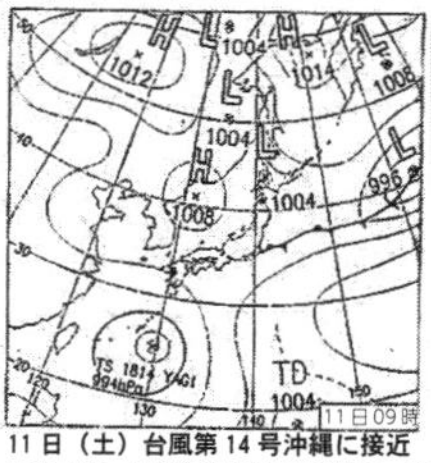

11 日（土）台風第 14 号沖縄に接近
温かく湿った空気や前線の影響で、広範囲に大気不安定。宮崎県日向で 8 月 1 位更新の 50.5㎜ /1h。沖縄県志多阿原 35℃は史上 1 位タイ等全国 92 地点で猛暑日。台風第 15 号発生。

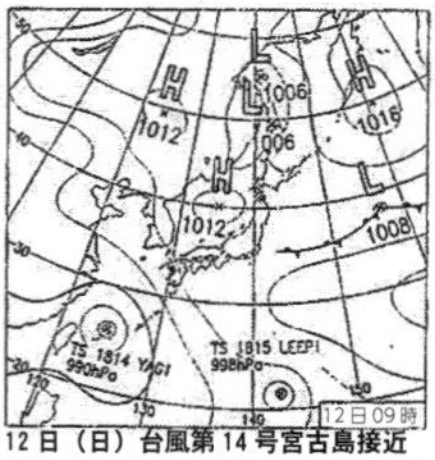

12 日（日）台風第 14 号宮古島接近
台風は東シナ海へ進む。宮古島市城辺の 117.5㎜ /1h は史上 1 位。本州付近は概ね晴れて西日本中心に猛暑の一方、大気の状態が不安定で西～東日本の所々で激しい雨。

13 日（月）台風うろうろ
西～東日本は湿った風の影響により山梨県大月で 56.5㎜ /1h など所々で非常に激しい雨。台風第 15 号は北西進し西日本を覆う。台風第 16 号発生し、台風第 14 号は熱帯低気圧に。

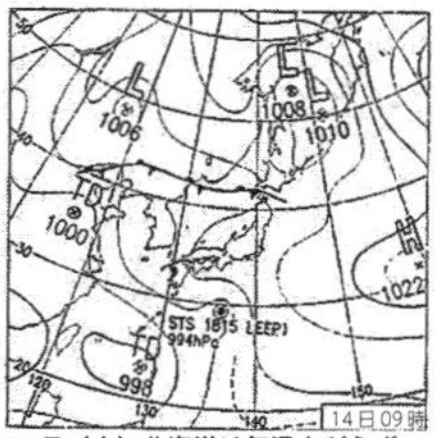

14 日（火）北海道は気温上がらず
西～東日本は高気圧に覆われ晴れて気温が上がり各地で猛暑日、大気不安定となり山沿い中心に雷雨。北海道は前線が停滞し曇りや雨で気温も上がらず、最高気温が 9 月並の所も。

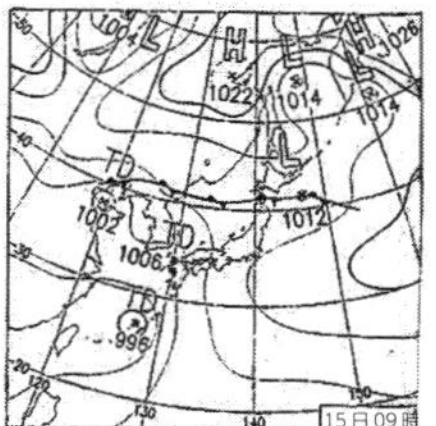

15 日（水）台風歳 15 号宮崎県上陸
台風第 18 号も発生。台風や湿った空気の影響で沖縄・奄美～東日本は雨。高知県佐川で日降水量 245.5㎜。東北～北海道は前線の影響で雨。秋田県阿仁合 63.5㎜ /1h は 8 月 1 位の値。

投馬国（八女市付近か）

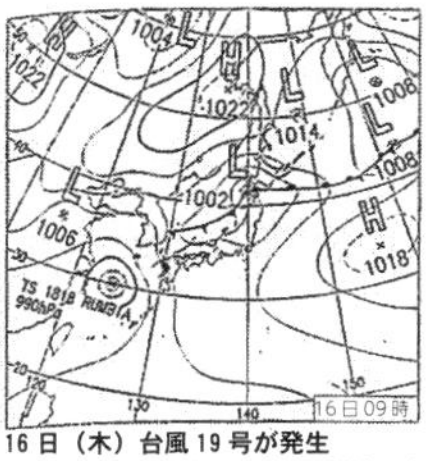

16 日（木）台風 19 号が発生
前線を伴った低気圧が津軽海峡を東進。ほぼ全国的に曇りや雨。高知県佐川は 71.5㎜ /1h の非常に激しい雨。秋田県阿仁合で史上 1 位の 3 時間降水量 124㎜等、東北中心に大雨。

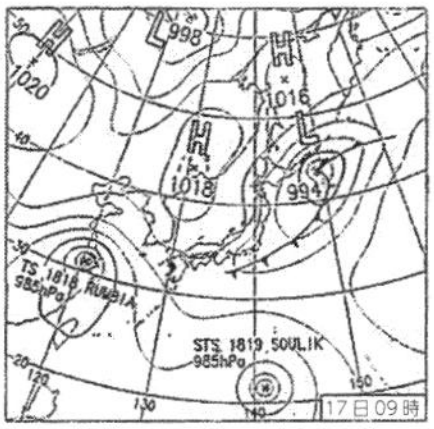

17 日（金）40 日ぶりに猛暑日ゼロ
北からの高気圧に覆われ西～東日本は晴れや曇り、沖縄・奄美は湿った空気の影響で一部で非常に激しい雨。北日本は気圧の谷の影響で曇りや雨。7 月 8 日以来の全国猛暑日ゼロ。

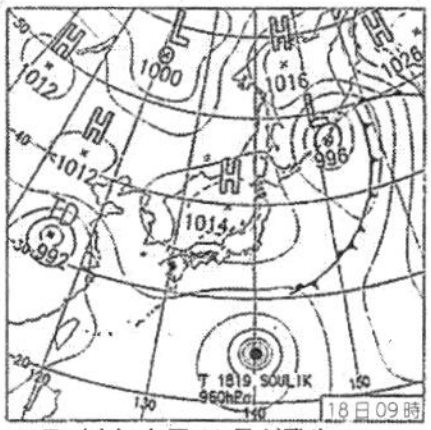

18 日（土）台風 20 号が発生
移動性高気圧に覆われ全国的に晴れ。放射冷却で気温低下。広範囲で最低気温が平年差－ 6℃以上となり、中国、四国～北海道の 125 地点で最低気温低い方から 8 月 1 位タイか更新。

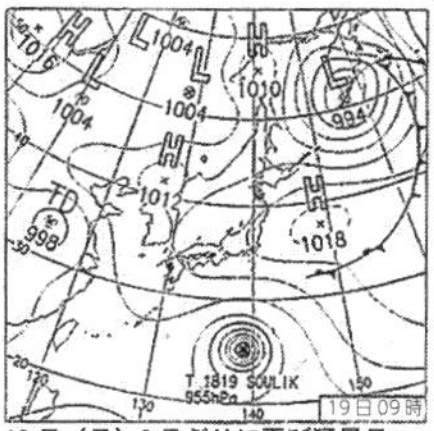

19 日（日）2 日ぶりに再び猛暑日
北日本や九州南部は気圧の谷や湿った空気の影響で曇りや雨。その他は高気圧に覆われ概ね晴れ。九州の 6 地点では猛暑日の一方、北海道では最高気温が 10 月上旬並の所も。

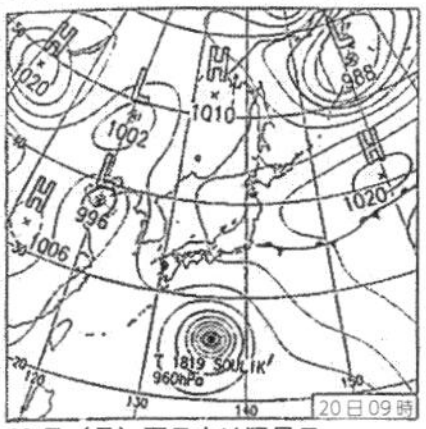

20 日（月）西日本は猛暑日
台風第 19 号が日本の南を西北西進。西～東日本太平洋側は湿った空気の影響で曇りや雨。その他は高気圧に覆われて概ね晴れ。北日本や長野県では最低気温が 10℃以下の所も。

21 日（火）猛暑ぶり返す
本州付近は太平洋高気圧に覆われ全国 127 地点で猛暑日。富山県秋ヶ島の 37.9℃は史上 1 位更新。台風第 19 号に近い鹿児島県喜界島の最大瞬間風速 39.6 m /s は 8 月 1 位の値更新。

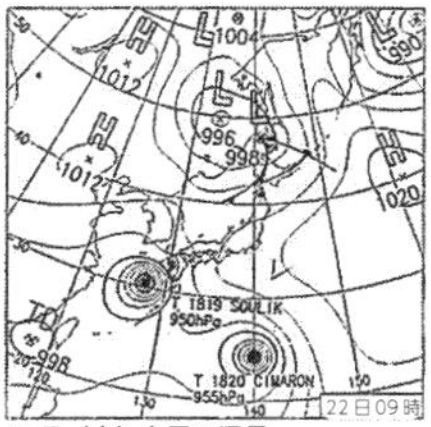

22 日（水）台風＆猛暑
台風 19 号は九州の西に進み鹿児島県中之島で観測史上 1 位の最大瞬間風速 51.4 m /s、8 月 1 位の日降水量 250.5㎜。中国、四国～東北は晴れて暑く各地で最高気温の 1 位を記録。

23 日（木）北陸で初の 40℃超え
台風第 20 号は強い勢力で徳島県南部と兵庫県姫路市付近に上陸。奈良県上北山の日降水量 449㎜。和歌山県友ヶ島で 52.3 m /s の最大瞬間風速。新潟県中条で最高気温 40.8℃。

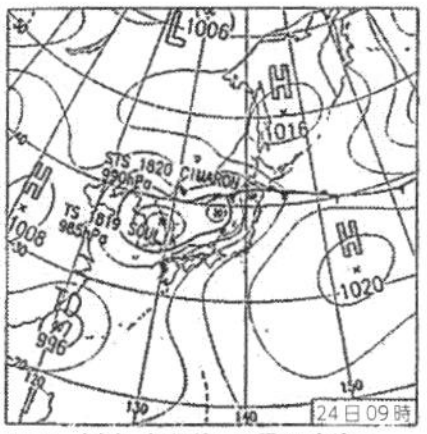

24 日（金）台風第 20 号日本海へ
近畿を北上した台風第 20 号は未明に日本海に達し、その後北東進。台風や湿った空気の影響で西日本太平洋側や東～北日本は曇りや雨。京都府京北の 85.5㎜ /1h は観測史上 1 位。

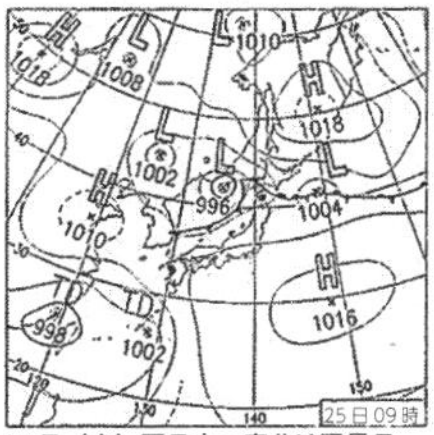

25 日（土）西日本～東北は猛暑日
北陸～北日本は低気圧や前線の影響で雨。その他も湿った空気の流入により所々で雨。西日本～東北では日中は太平洋側を中心に晴れ。群馬県伊勢崎 38.9℃など 118 地点で猛暑日。

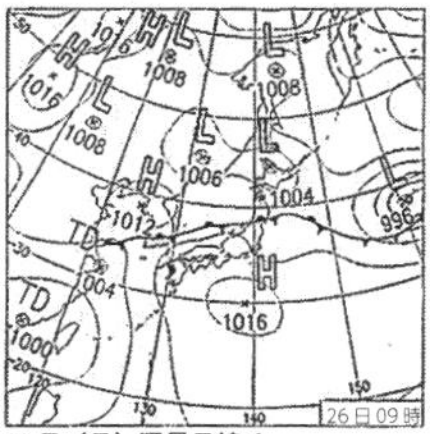

26 日（日）猛暑日続く
太平洋高気圧が西日本に張出し九州～関東は晴れ。全国 160 地点で猛暑日となり、さいたまの 38.7℃は 8 月 1 位更新。前線がかかる北陸や東北は曇りや雨。新潟県高田で 31㎜ /1h。

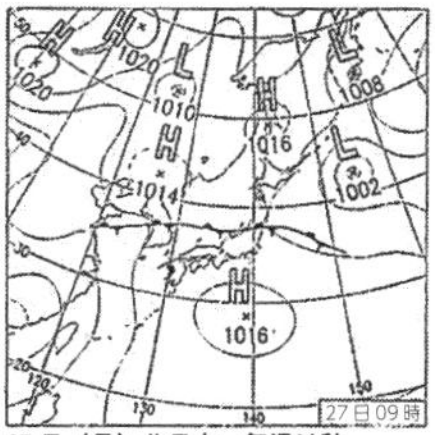

27 日（月）北日本、気温は秋
前線南側の東北南部～九州北部では所々で雷雨。東京都練馬 74.5㎜ /1h。西～東日本 95 地点で猛暑日の一方、前線北側は気温が低く、北海道オホーツク海側の最高気温は 10 月並。

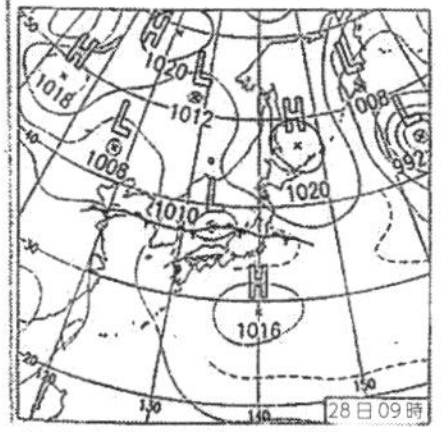

28 日（火）台風第 21 号発生
暖かく湿った空気と前線により沖縄や北陸～東北中心に雨。沖縄県下地 52.5㎜ /1h、新潟県安塚 50.5㎜ /1h は 8 月 1 位。九州と西日本太平洋側～静岡県は概ね晴れ、猛暑日 29 地点。

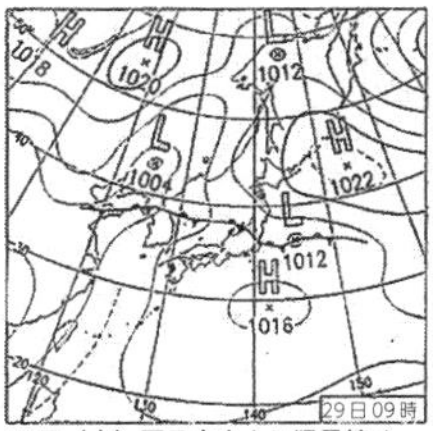

29 日（水）西日本中心に猛暑続く
前線や湿った空気の影響で東日本～北日本は曇りや雨。沖縄～西日本は晴れたが、午後は所々で雨。京都府福知山 79.5㎜ /1h は史上 1 位を更新。西日本～東海では 46 地点で猛暑日。

30 日（木）新潟県～東北で大雨
低気圧や前線の影響で北陸～北日本は雨。日降水量は新潟県粟島 142㎜をはじめ岩手・秋田両県でも 100㎜超。新潟県粟島で 66㎜ /1h。西日本の一部でも湿った空気の影響で雨。

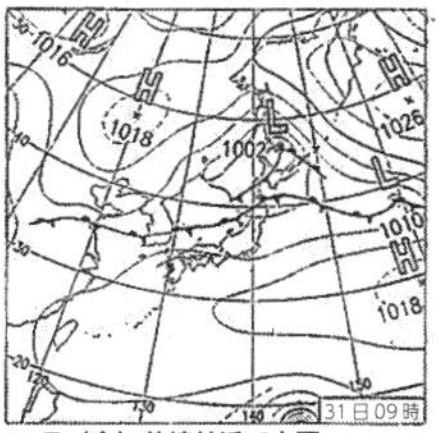

31 日（金）前線付近で大雨
北陸～北日本は前線や低気圧により曇りや雨。北陸～東北日本海側中心に日降水量 150㎜超の大雨となり石川県輪島の 211.5㎜は 8 月 1 位。その他の地域も午後は不安定降水。

気象観測値 2019 年の記録

福岡

日付	7月 天気	7月 気温℃ 最高	7月 気温℃ 最低	7月 降水量 mm	7月 最大風速 風向	7月 最大風速 m/s	7月 平均湿度 %	8月 天気	8月 気温℃ 最高	8月 気温℃ 最低	8月 降水量 mm	8月 最大風速 風向	8月 最大風速 m/s	8月 平均湿度 %	9月 天気	9月 気温℃ 最高	9月 気温℃ 最低	9月 降水量 mm	9月 最大風速 風向	9月 最大風速 m/s	9月 平均湿度 %
1	●	28.2	21.4	5.0	SE	5.4	86	⦶	35.1	27.4	-	N	6.2	71	●	25.0	19.4	40.0	NW	4.5	90
2	●	26.0	21.2	5.0	NNW	5.6	85	⦶	34.9	28.1	-	N	6.7	73	・	29.2	23.0	4.5	SE	4.2	90
3	●	25.3	22.1	8.5	SE	4.4	91	○	37.6	28.3	-	W	5.0	63	⦶	31.9	23.2	0.5	N	6.1	78
4	◎	29.3	22.4	0.5	NNW	5.1	82	○	34.8	27.5	-	NW	5.6	66	◎	31.2	24.5	0.0	NNW	4.4	80
5	◎	28.0	21.8	-	N	4.1	81	⦶	33.2	27.5	-	N	7.4	75	・	33.2	25.1	1.0	N	5.0	75
6	⦶	29.6	22.8	-	N	9.5	79	●	30.0	24.3	38.0	SSE	12.0	81	◎	34.8	25.8	0.0	SE	8.1	63
7	⦶	28.8	22.2	-	N	6.3	78	・	34.8	26.0	4.5	NNW	5.8	78	◎	30.8	27.1	0.0	S	10.1	70
8	◎	29.3	22.3	0.0	N	6.7	79	●	35.1	26.3	9.5	SSE	6.2	71	⦶	34.2	25.8	0.5	SE	5.6	77
9	・	28.7	22.7	2.0	N	6.3	86	◎	33.3	25.2	-	N	4.7	70	⦶	34.8	25.9	-	SSW	5.5	71
10	●	28.2	23.0	10.5	SSE	6.4	85	⦶	36.0	26.5	-	ENE	5.5	61	・	33.8	26.9	2.0	NNW	4.8	76
11	⦶	29.7	24.5	0.0	SSW	6.4	71	⦶	36.3	26.4	-	S	5.7	59	⦶	34.0	27.3	0.0	N	6.1	76
12	◎	28.8	23.3	0.0	NW	6.8	71	⦶	35.3	28.1	-	NNW	5.6	63	◎	31.5	26.1	-	N	9.2	75
13	●	23.9	20.4	54.5	SE	4.5	92	⦶	34.9	28.3	-	N	8.8	73	◎	30.8	25.0	0.0	N	8.1	70
14	・	25.6	21.3	3.5	N	6.6	92	●	34.6	27.0	5.5	N	7.9	81	⦶	32.8	25.1	-	N	7.3	72
15	⦶	28.2	22.3	0.0	N	7.0	83	●	28.4	25.7	53.0	N	10.4	92	⦶	31.3	25.3	-	N	10.2	78
16	○	29.2	22.0	-	N	5.9	80	⦶	32.7	27.4	0.0	SW	5.8	67	⦶	29.6	23.8	-	N	10.4	70
17	・	31.2	23.5	1.5	NNW	4.4	85	⦶	32.5	25.6	-	NNW	5.4	72	⦶	29.7	23.0	-	N	10.4	71
18	●	25.9	24.3	93.0	S	4.2	95	◎	29.8	26.0	-	NW	3.9	76	○	29.2	22.9	-	N	9.0	65
19	・	28.5	24.3	1.0	SE	4.3	82	◎	29.8	25.6	0.0	NNW	3.9	79	⦶	28.5	21.1	-	N	10.3	62
20	●	28.2	25.3	38.0	S	5.7	86	●	29.8	23.9	85.5	SSE	6.8	88	●	24.6	17.6	7.0	SE	7.0	78
21	●	29.3	25.0	63.5	SE	5.4	92	⦶	33.9	25.6	0.5	SSW	5.0	78	◎	25.4	17.6	0.0	NE	5.7	78
22	◎	31.6	25.3	0.5	WSW	4.7	80	●	33.2	26.0	5.0	SSW	6.1	73	●	26.9	22.5	50.0	S	19.0	89
23	◎	32.3	25.5	0.5	NW	5.3	79	●	32.5	24.6	14.0	NW	5.8	78	●	25.9	19.7	14.0	NW	9.3	90
24	⦶	33.8	26.1	0.0	SSW	5.2	69	・	29.1	19.6	2.5	SSW	5.8	77	⦶	26.6	19.6	0.0	N	7.3	72
25	⦶	34.4	27.1	-	SSW	4.7	73	◎	24.8	20.4	0.5	SE	3.9	81	⦶	27.3	16.8	-	N	5.8	70
26	⦶	35.0	26.8	0.0	N	6.0	73	●	23.9	18.7	18.5	SE	3.6	90	⦶	25.3	19.2	0.0	SE	3.6	77
27	⦶	33.6	27.0	-	S	4.4	69	●	26.3	23.6	130.5	S	5.4	93	・	30.5	22.6	1.5	NNW	4.4	77
28	⦶	33.8	27.7	0.0	N	4.7	73	●	29.3	23.7	86.0	S	5.1	92	●	31.9	24.0	14.5	N	5.3	81
29	・	32.7	27.2	3.0	S	4.8	74	●	29.4	24.0	43.0	NW	5.2	91	◎	27.6	22.6	0.0	NNW	3.7	87
30	●	34.4	27.2	5.0	SSW	5.7	75	◎	29.6	23.2	0.5	WNW	4.9	79	⦶	28.3	22.8	0.5	NNW	5.4	85
31	⦶	34.6	26.8	-	NNW	6.5	71	⦶	29.5	20.6	0.0	NNW	5.0	71							
平均		29.9	24.0	295.5	N	2.4	81		31.9	25.2	497.0	SE	2.6	76		29.9	23.0	136.0	N	2.9	76

天気：　降水のある日の天気概況は次の基準により分類して示した。

- ●　（雨）・・・・・・　日降水量 5.0mm 以上
- ・　（雨）・・・・・・　日降水量 1.0mm 以上で 5.0mm 未満
- ＊　（雪）・・・・・・　1 日の降雪量 1cm 以上、1cm 未満の場合は、1 日の現在天気の半分以上（7 回観測の地点は 4 回以上、4 回観測の地点は 2 回以上）に雪が観測された場合

上記以外の天気は、3・9・15・21 時の雲量の平均値によって、下記のように分類した。

- ○　（快晴）・・・・　平均雲量 1.4 以下
- ⦶　（晴）・・・・・・　平均雲量 1.5 以下 8.4 以下
- ◎　（曇）・・・・・・　平均雲量 8.5 以上

降 水 量：　1 日に観測された降水量の合計で、雨、雪、あられ（霰）、ひょう（雹）などをすべて水になおして測定した降水量。単位は㎜。

最大風速：　1 日に観測された 10 分間風速の最大値（m/s）とその際の風向（16 方位）を示す。風速（m/s）をノット（knot）に換算するには、1.944 を、時速（㎞ /h）に換算するには 3.6 を乗じる。

気象観測値 2019 年の記録

鹿児島

日付	7月 天気	7月 気温℃ 最高	7月 気温℃ 最低	7月 降水量 mm	7月 最大風速 風向	7月 最大風速 m/s	7月 平均湿度 %	8月 天気	8月 気温℃ 最高	8月 気温℃ 最低	8月 降水量 mm	8月 最大風速 風向	8月 最大風速 m/s	8月 平均湿度 %	9月 天気	9月 気温℃ 最高	9月 気温℃ 最低	9月 降水量 mm	9月 最大風速 風向	9月 最大風速 m/s
1	●	27.9	23.9	119.5	WSW	6.7	94	⦶	34.5	26.6	–	S	5.2	73	◎	30.8	24.6	0.0	NNE	2.9
2	●	26.7	24.7	46.5	SE	4.5	98	⦶	33.7	26.8	–	E	8.5	70	⦶	32.4	25.9	–	NNE	4.1
3	●	25.1	22.0	375.0	NNE	9.1	99	⦶	33.4	27.1	–	SE	7.2	66	⦶	33.1	26.2	–	S	5.8
4	・	28.9	22.0	1.5	NNE	6.1	87	⦶	33.6	27.5	0.0	NE	6.5	69	⦶	33.3	26.6	–	SSE	6.0
5	◎	28.2	23.3	0.0	NNE	6.7	81	⦶	35.0	27.0	0.0	NE	7.3	64	・	33.5	26.2	3.5	E	7.8
6	⦶	30.5	22.6	–	NNE	5.2	79	●	32.9	24.2	6.0	WNW	10.4	77	●	30.7	26.2	15.0	SE	10.4
7	⦶	30.8	23.2	–	WNW	4.7	76	・	33.6	26.7	1.5	E	6.9	78	・	32.3	27.0	1.5	SSE	9.2
8	●	30.6	23.7	21.5	ESE	6.3	81	⦶	34.6	28.7	–	E	8.2	68	・	32.5	25.3	4.0	SSE	5.3
9	◎	29.5	24.2	0.0	SE	4.4	76	◎	34.2	28.4	0.0	E	7.2	68	⦶	32.7	27.3	0.0	SSE	6.4
10	●	28.1	23.3	53.0	SE	6.3	92	◎	33.8	27.9	–	E	8.1	67	⦶	33.7	27.1	0.0	W	4.1
11	・	29.2	24.8	1.5	W	5.6	82	⦶	33.2	26.6	0.5	SE	7.7	71	⦶	33.4	27.3	0.0	WNW	5.4
12	⦶	32.2	24.0	0.0	W	6.1	73	⦶	33.6	28.4	0.5	NE	9.5	73	●	33.8	26.1	6.5	NE	7.4
13	●	31.4	21.4	29.0	SW	7.5	87	◎	32.7	28.8	0.0	NE	12.1	68	⦶	31.6	26.4	0.0	NE	10.1
14	●	27.4	24.3	125.5	W	6.3	93	●	31.1	26.4	10.0	NE	11.5	77	・	30.4	26.0	2.0	NNE	10.9
15	◎	29.5	24.2	0.0	SE	4.0	80	●	30.2	26.0	33.0	WNW	11.3	88	⦶	33.3	26.3	–	NNE	9.1
16	◎	28.9	24.5	0.5	SSE	6.4	84	⦶	32.9	26.7	0.0	WSW	6.7	74	⦶	33.5	24.8	–	N	6.8
17	・	32.6	24.7	3.0	SE	5.3	81	⦶	33.6	25.1	–	SE	5.4	77	⦶	33.1	25.3	–	SE	4.9
18	●	30.7	26.7	23.5	S	7.8	86	◎	29.4	25.9	0.0	WNW	4.3	79	⦶	33.4	24.4	0.0	ESE	5.9
19	◎	30.6	26.4	0.0	SE	8.4	81	●	29.6	24.7	14.0	NNE	5.7	87	⦶	31.3	24.5	–	NNE	6.9
20	●	30.0	25.9	37.5	SSE	12.9	85	●	31.7	26.6	13.5	SSE	5.7	86	●	26.5	22.6	12.0	NNE	8.5
21	●	27.0	24.7	95.0	WSW	6.9	95	⦶	32.8	27.2	0.0	SSE	5.4	75	●	30.5	23.6	12.5	SSE	10.0
22	●	32.1	25.7	12.5	W	5.1	86	●	31.6	26.9	13.0	SW	5.5	81	●	29.0	24.0	27.5	SSE	17.0
23	◎	32.3	25.8	–	WNW	5.9	83	●	32.8	25.3	37.5	WNW	6.1	83	・	29.9	21.8	1.5	NNW	5.9
24	◎	33.4	26.1	–	WNW	4.7	82	●	32.2	25.4	19.0	WSW	5.6	89	⦶	30.5	21.4	0.5	WNW	6.8
25	⦶	33.8	26.1	0.0	WNW	5.5	80	●	27.0	24.6	8.5	NNE	6.1	92	⦶	29.6	20.6	–	NNE	5.6
26	●	32.8	25.9	17.5	S	6.1	82	●	28.0	25.0	10.0	SSW	4.0	92	◎	29.9	25.0	–	NNE	7.5
27	●	31.2	25.5	43.0	WSW	5.7	87	・	30.3	25.7	3.0	S	4.0	87	⦶	32.2	25.8	0.0	E	6.6
28	⦶	33.4	25.3	–	SSE	5.5	80	◎	32.6	27.5	0.0	SW	5.7	77	⦶	30.0	25.7	0.0	NNE	6.7
29	⦶	34.7	28.2	0.0	SE	5.6	77	・	33.6	26.0	3.5	SSW	5.9	77	⦶	32.8	23.6	0.0	W	3.8
30	⦶	33.5	27.0	0.0	SW	5.0	76	●	31.0	23.7	5.0	WNW	7.3	81	◎	31.2	24.6	0.0	NNE	4.5
31	⦶	34.4	26.9	0.0	NW	5.0	74	●	26.6	21.2	7.5	NNE	5.4	82						
平均		30.6	24.7	1005.5	SSE	2.7	84		32.1	26.3	186.0	NE	3.6	77		31.7	25.1	86.5	NNE	3.5

天気：　降水のある日の天気概況は次の基準により分類して示した。

●　（雨）‥‥‥　日降水量 5.0mm 以上

・　（雨）‥‥‥　日降水量 1.0mm 以上で 5.0mm 未満

＊　（雪）‥‥‥　1 日の降雪量 1cm 以上、1cm 未満の場合は、1 日の現在天気の半分以上（7 回観測の地点は 4 回以上、4 回観測の地点は 2 回以上）に雪が観測された場合

上記以外の天気は、3・9・15・21 時の雲量の平均値によって、下記のように分類した。

○　（快晴）‥‥　平均雲量 1.4 以下

⦶　（晴）‥‥‥　平均雲量 1.5 以下 8.4 以下

◎　（曇）‥‥‥　平均雲量 8.5 以上

降 水 量：1 日に観測された降水量の合計で、雨、雪、あられ（霰）、ひょう（雹）などをすべて水になおして測定した降水量。単位は㎜。

最大風速：1 日に観測された 10 分間風速の最大値（m/s）とその際の風向（16 方位）を示す。風速（m/s）をノット（knot）に換算するには、1.944 を、時速（㎞ /h）に換算するには 3.6 を乗じる。

日々の天気図

No. 210

2019年 7月

・6月末から5日にかけて、九州南部を中心に約一週間続く大雨。宮城県えびのでは総雨量1000㎜超。
・19日夜～20日、長崎県五島・対馬市で大雨特別警報発表。土砂災害発生。
・三宅島と八丈島の月降水量は平年の3倍超。7月1位の値を更新。

（気象庁予報部予報課）

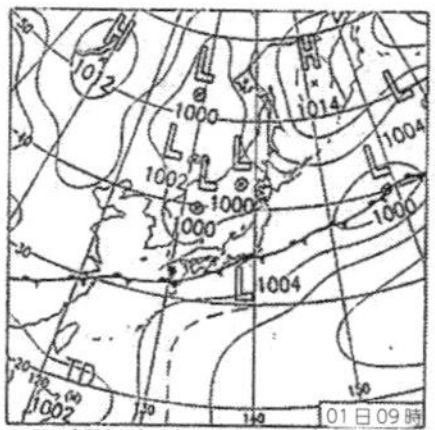

1日（月）九州で大雨続く
梅雨前線が停滞する西日本は、九州を中心に大雨続く。鹿児島県東市来の日降水量313.5㎜は観測史上1位の値を、鹿児島県八重山の69㎜/1hは7月1位の値を更新。

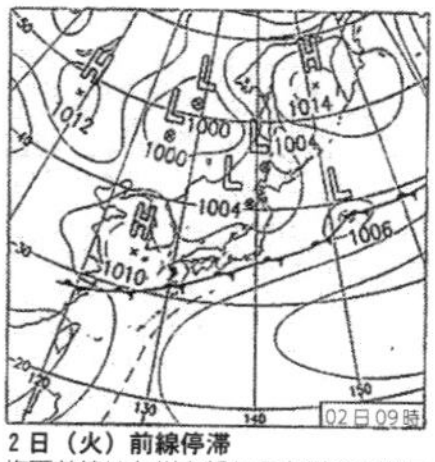

2日（火）前線停滞
梅雨前線は九州南部から本州の南岸に停滞し、西～東日本は雨や曇り。鹿児島県田代で73㎜/1h。宮崎県串間で55㎜/1hの非常に激しい雨。北日本は低気圧の通過で雨や曇り。

3日（水）九州南部で記録的大雨
活発な梅雨前線の影響で九州を中心に大雨続く。鹿児島県吉ヶ別府の日降水量460㎜は観測史上1位の値を更新。宮崎県えびのでは6月28日からの総雨量が1000㎜を超過。

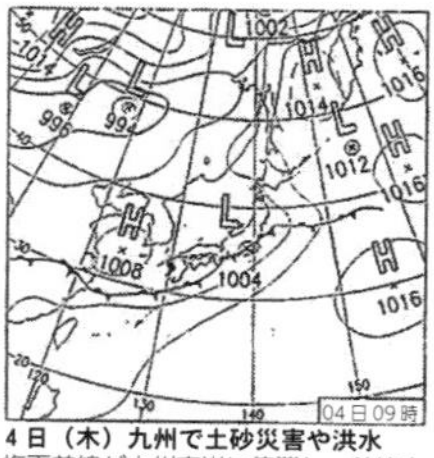

4日（木）九州で土砂災害や洪水
梅雨前線が本州南岸に停滞し、前線上を低気圧が北東進。九州南部や東海地方では午前中に所々で非常に激しい雨。鹿児島県中之島の77㎜/1hは7月1位の値を更新。

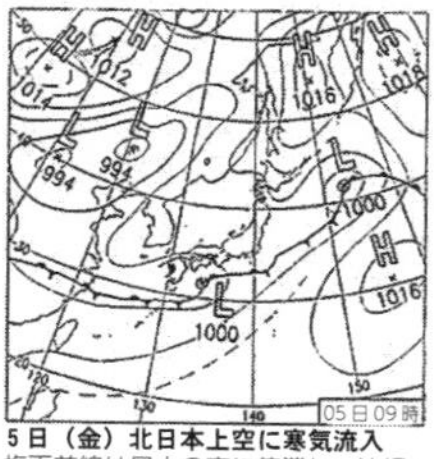

5日（金）北日本上空に寒気流入
梅雨前線は日本の南に停滞し、沖縄・奄美や伊豆諸島で大雨。東京都八丈島で日降水量175㎜。北日本は上空に寒気が入り大気の状態が不安定。北海道層雲峡で激しい雨。

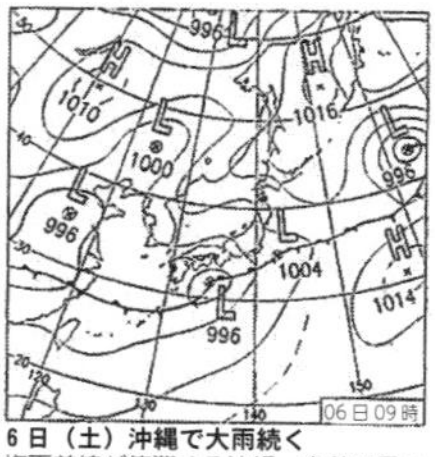

6日（土）沖縄で大雨続く
梅雨前線が停滞する沖縄・奄美は曇りや雨で、沖縄県渡嘉敷では明け方に61.5㎜/1hの非常に激しい雨。西日本と東日本～北日本日本海側で晴れた所があるが、その他は曇りや雨。

7日（日）関東は4月並の肌寒さ
低気圧が関東沖を北東に進み、冷たく湿った空気が流入した関東や東北太平洋側は曇りや雨。東京の最高気温は20.8℃で4月下旬並。北日本の日本海側や西日本は概ね晴れ。

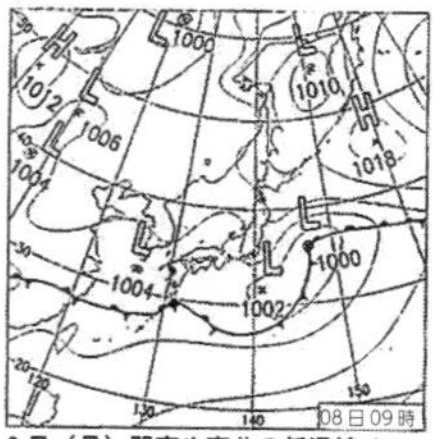

8日（月）関東や東北の低温続く
前線や東シナ海の低気圧の影響で沖縄～西日本は曇りや雨。東日本や北日本太平洋側は気圧の谷や湿った空気の影響で概ね曇り。関東や東北は昨日に続き最高気温が4月並の所も。

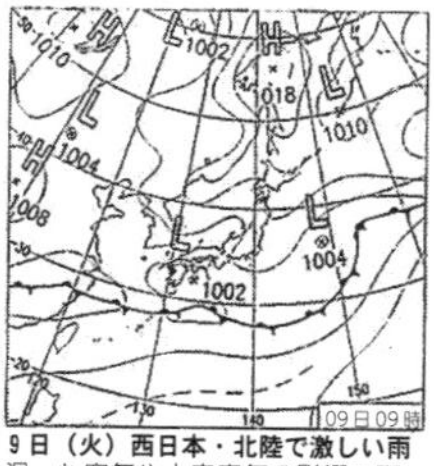

9日（火）西日本・北陸で激しい雨
湿った空気や上空寒気の影響で西～東日本を中心に雨。高知県三崎47㎜/1h、京都府間人40㎜/1h、広島県世羅38.5㎜/1hはいずれも7月1位。北海道は晴れて真夏日の所も。

10日（水）北から高気圧張り出す
前線が九州から日本の南に停滞。日本付近はオホーツク海の高気圧に覆われる。西日本は曇りや雨、東日本～北日本の太平洋側では曇りの所が多く、日本海側では概ね晴れ。

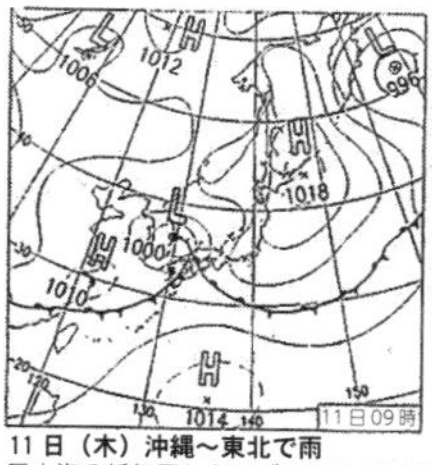

11日（木）沖縄～東北で雨
日本海の低気圧からのびる前線の通過に伴い、沖縄～東日本は雨で、高知県室戸岬では58.5㎜/1hの非常に激しい雨。東北も夜には雨。東京都父島でも前線の影響で激しい雨。

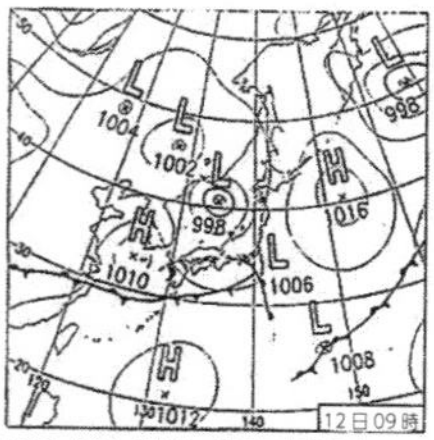

12日（金）関東～東北で雨続く
低気圧が日本海と東海道沖を北東に進み、西日本の日本海側と東日本～北日本で雨や曇り、東京も夕方まで弱い雨続く。沖縄と西日本の太平洋側は午後を中心に晴れ。

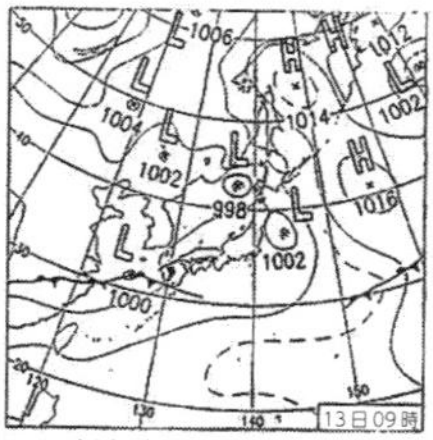

13日（土）奄美で梅雨明け発表
低気圧が東シナ海から九州に進み、西日本は雨。東日本も次第に雨。北日本は日本海側の低気圧の影響で北海道を中心に雨。東京の最高気温は27.3℃で9日ぶりの真夏日に。

14日（日）全国的に低温
前線が九州～関東付近に停滞し、前線上を低気圧が東進。西日本～東北は雨や曇り。北海道は湿った空気の影響で雨。全国的に気温が上がらず、最高気温が4月並の所も。

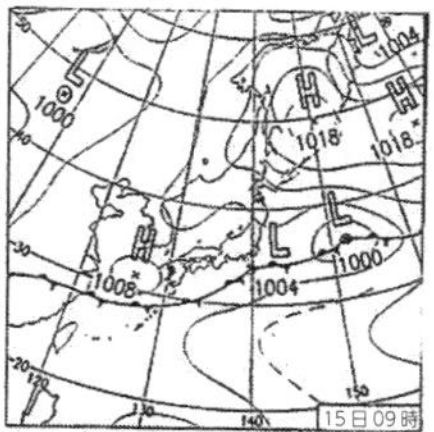

15日（月）梅雨前線停滞
日本の南に停滞する梅雨前線上を低気圧が東進し、西日本太平洋側と東日本は雨。北日本は、気圧の谷の影響で曇りや雨。沖縄は太平洋高気圧に覆われて、晴れて真夏日に。

投馬国（八女市付近か）

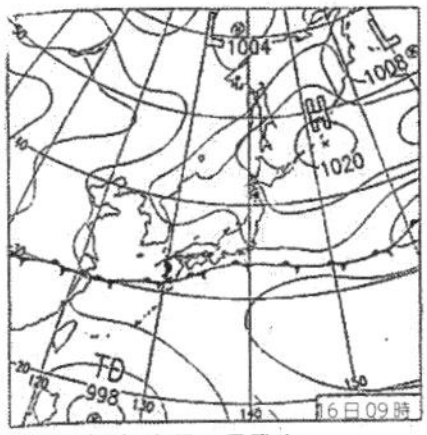

16日（火）台風5号発生
梅雨前線は九州から本州南岸に停滞し、九州南部と東日本太平洋側は雨。上空約5500 mの－6℃以下の寒気が南下して大気の状態が不安定となり、午後は西日本～東北で所々雨や雷雨。

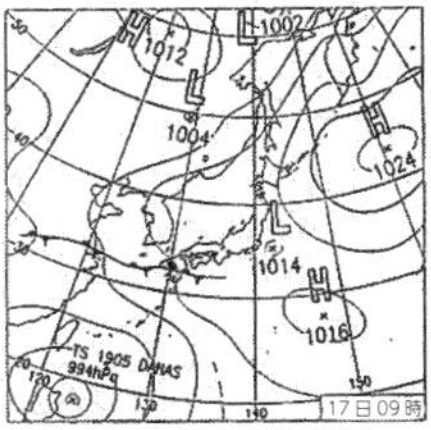

17日（水）関東で晴れ間広がる
九州から本州南岸に前線停滞。明け方にかけ近畿～関東の所々で激しい雨。日中は西～東日本で晴れた所多く、東京は約3週間ぶりの青空。北日本は湿った空気の影響で雨の所も。

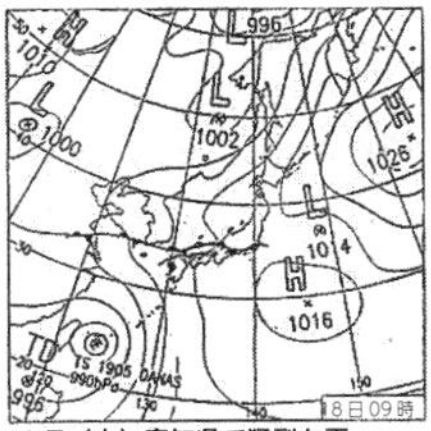

18日（木）高知県で猛烈な雨
台風第5号が先島諸島付近を北上。沖縄県北原で最大時間風速30.3m/s。本州付近に停滞する前線の活動が活発となり、西日本～東北は雨で、高知県佐賀では89.5㎜/1hの猛烈な雨。

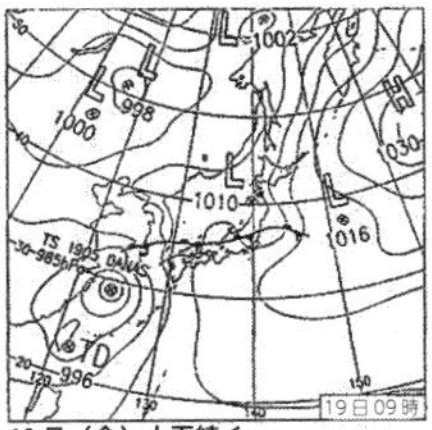

19日（金）大雨続く
温かく湿った空気や活発な梅雨前線などの影響により、西日本を中心に大雨。宮崎県北方で68.5㎜/1hなど5地点で非常に激しい雨。北海道音威子府56.5㎜/1hは観測史上1位。

20日（土）長崎県に大雨特別警報
東シナ海を台風第5号が北に進んで南から温かく湿った空気が入り、長崎県の離島中心に大雨。五島と対馬には大雨特別警報。長崎県有川の日降水量347.5㎜は7月1位を更新。

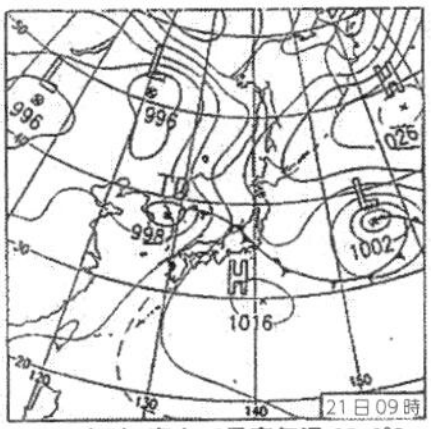

21日（日）富山で最高気温35. 2℃
台風第5号は朝鮮半島から日本海に進んで21時観測で温帯低気圧に。南からの温かく湿った空気の影響で西日本では大雨が続く。福岡県久留米の日降水量323.5㎜は観測史上1位。

22日（月）西日本、東海で大雨
日本海の低気圧に向かう温かく湿った空気の影響で西日本や東海で大雨。静岡県掛川で80㎜/1hの猛烈な雨。愛知県、静岡県では記録的短時間大雨情報発表。東京でサルスベリ開花。

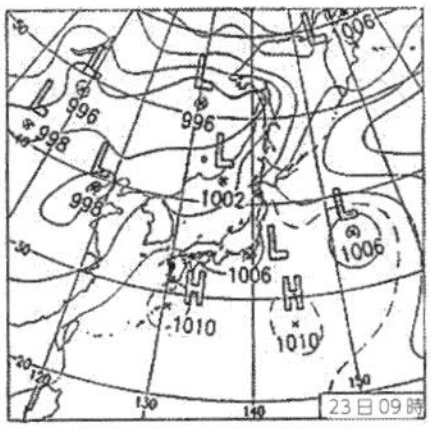

23日（火）所々で非常に激しい雨
湿った空気や上空の寒気の影響で、全国的に大気の状態が不安定。西日本～北日本の各地で雨となり雷を伴う所も。富山県の宇奈月で62㎜/1hの非常に激しい雨。

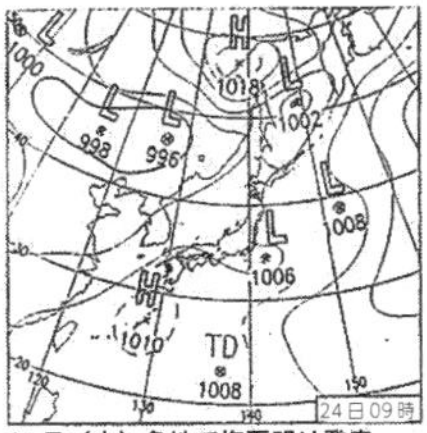

24日（水）各地で梅雨明け発表
西日本を中心に高気圧に覆われ、九州、四国、近畿、北陸で梅雨明け発表。東日本～北日本は所々で雨。福島県白河の94.5㎜/1hは観測史上1位。日本の南海上で熱帯低気圧発生。

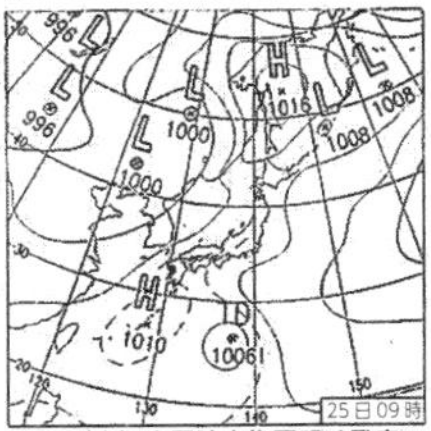

25日（木）中国地方梅雨明け発表
沖縄～西日本は南西諸島の高気圧に、東日本は日本のはるか東の高気圧に覆われて概ね晴れ。午後は山沿い中心に雨や雷雨。福井県美浜で35.9℃など、西日本～北陸で猛暑。

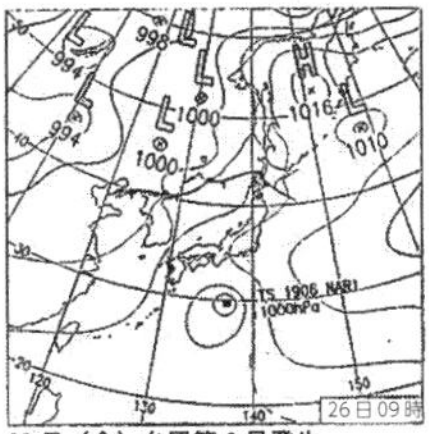

26日（金）台風第6号発生
沖縄～東北で晴れて気温が上昇。広く真夏日となり36地点で猛暑日。台風周辺の湿った空気の影響で、午後は西～東日本太平洋側を中心に所々雨や雷雨。北海道は前線の影響で雨。

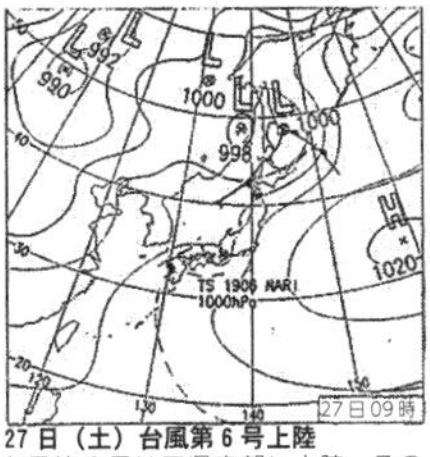

27日（土）台風第6号上陸
台風第6号は三県南部に上陸。その後熱帯低気圧に変って関東へ。新潟県赤谷では52.5㎜/1hの非常に激しい雨、和歌山県潮岬では25m/sの最大瞬間風速を観測。

28日（日）東海で梅雨明け発表
関東の東の低気圧の影響で、東日本～東北は午前中雨。午後は大気の状態が不安定で、山沿いを中心に雨や雷雨。新潟県高根の64.5㎜/1hは7月1位の値を更新。

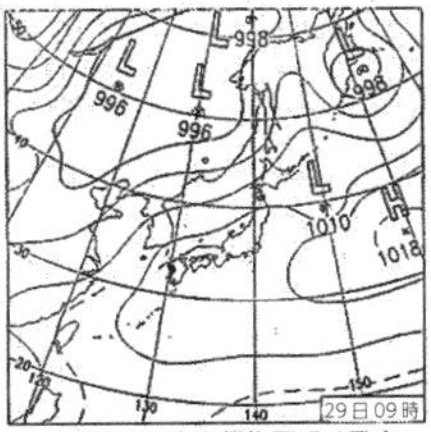

29日（月）関東甲信梅雨明け発表
高気圧に覆われるが湿った空気や日中の昇温の影響で大気の状態が不安定。群馬県伊勢崎で62.5㎜/1h。最高気温は岐阜県揖斐川37.2℃をはじめ全国の約1/4の地点で今年の最高。

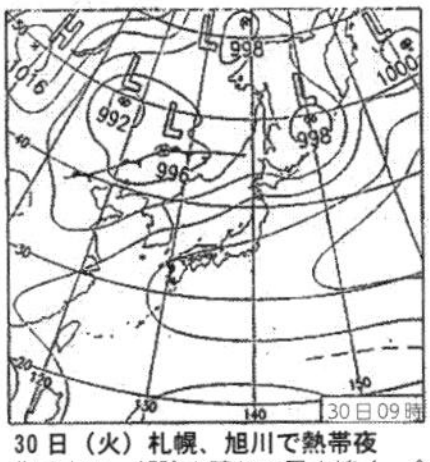

30日（火）札幌、旭川で熱帯夜
北日本の一部除き晴れて暑さ続く。全国88地点で猛暑日。北日本は最低気温が高く、北海道札幌27.4℃。旭川25.0℃は共に観測史上1位。東北南部梅雨明け発表。

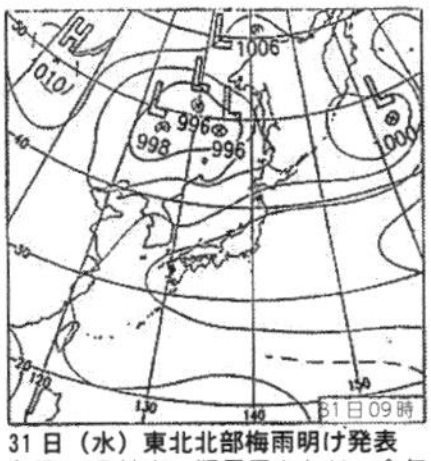

31日（水）東北北部梅雨明け発表
全国147地点で猛暑日となり、今年初めて100地点以上に。北海道北斗の最高気温は33.6℃で観測史上1位。午後は西～東日本の山沿いを中心に雨や雷雨で、非常に激しい雨の所も。

日々の天気図

No. 211

2019年 8月

・8～9月、大型で猛烈な台風第9号が宮古島地方を通過。停滞等。
・15日、台風第10号が西日本を縦断。西日本を中心に総雨量500㎜超。
・27～28日、九州北部で相次いで猛烈な雨を観測。佐賀・福岡・長崎県に大雨特別警報発表。佐賀県で200㎜/3h超の地点も。河川氾濫等。

（気象庁予報部予報課）

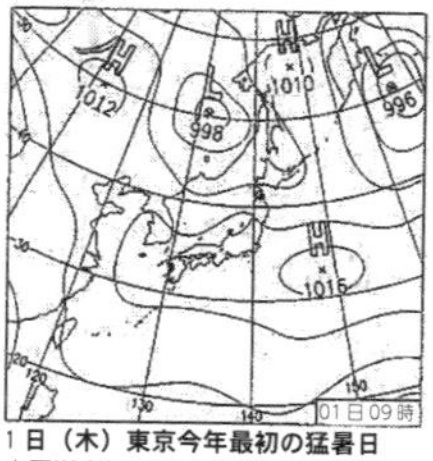

1日（木）東京今年最初の猛暑日
太平洋高気圧に覆われ、北海道の一部を除いて晴れ。東日本～北日本では午前中から気温が35℃を超えた所も。っ午後は大気の状態が不安定となり各地でにわか雨。

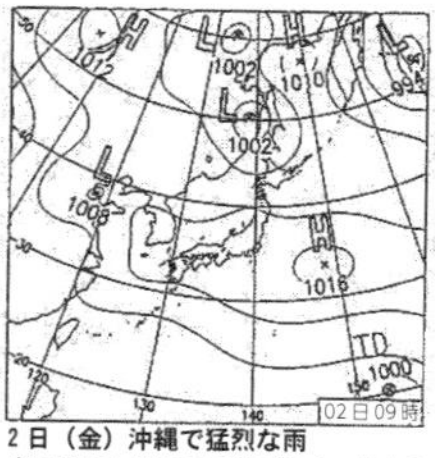

2日（金）沖縄で猛烈な雨
全国的に上空まで気温が高く、仙台の最高気温37.3℃は観測史上1位。京都府舞鶴の最高気温38.6℃は8月1位更新。一方、台風12号に近い九州や四国では局地的に激しい雨。

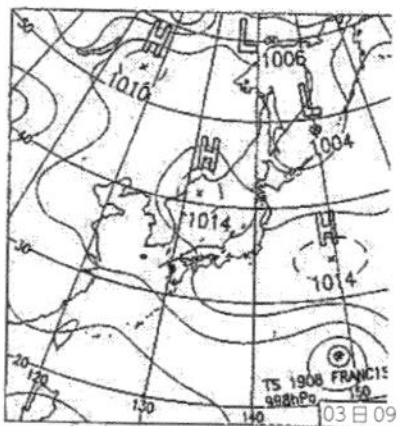

3日（土）厳しい暑さが続く
沖縄・奄美は気圧の谷の影響で雨。その他は晴れだが西～東日本を中心に大気不安定。栃木県足尾49.5㎜/1h。最高気温は福岡県久留米で38.4℃、北海道登別32.4℃は観測史上1位。

4日（日）台風第8号、父島に接近
太平洋高気圧や日本海の高気圧に覆われて西～東日本は概ね晴れ。兵庫県豊岡で37.9℃など全国123地点で猛暑日。台風第8号は父島付近を西北西進。母島で33㎜/1hの激しい雨。

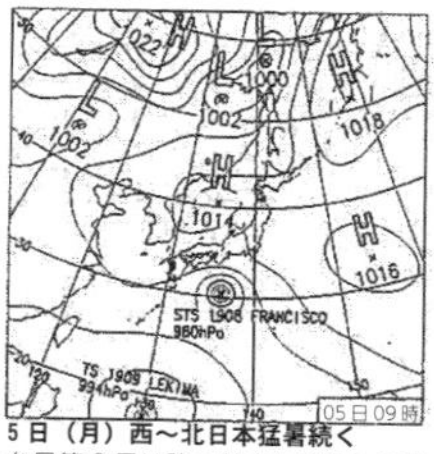

5日（月）西～北日本猛暑続く
台風第8号は強い勢力に発達して日本の南海上を西北西進。台風周辺の雨雲の影響で、西日本の太平洋側は次第に雨。本州付近は猛暑が続き、大阪府熊取の36.1℃は史上1位。

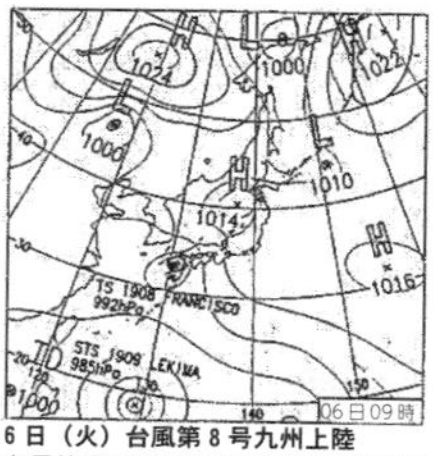

6日（火）台風第8号九州上陸
台風第8号は明け方に宮崎市付近に上陸し、昼過ぎには対馬海峡へ。宮崎県古江の95.5㎜/1hは観測史上1位の値を更新。同県赤江の最大瞬間風速39.6m/sは、8月の1位を更新。

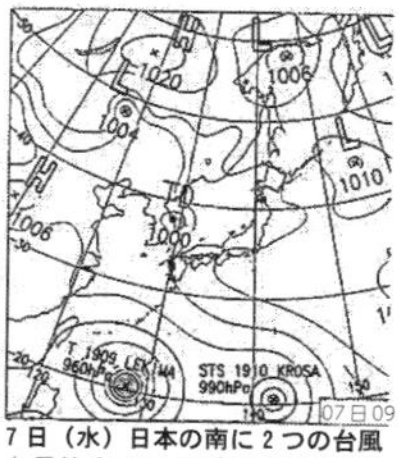

7日（水）日本の南に2つの台風
台風第9・10号が日本の南を北上。台風第9号や湿った空気の影響で沖縄～西日本太平洋側は雨。東日本は午後に所々雨。全国的に気温が上昇し西～北日本の194地点で猛暑日。

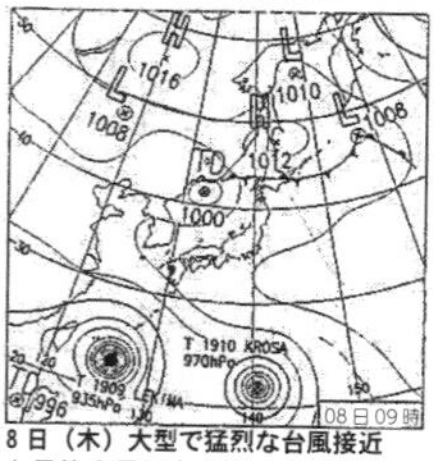

8日（木）大型で猛烈な台風接近
台風第9号は宮古島に接近し沖縄・奄美は雨。沖縄県下地33.7m/s、鏡原30.1m/sの猛烈な風。北海道も台風第8号から変わった低気圧が接近し雨。その他は概ね晴れて猛暑続く。

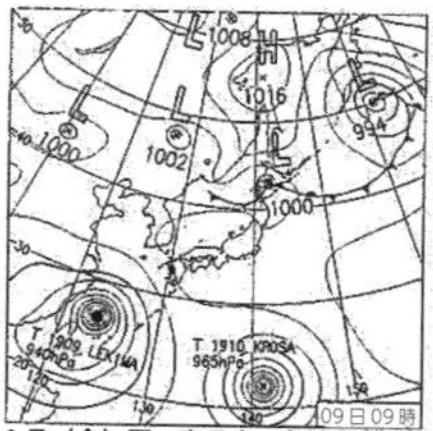

9日（金）西～東日本、各地猛暑
台風第9号は東シナ海を北西進。西日本～東日本は太平洋高気圧に覆われ、晴れて各地で猛暑に。茨城県大子の最高気温39.0℃は観測史上1位。北日本は低気圧の影響で曇りや雨。

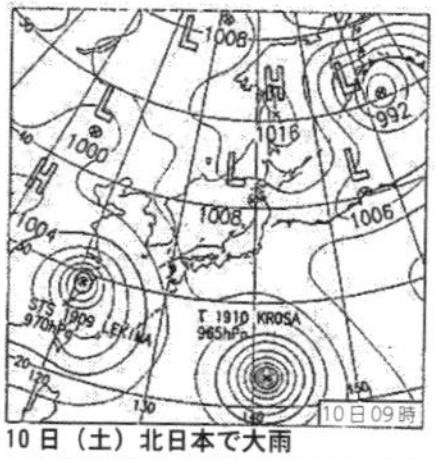

10日（土）北日本で大雨
日本海の低気圧の影響で東北日本海側を中心に大雨。秋田県では笹子の66㎜/1hなど観測史上1位を更新した所も。南西諸島は台風第9号へ向かう湿った空気の影響で雨。

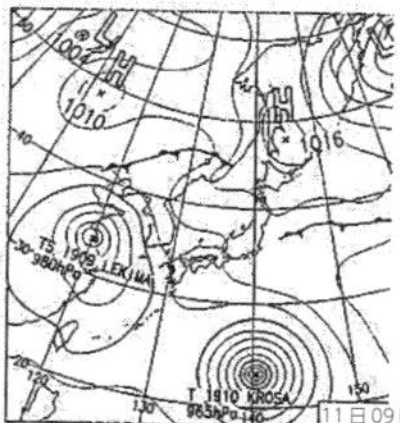

11日（日）台風第10号停滞
北日本は気圧の谷の影響で所々雨。その他は概ね晴れて、西日本中心に気温上昇。京都府福知山で38.2℃の猛暑日。台風第10号は小笠原近海停滞。父島で最大瞬間風速31.3m/s。

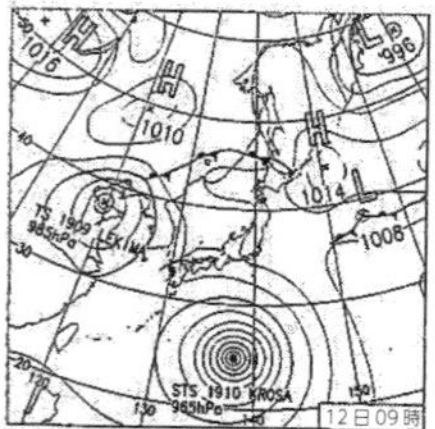

12日（月）西日本中心に猛暑
西～東日本の太平洋側は台風第10号や湿った空気の影響で雨。北海道は前線の影響で雨。その他は晴れや曇り。鳥取で38.2℃。大阪府堺で37.4℃など西日本中心に猛暑日。

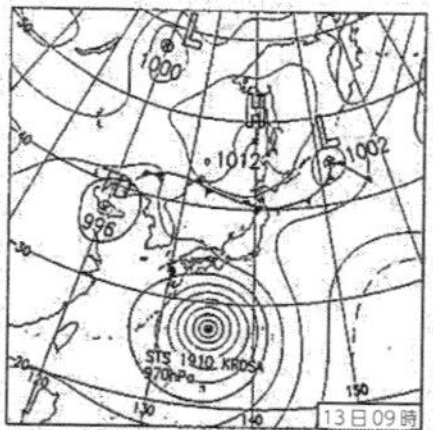

13日（火）西～東日本の猛暑続く
台風第10号が日本の南を北上。西日本～東日本の太平洋側は雨の所も。北日本は寒冷前線が南下し所々で雨。その他は概ね晴れ。全国12地点で最高気温が観測史上1位の値に。

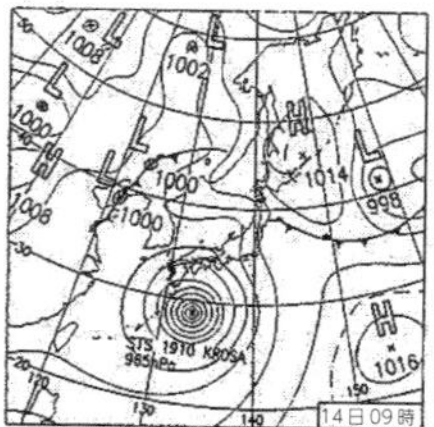

14日（水）新潟県で40℃超
日本の南を北上する台風第10号の影響で西日本は雨、東日本も太平洋側で雨。北日本は高気圧に覆われ晴れや曇り。新潟県高田で最高気温が40.3℃に達し、観測史上1位を更新。

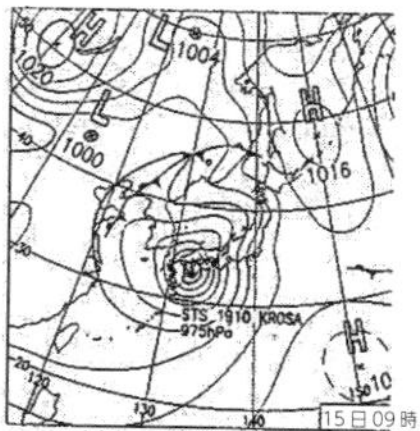

15日（木）台風第10号西日本上陸
台風第10号は豊後水道を北上し広島県呉市付近に上陸。北陸は一日中気温が高く、新潟県糸魚川の最低気温31.3℃は高い値として全国の史上1位。最高気温は同県中条で40.7℃。

投馬国（八女市付近か）

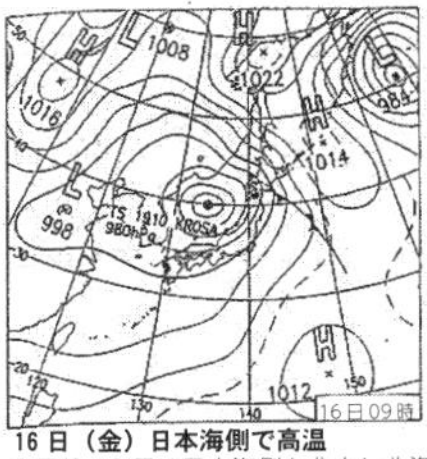

16日（金）日本海側で高温
台風第10号は日本海側を北上し北海道の西海上で温帯低気圧に。西日本は午前中、東～北日本は午後にかけて雨。本州の日本海側で気温が上がり、午前中に35℃を超えた所も。

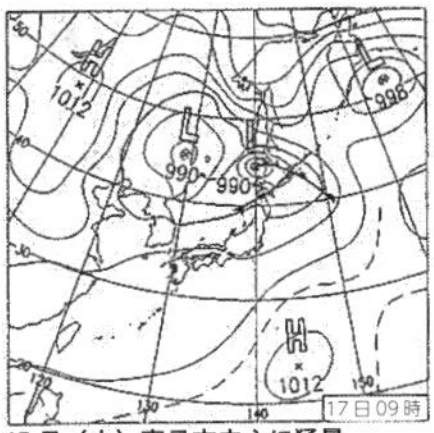

17日（土）東日本中心に猛暑
北日本は低気圧や前線の影響で午前中を中心に雨。沖縄は気圧の谷の影響で所々雨。その他は高気圧に覆われて晴れ。最高気温は東京都練馬36.9℃など、東日本で顕著に上昇。

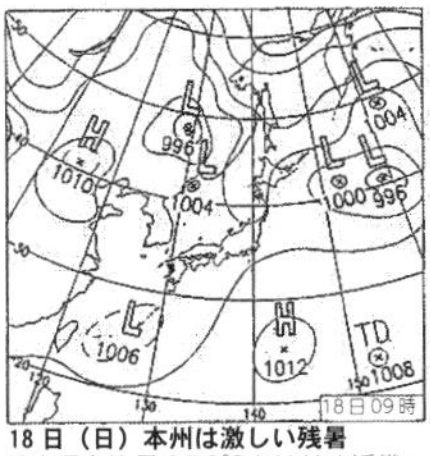

18日（日）本州は激しい残暑
岐阜県多治見37.2℃をはじめ近畿～東北では猛暑日の所も。午後には大気の状態が不安定、静岡県梅ヶ島で45㎜/1h。沖縄・奄美と九州は気圧の谷や湿った空気の影響で曇りや雨。

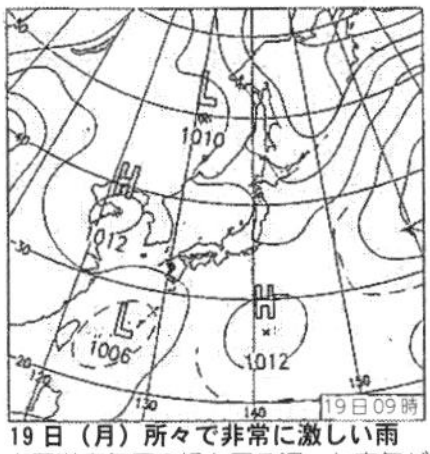

19日（月）所々で非常に激しい雨
太平洋高気圧の縁を回る湿った空気が南西諸島～東日本に流入。大気の状態が不安定となり、沖縄県粟国で76.5㎜/1h、新潟県栃尾で73.5㎜/1hなど各地で非常に激しい雨。

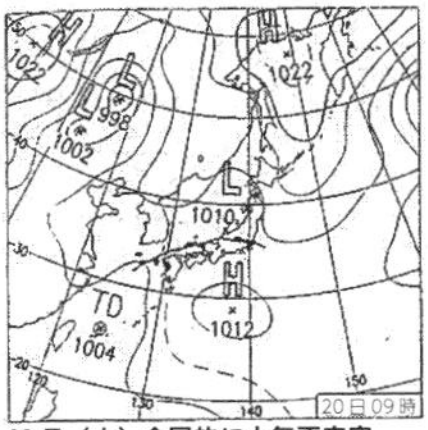

20日（火）全国的に大気不安定
沖縄・奄美は東シナ海の熱帯低気圧、西～東日本は前線や湿った空気、北日本は上空の寒気の影響で、各地で雷雨。熊本県牛深で56.5㎜/1hなど非常に激しい雨の所も。

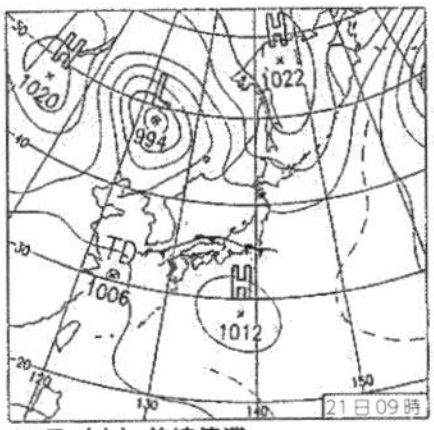

21日（水）前線停滞
前線が対馬海峡から北陸、関東南岸にのび、ほぼ停滞。前線に近い山陰～北陸で雨。東海～関東でも午後は雷雨。北日本の太平洋側は湿った空気が入り曇りや雨。

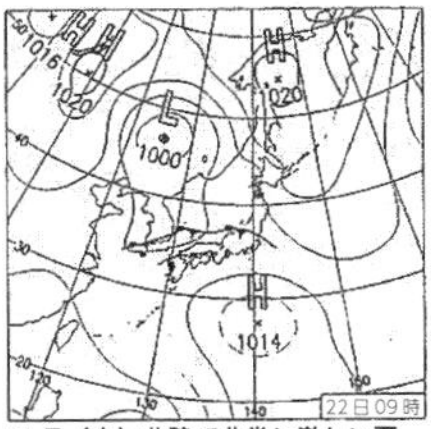

22日（木）北陸で非常に激しい雨
日本海から北陸に停滞している秋雨前線の影響で西日本の日本海側～東北で雨。北陸地方を中心に大気の状態が非常に不安定で、石川県七尾で68㎜/1hの非常に激しい雨。

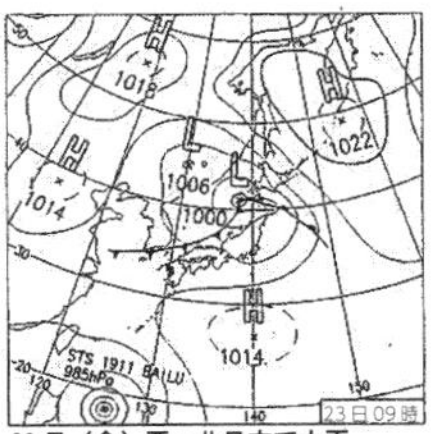

23日（金）西～北日本で大雨
日本海の低気圧や前線及びこれらに吹き込む湿った空気の影響で、西～北日本の広い範囲で雨。日本海側を中心に大雨の所も。7月23日以来31日ぶりに猛暑日の地点が0に。

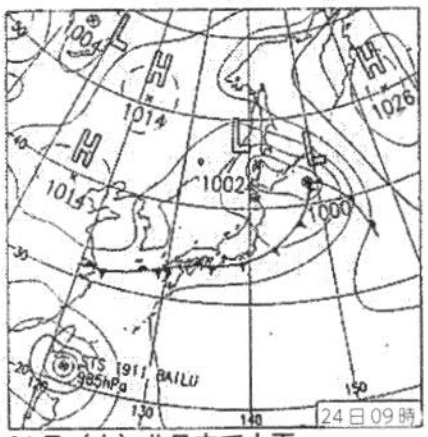

24日（土）北日本で大雨
沖縄は台風第11号、西日本～東日本は前線、北日本は低気圧の影響により雨の降った所が多い。北海道川湯58㎜/1hは観測史上1位。関東甲信と東北は日中概ね晴れ。

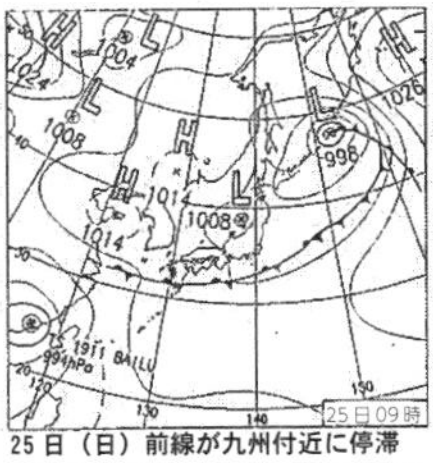

25日（日）前線が九州付近に停滞
前線に近い九州と四国は曇りや雨で、九州南部では雷を伴って激しい雨の所も。北陸や東北日本海側は大気の状態が不安定で活発に発雷。新潟県筒方の53㎜/1hは史上1位を更新。

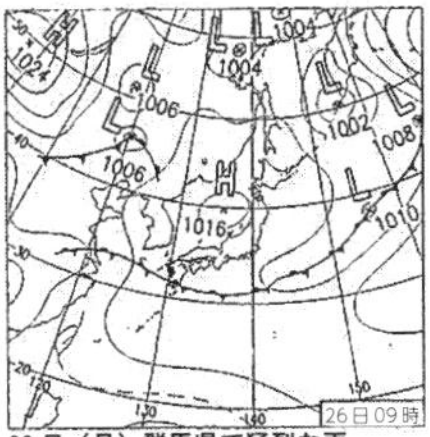

26日（月）群馬県で猛烈な雨
前線が九州南部を通って日本の南海上にのび、九州、四国は雨。高気圧に覆われた近畿～北日本は概ね晴れたが、関東の山沿いでは午後は雷雨の所も。群馬県榛名山で82.5㎜/1h。

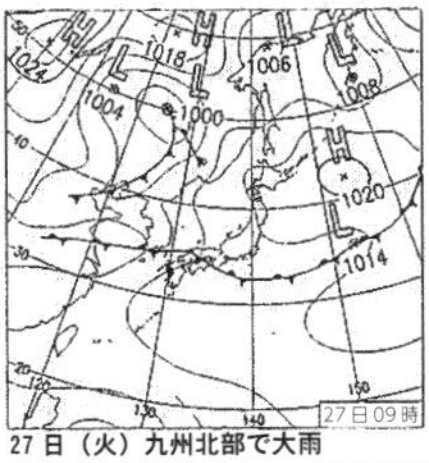

27日（火）九州北部で大雨
前線が日本付近を北上し、夜には前線上の低気圧が山陰沖へ。西日本～東北は広く雨。前線に向かって暖かく湿った空気が入り九州北部では大雨。長崎県松浦で日降水量253.5㎜。

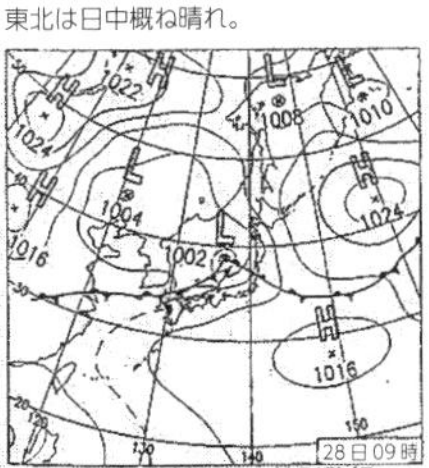

28日（水）九州北部に特別警報
前線や低気圧に暖かく湿った空気が流入し、西日本中心に北日本にかけて大雨。九州北部では猛烈な雨を相次いで観測。佐賀県佐賀110㎜/1h、白石109.5㎜/1hは観測史上1位。

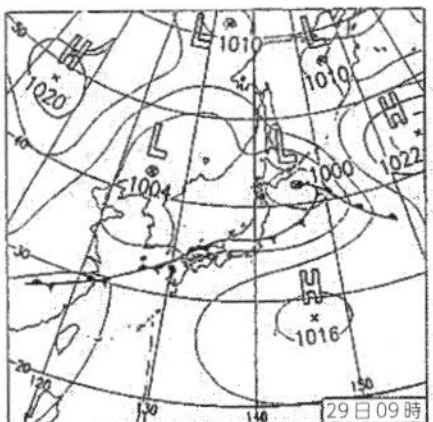

29日（木）九州北部、大雨続く
前線が西～東日本に停滞、暖かく湿った空気が入って九州北部中心に大雨が続く。山口県東厚保では160㎜の日降水量。前線活動が弱い東海、関東は晴れて猛暑日所も。

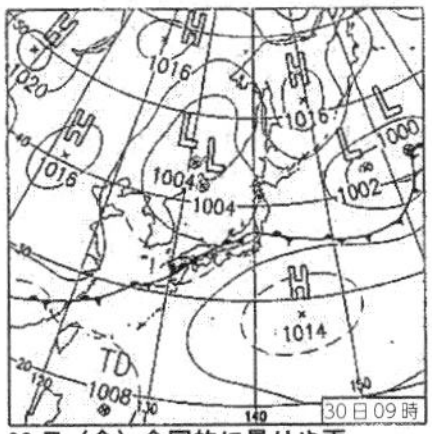

30日（金）全国的に曇りや雨
前線が九州から本州にかけて停滞し、全国的に曇りや雨。西～東日本は所々で雨が強まり、鹿児島県上中64.5㎜/1hなど8月1位の記録を更新した所も。

31日（土）北海道で猛烈な雨
上空の寒気と湿った空気の入った北日本では大気の状態が不安定。北海道岩見沢の94.5㎜/1hは観測史上1位。前線は本州南岸に停滞し、西～東日本の太平洋側で曇りや雨。

日々の天気図

No. 212

2019年 9月

・4日夜～6日朝、三重県で二夜連続の猛烈な雨。河川氾濫等発生。
・9日、台風第15号の通過に伴い、伊豆諸島や関東地方南部で猛烈な風を観測。千葉県で長期停滞、横浜市で高波による浸水被害等発生。
・30日夜、台風第18号の影響で八重山地方で猛烈な風や記録的な大雨。

（気象庁予報部予報課）

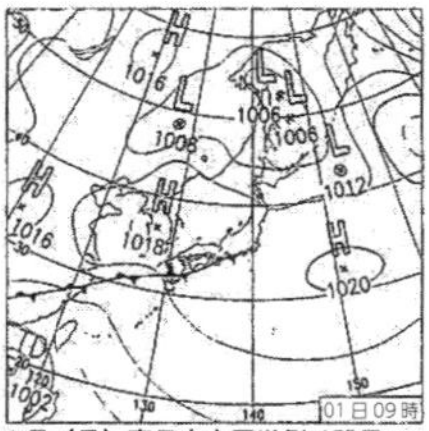

1日（日）東日本太平洋側は残暑
西日本～北陸は秋雨前線の影響で曇りや雨。北日本は気圧の谷の影響により所々で雨。東日本太平洋側は概ね晴れて気温が上昇。千葉県鴨川で最高気温34.9℃など厳しい残暑。

2日（月）本州付近に前線停滞
秋雨前線が停滞し西日本や北陸～東北は雨。北海道は気圧の谷の通過で午後には雨。東日本太平洋側は前線の影響が弱く、概ね晴れ。フィリピンの東の海上で台風第13号が発生。

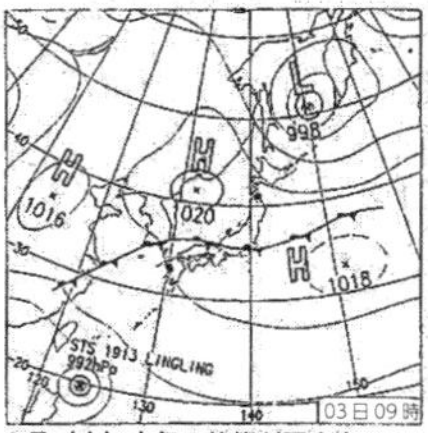

3日（火）大気の状態が不安定
山陰沖から北日本に秋雨前線が停滞。南から暖かく湿った空気が入って西日本～東日本は大気の状態が不安定。局地的な大雨により横浜市や岡山県新見市で土砂災害や浸水害。

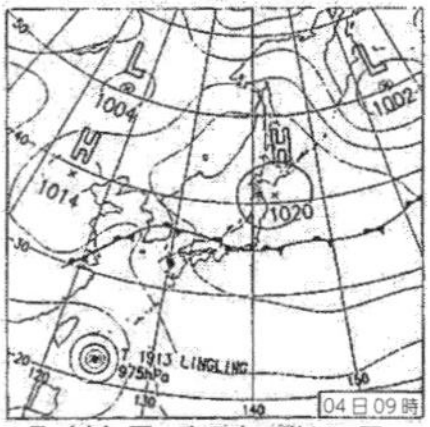

4日（水）西～東日本で激しい雨
沖縄は台風第13号の影響で雨。西日本～東北南部は、山陰沖から東日本に停滞する前線の影響により大気の状態が不安定で雨や雷雨。高気圧に覆われた東北北部～北海道は晴れ。

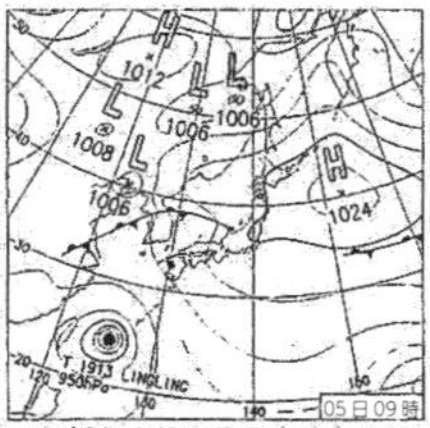

5日（木）台風第13号先島諸島へ
沖縄は非常に強い台風第13号が北上し大荒れ。沖縄県下地47.7m/sなど3地点で猛烈な風。西～東日本は暖かく湿った空気により大雨の所も。三重県四日市105㎜/1hは史上1位。

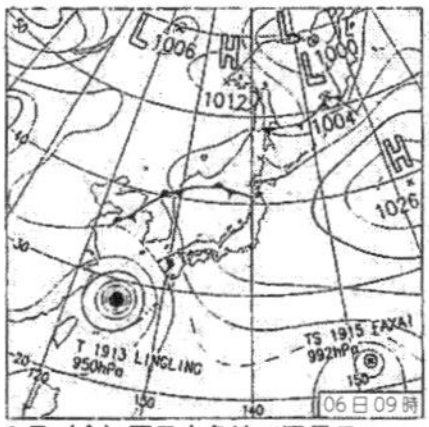

6日（金）西日本各地で猛暑日
台風第13号や湿った空気の影響で沖縄～四国は雨。北日本は前線の接近で次第に雨。北日本は気温が顕著に上昇。最高気温は、兵庫県豊岡と鳥取県境で35.8℃など猛暑日の所も。

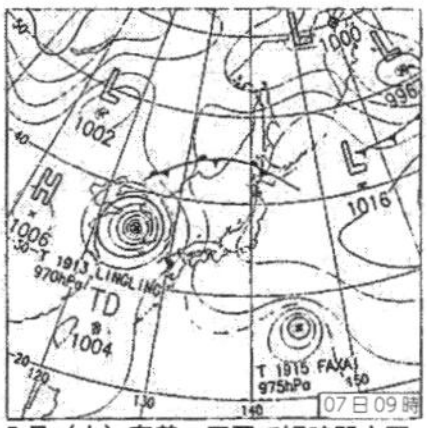

7日（土）奄美・四国で短時間大雨
台風第13号が黄海を北上し、南から湿った空気が流れ込む。高知県三崎76㎜/1hは9月1位、鹿児島県笠利73.5㎜/1h。本州は概ね晴れ。西日本～東日本は猛暑日続く。

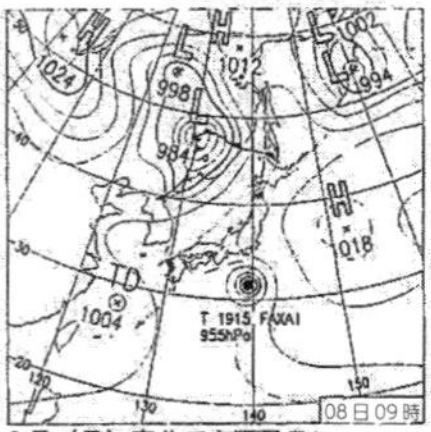

8日（日）東北でも猛暑日に
日本海側中心に晴れて、新潟県中条で38.0℃など西日本～東北の全国62地点で猛暑日。非常に強い台風第15号が関東の南の海上を北上。東京都神津島で最大瞬間風速58.1m/s。

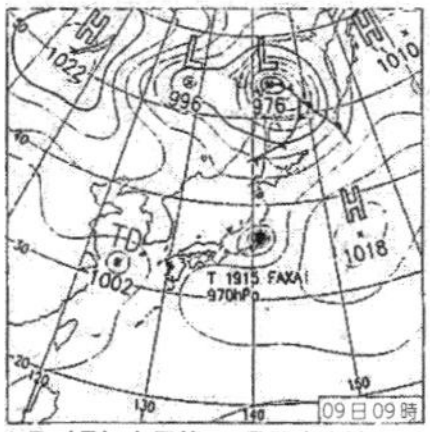

9日（月）台風第15号関東上陸
強い台風第15号は三浦半島を通過後、明け方に千葉市付近に上陸。静岡県天城山で109㎜/1hの猛烈な雨。千葉の最大風速35.9m/s、最大瞬間風速57.5m/sは史上1位を更新。

10日（火）東海や関東で猛暑日
高気圧に覆われ全国的に晴れて気温上昇。東海～関東を中心に全国79地点で猛暑日となり、16地点で9月の1位の値に。午後は雷雨の所多く茨城県坂東で83㎜/1hの猛烈な雨。

11日（水）西～北日本各地で雷雨
低気圧が北日本を東進し、低気圧に伴う前線が本州付近を通過。西日本～北日本は大気の状態が非常に不安定で、各地で雷雨。兵庫県姫路では夕方に58.5㎜/1hの非常に激しい雨。

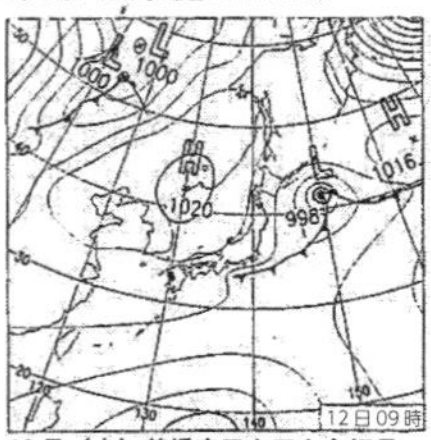

12日（木）前橋市アキアカネ初見
寒冷前線の通過後、日本付近は沿海州の高気圧に覆われ全国的に晴れや曇り。湿った空気の残った西日本～東日本太平洋側や、気圧の谷の影響を受けた北日本の所々で雨や雷雨。

13日（金）西日本に気圧の谷
西日本は、湿った空気や気圧の谷の影響で四国～近畿を中心に雨。和歌山県色川では62.5㎜/1hの非常に激し雨。日降水量は246.5㎜。北日本は高気圧に覆われて概ね晴れ。

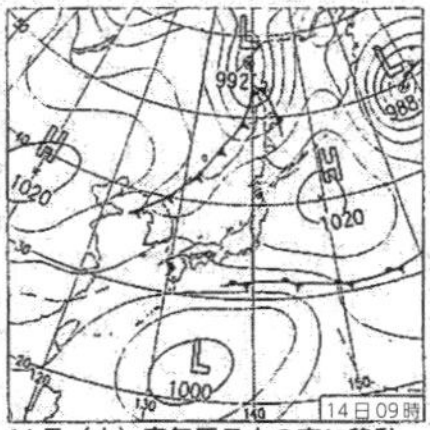

14日（土）高気圧日本の東に移動
高気圧に覆われ晴れた所が多かったが、高気圧の縁を回る湿った空気の影響で西日本～東北の太平洋側と北海道は曇りや雨。東京の最低気温は19.5℃で7月16日以来の20℃未満。

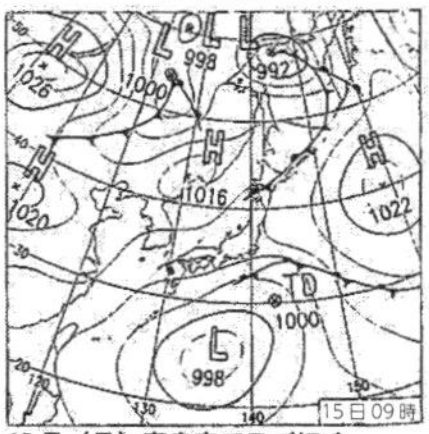

15日（日）奈良市でモズ初鳴
西日本～東日本は概ね晴れて気温が上がり、広く真夏日に。南西諸島は日本の南の低気圧の影響で、北日本は前線の通過により雨や曇り。関東も夜には前線の影響で雨。

投馬国（八女市付近か）

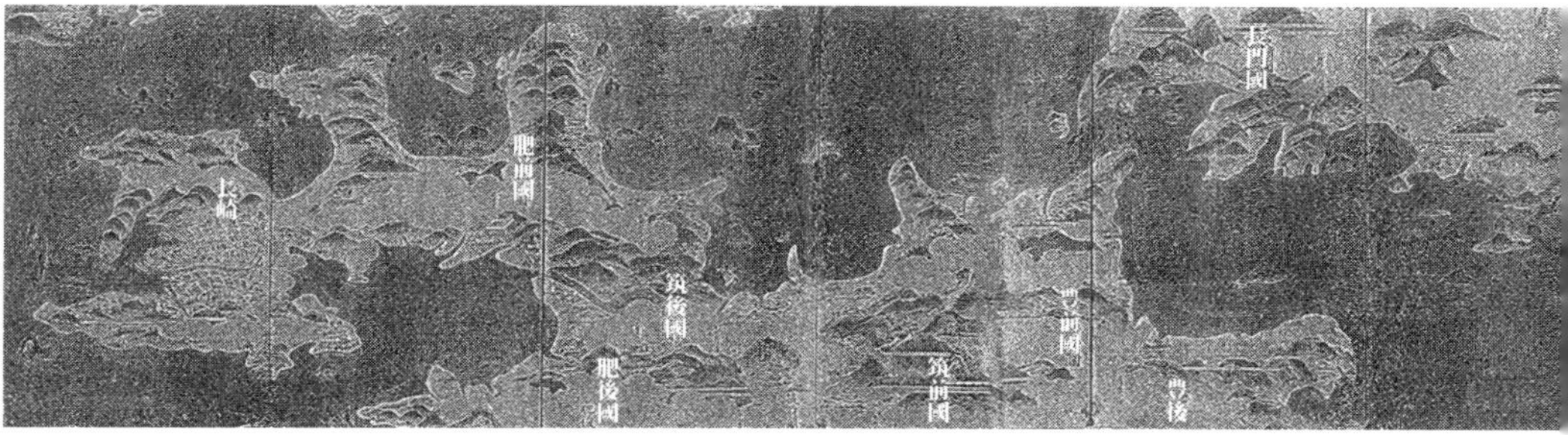

図6　上段
大坂から長崎までの海路が描かれた「西海筋海路図屏風」。北部九州から瀬戸内海の海路や港町、島々が詳細に描かれ、南蛮航路、朝鮮航路などの表記もある（江戸時代。堺市博物館蔵・博多商人本から転写）

一　利用船舶の性能など

全長一〇メートル、幅三メートル、櫂座四、無風時時速七キロメートル。定員、船長一人・漕ぎ方四人・乗客八人の合計一三人。

二　気象海象に対する航行規準

天気、大雨以外可（視界制限を受ける）

風速、一〇メートル毎秒以下。波高、二・五メートル以下。

視界、二キロメートル以上。ここで図6を示す。上段は広島から有明海まで良く分かる。中段は倭寇《わこう》対策用だが地の利を得ていると分かる。下段は手漕ぎの連絡用公船の推定図。

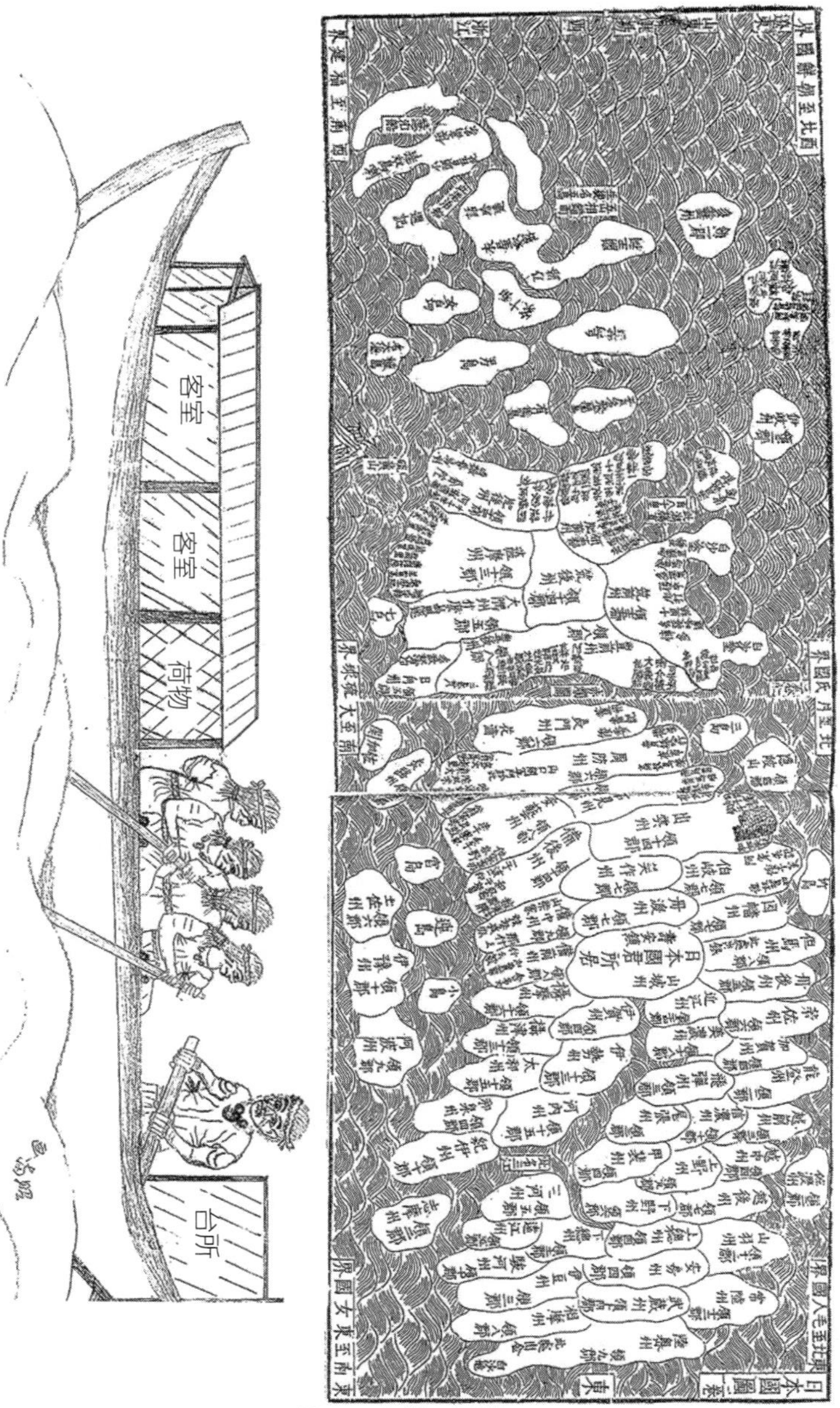

図6　中段・下段

中段は『籌海図編《ちゅうかいずへん》』掲載の日本国図。中国・明代の地理学者・鄭若曾（ていじゃくそう）が後期倭寇対策のための資料を集め、沿岸警備軍司令官・胡宗憲（こそうけん）によって刊行された。王直の拠点であった五島列島が大きく描かれており、倭寇の脅威を物語る。（1562年。国立国会図書館蔵・博多商人本から転写）
下段は邪馬台国の連絡用公船（推定）

第三節　水行二〇日の比定地検証航海

一　一回目

初日である二〇一八年八月一三日、この日の天気は上図のとおり九州は太平洋高気圧の周縁部にあたるため雲が多く、所々雨が降っている。また、東京都・硫黄島《いおうじま》付近には台風一五号があって、北西進している模様であり、要注意。本日の福岡県宇美町から福岡市瑞梅寺《ずいばいじ》川河口港に至る間の天気は、曇り一時雨、風東寄り六～八メートル毎秒、視界五～一〇キロメートル、と類推する。

投馬国（八女市付近か）

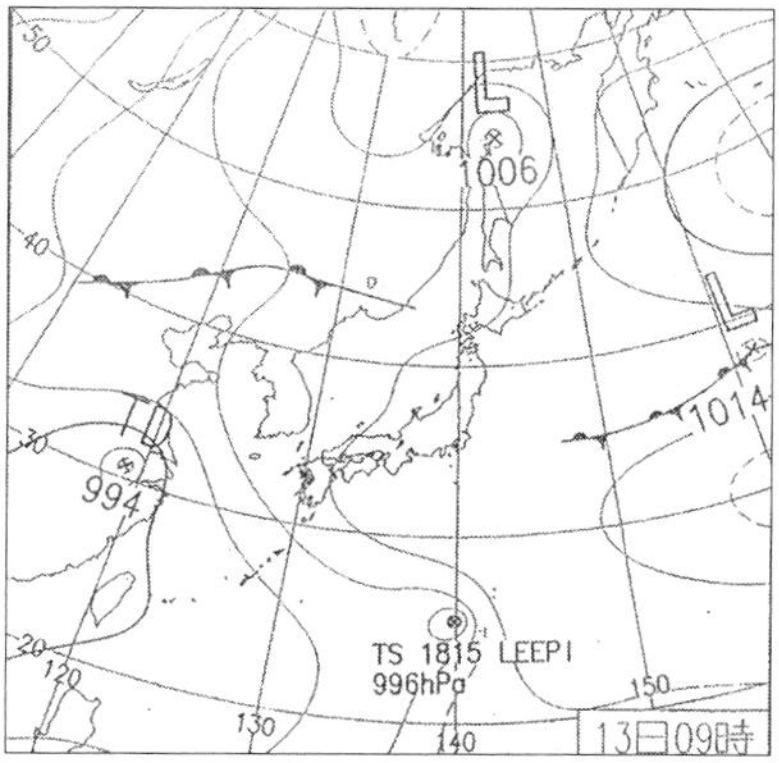

2018年8月13日09時

郡使は朝、宇美町で川船に乗り、福岡市東区多々良《たたら》川河口到達、ここで船を降り、待ち受けていた倭国所有の手漕ぎの連絡用公船に乗船し、瑞梅寺川河口の港に午後到着した。

この日の水行は、川と海で合計三〇キロメートルであった。

出発二日目。八月一四日、今日の天気は次図のとおり台風一五号が九州南東海上まで進んで来ているが、北部九州ではまだ晴れの所が多くある。本日の福岡市瑞梅寺川河口の港から福岡県糸島市岐志の港までの天気は、晴れ時々曇り一時雨、風東寄り五～八メートル毎秒、波高一・五メートル、視界五～一〇キロメートル、と類推する。

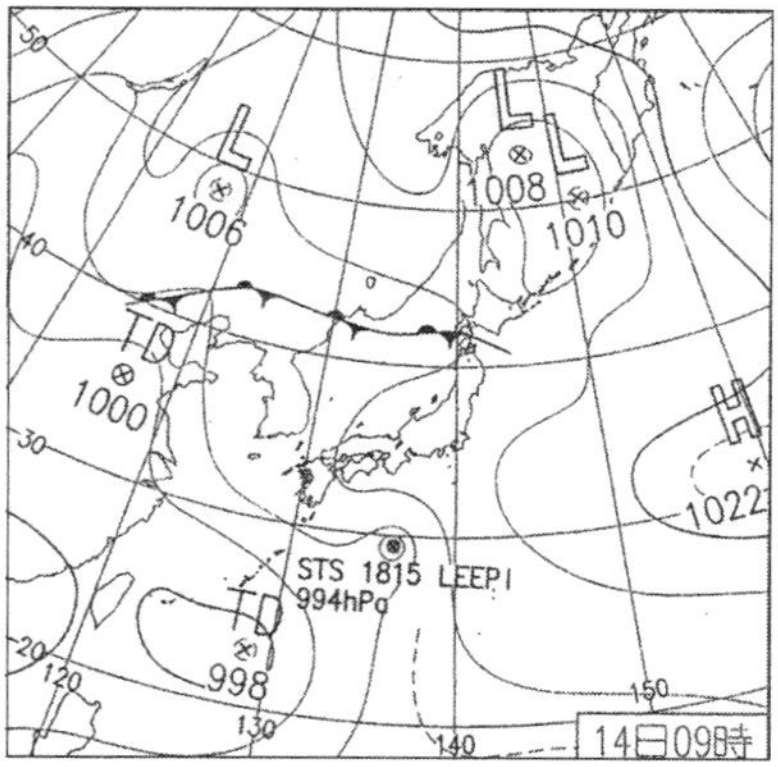

2018年8月14日09時

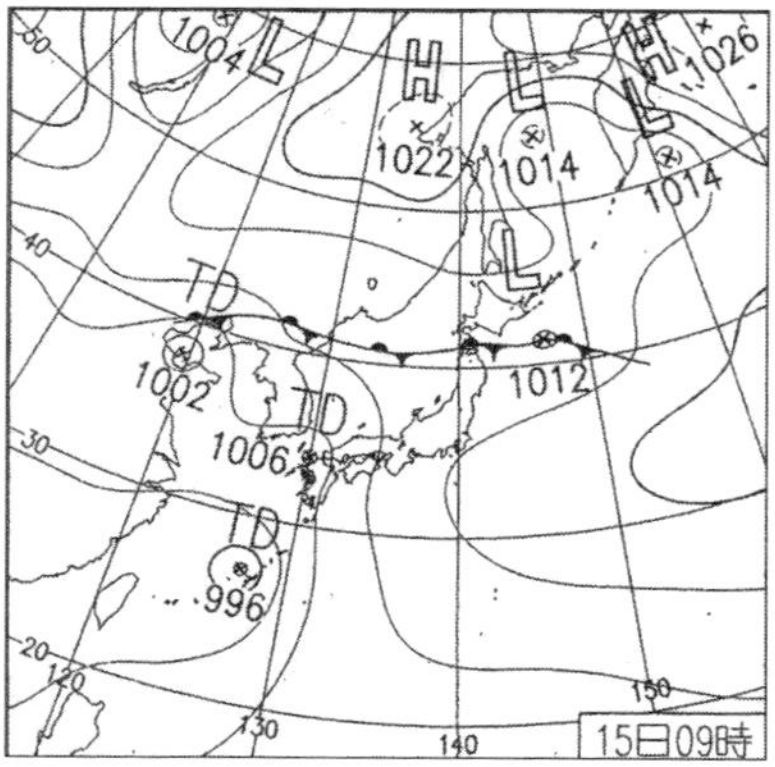

2018年8月15日09時

本日は定時に出港し、ほぼ追い風で半島北端の西浦崎を超え、糸島半島西部の岐志の津港に午後に入港した。午後は港付近の見聞が出来たと思うが、樹木生い茂り、見通しが悪く、船上からの眺めのように海岸線や地形の実見は出来ない事を思い知ったと思われる。

本日の航行は三〇キロメートルだった。

出発三日目。八月一五日、今日の天気は上図のとおり台風一五号が衰えて熱低となったが、九州北岸では雨の所が多く、局地的には強く降っているようだ。本日の岐志港から唐津市呼子《よぶこ》港間の天気は、曇り時々雨、風南東八〜一〇メートル毎秒、波高二・五メートル、視界三〜八キロメートル、と類推する。

本日は出港取り止めとなった。追い風だが風がやや強く雨模様の天気のため、無理しないと決めたのだ。船員は雨の時は、かぶり笠《がさ》して蓑《みの》を着て漕ぐが、やはり濡れる。ここで、賄いを述べると、漕手が順番で行ない、煮炊きもするが、主食は米麦だろう。副食は魚介と野菜類との煮付け位だろう。

出発四日目。今日、八月一六日は次図のとおり東支那海中部に台風一八号があって北西進している模様。また、低気圧が津軽海峡付

投馬国（八女市付近か）

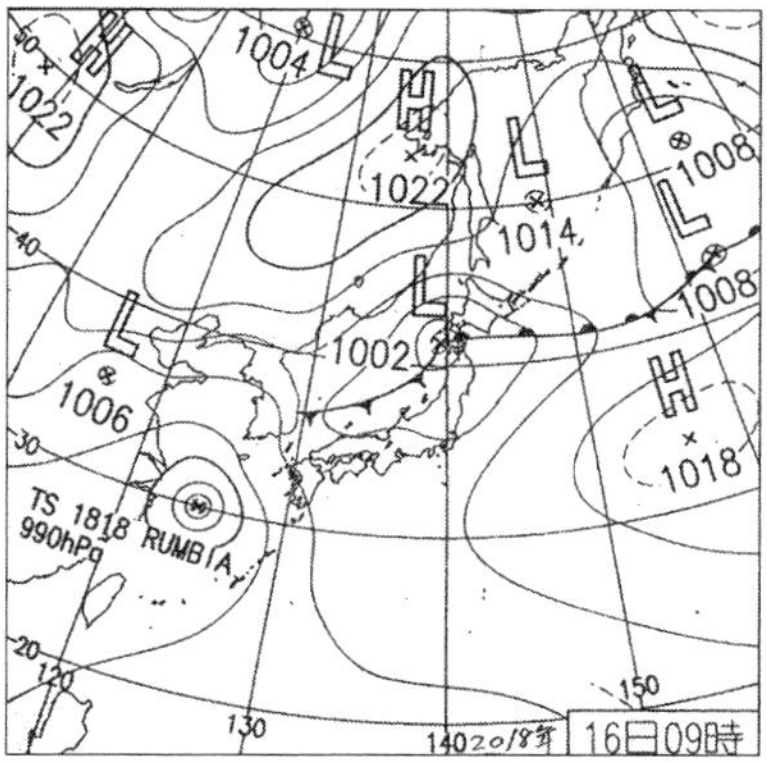

2018年8月6日09時

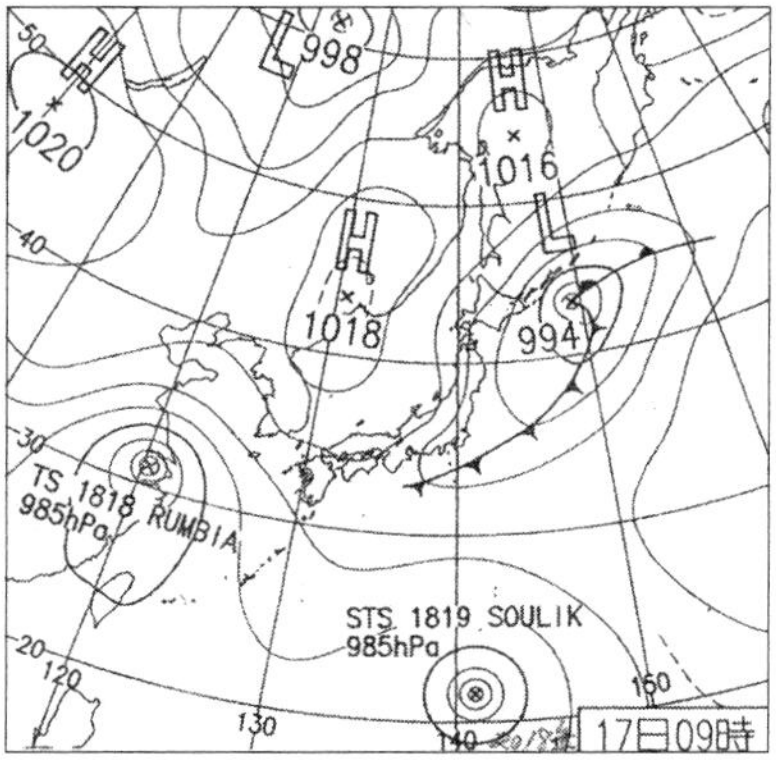

2018年8月17日09時

近にあって、日本海に伸びる前線を伴い北日本は大荒れ、九州は雲は多いが天気やや回復気味。本日の岐志港から呼子港間の天気は曇り一時雨、風南東六～九メートル毎秒、波高二・五メートル、視界八～一〇キロメートル、と類推する。本日は定時に出港した。

今日の岐志港から呼子港までは、追い風を受けて午後に到着できた。

午後は付近の見聞も出来て、岬では潜水し魚などを捕っている様子や、漁船が沿岸を忙しそうに往《ゆ》き交《か》っているさまを見る事が出来た。山や島や港の風景もスケッチした。本日の航行は二四キロメートルであった。

出発五日目。八月一七日、今日は上図のとおり台風は華中《かちゅう》に進み、九州付近は北方からの高気圧に覆われ始めたが、北風がやや強く吹いている。本日の唐津市呼子港から長崎県松浦市松浦港間の天気は晴れ時々曇り、風北寄り六～一〇メートル毎秒、波高二～三メートル、視界一五キロメートル、と類推する。本日は出港見合わせとなった。

玄界灘は北寄りの風が最も危険なのである。今日の航海で加部《かべ》

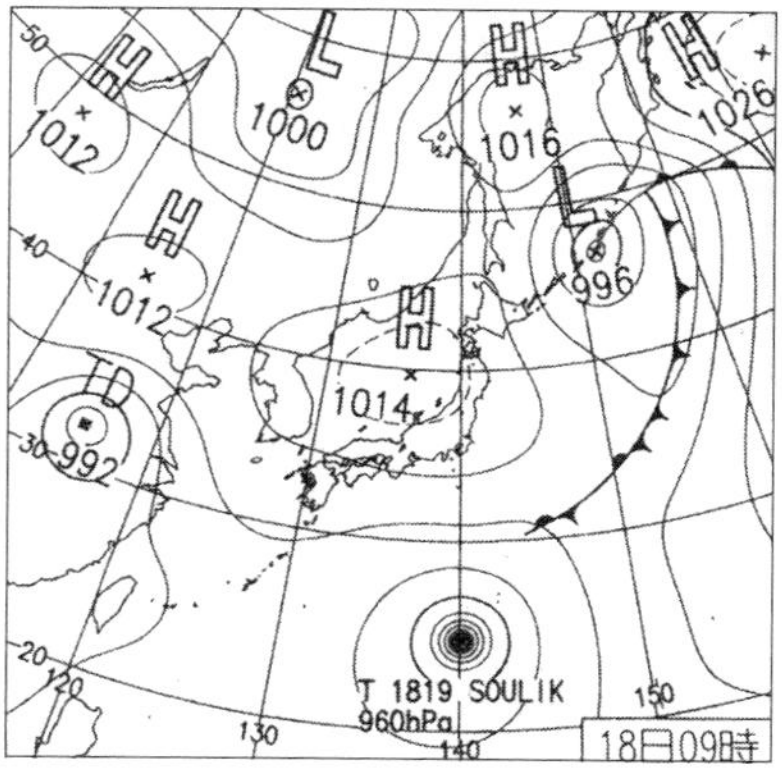

2018年8月18日09時

島《しま》を過ぎた所から、波戸岬《はどのみさき》を越えて日比《ひび》水道に入るまでの約一〇キロメートルの航路は、北風を真面《まとも》に受ける海域であり、波が高くなり易い。今日のこの航路は、特に横波を受ける所があり、出港見合わせとなったと思われる。その後、回復の見込み無く、出港取り止めとなった。

出発六日目。八月一八日、今日は上図のとおり日本海に中心を持つ高気圧が、広く本邦一帯を覆い晴れの所が多くなって風も幾分弱まってきた。

本日の唐津市呼子港から長崎県松浦市港間の天気は、晴れ、風北東五〜七メートル毎秒、波高一〜二メートル、視界二〇キロメートル、と類推する。

本日は定時に出港した。日比《ひび》水道《すいどう》を通過した所に、福島という大きな島が伊万里湾の入口を塞《ふさ》ぐように鎮座しているようにも見える。この島の南側の海域が伊万里湾とされ、二つと無い天然の風除《かぜよ》け波除《なみよ》けの地形を成している。ここは古《こ》から玄界灘《げんかいなだ》を行《ゆ》き交《か》う船の避難港だったはずだ。午後に入港、本日の航行は三六キロメートルだった。

出発七日目。八月一九日、次図のとおり台風一九号が硫黄島付近にあり、北上中の模様。一方、九州付近は高気圧の張り出しを受け、晴れている。本日の松浦市松浦港から佐世保市鹿町《しかまち》湾までの天気は、晴れ、風北東五〜七メートル毎秒、波高一〜二メートル、視界二五キロメートル、と類推する。

投馬国（八女市付近か）

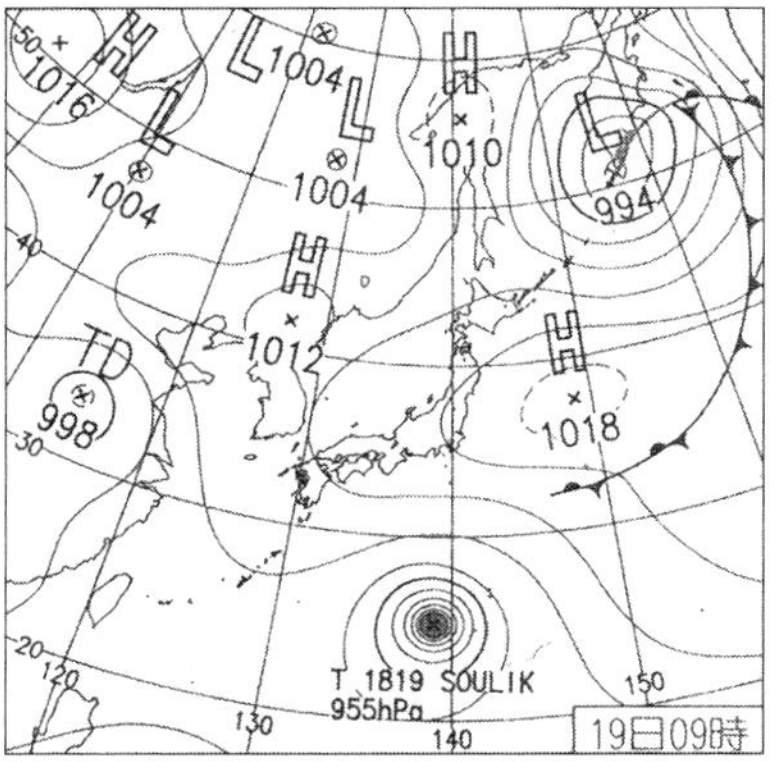

2018年8月19日09時

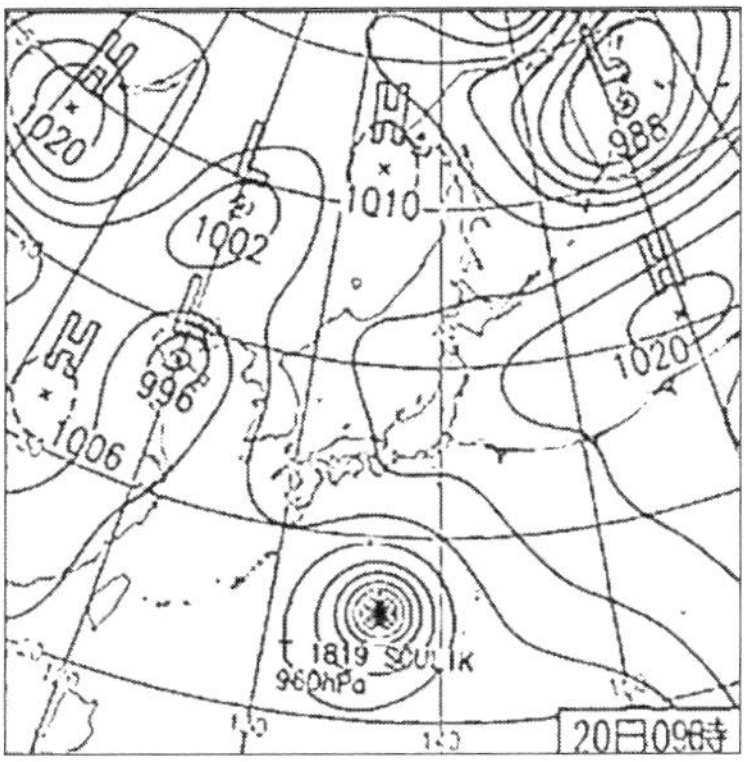

2018年8月20日09時

本日は定時に出港となった。

松浦市の西側に在る津崎鼻を越えると、ほぼ追い風となり、平戸瀬戸に入り二キロメートル進むと、瀬戸を抜けたという感じがする。後は弱い追い風を受けて進み、鹿町湾に午後入港した。この付近の海域は特に風光明媚《ふうこうめいび》で、心引《こころひ》かれる。この鹿町湾は天然の風待港だ。

本日の航行は二七キロメートルだった。

出発八日目。八月二〇日、今日は上図のとおり台風一九号が本州南方海上を北西進している模様であり、要注意。九州付近は、まだ高気圧の張り出しを受け、晴れている。

本日の鹿町湾から長崎県西彼杵《にしそのき》半島北部に在る太田和港にいたる天気は、晴れ、風北東六～八メートル毎秒、波高一メートル、視界二〇キロメートル、と類推する。

今日は陸側から吹くほぼ追風を受け、昼頃には太田和港に入港した。今日の航海は、九十九島とよばれる海域を通ってきた。この海域は、特に風光が抜きん出て優れ、二〇キロメートルにわたって続く一大景観地《いちだいけいかんち》だ。大小無数の島が点在し、あまり見ていると目を盗まれそうで怖《こわ》い。昼頃、呼子ノ瀬戸の太田和港に入港した。本日の

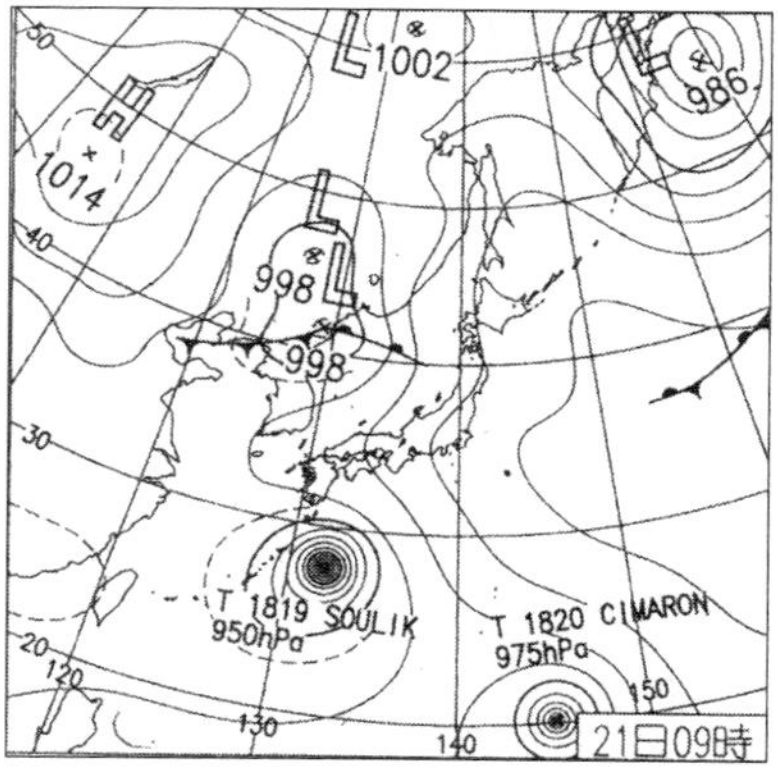

2018年8月21日09時

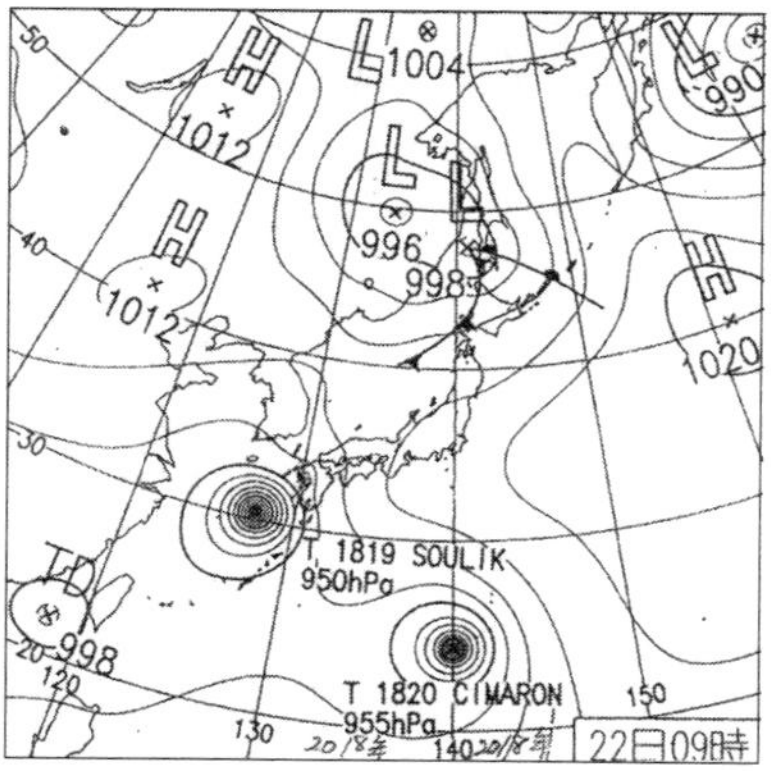

2018年8月22日09時

航行は三五キロメートルだった。

出発九日目。八月二一日、今日は台風一九号が上図のとおり、奄美大島南東にあって、北西進している模様だ。九州ではまだ晴れているが、明日から次第に天気崩れてきそう。本日のここ太田和港から長崎市多以良の津港までの天気は、晴れ時々曇り、風東寄り六〜八メートル毎秒、波高一メートル、視界一五キロメートル、と類推する。

本日は定時に出港した。今日は松島水道を抜けて角力灘《すもうなだ》に入り、間もなくして、長崎市多以良町の多以良川河口に在る津港に昼頃入港した。この港は角力灘の中間部に在って、奥深く入り込んだ湾の奥部に在り、入口の岬から四キロメートルばかり入った所に在る。ここは角力灘の貴重な避難港だったと思われる。本日の航行は三五キロメートルだった。

出発一〇日目。八月二二日、この日は台風一九号が上図のとおり九州西方海上にあって北西進している模様。九州では雲多く、所々で雨が強く降っていると思われる。

本日の多以良の津港から長崎半島脇岬《わきみさき》港に至る間の天気は、曇

投馬国（八女市付近か）

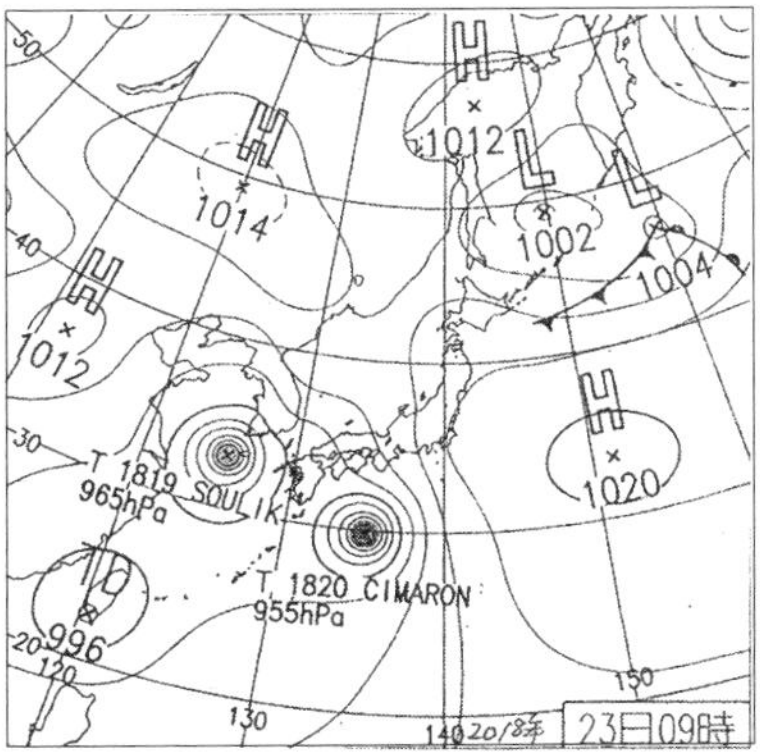

2018年8月23日09時

り時々雨、風南東八～一五メートル毎秒、波高二～三メートル、視界三～一〇キロメートル、と類推する。今日は近くに台風があり、雷雨や突風のおそれがある。

本日は出港取止めとなった。

ここ多以良の津港は西彼杵《にしそのき》半島南西部に在り、今は新長崎漁港が設置され、幅・奥行共におおよそ三キロメートルばかりはありそう。広い湾の主要部分は、漁港と卸売市場となって大変な賑わいを見せている。

出発一一日目。八月二三日、この日は、台風一九号が東支那海北部にあって北西進中、別の台風二〇号は本州南海上にあって北西進している模様。今日は九州では全域で天気悪化し、雷雨や突風が発生しそう。

本日の多以良の津港から脇岬港間の天気は、曇り時々雨、風南東～南八～一五メートル毎秒、波高二～三メートル、視界二～八キロメートル、と類推する。なお、雷雨や突風に要注意。本日は出港取止めとなった。夏場の時化は怖《こわ》い。雷雨と突風を伴う事が多いからだ。また、この現象は台風の接近時に多く発生するが、昔の船乗りは、うねりを見、海鳴《うみなり》を聞いて台風の接近を知った。

台風の中心は、北半球では風を背にして立つと、左手斜め前方にある。

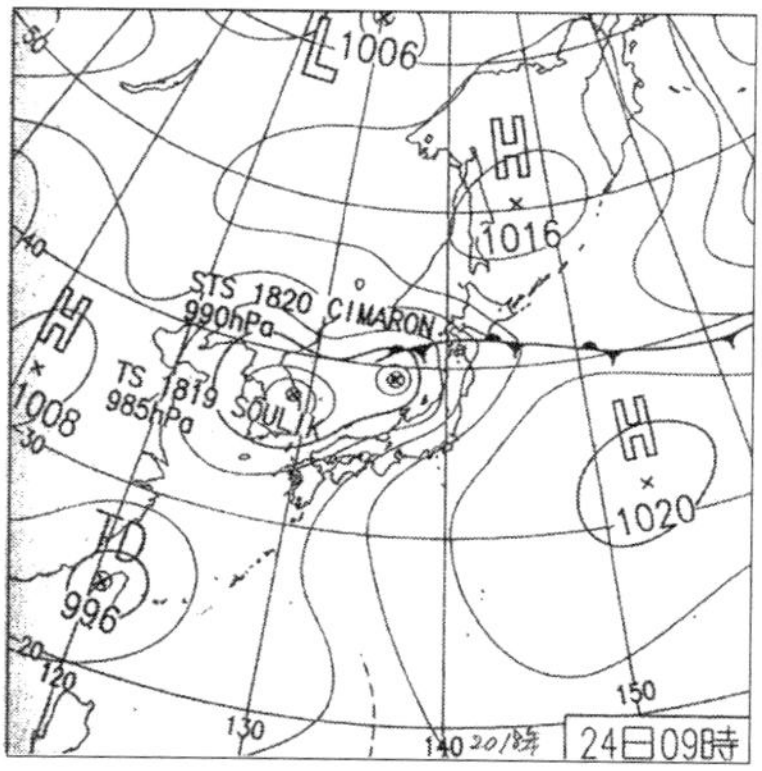

2018年8月24日09時

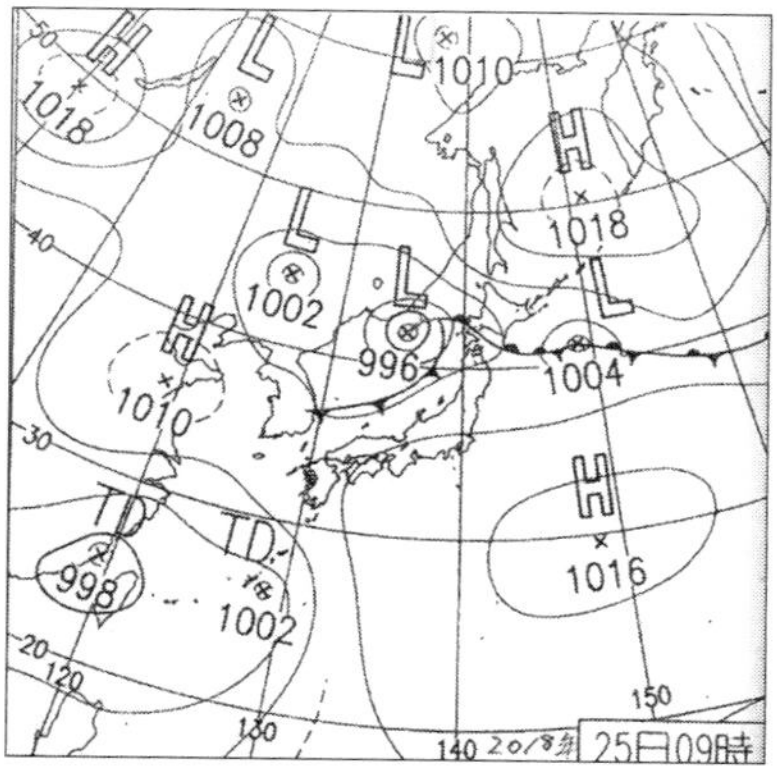

2018年8月25日09時

出発一二日目。八月二四日、この日は上図のとおり台風一九号は朝鮮半島に進み、二〇号は日本海中部まで北上した。九州付近ではまだ湿った空気の影響で雲多く雨の所もある。風は南西でやや強く吹きそう。

本日の多以良の津港から脇岬港に至る間の天気は、曇り一時雨、風南寄り八〜一〇メートル毎秒、波高二〜三メートル、視界五〜一〇キロメートル、と類推する。

本日は出港取止めとなった。

手漕ぎ船では、この風波は乗り越えられないと見たようだ。

今日までは台風の影響が残っていて凪待ち状態だが、船舶の航行では良くあることで、待てば海路の日和《ひより》はくる。これまで皆そうして来た。

出発一三日目。八月二五日、この日は上図のとおり台風一九号、二〇号共に温帯低気圧に変わり、北海道付近まで進んだ。九州付近は太平洋高気圧に覆われ始めており、天気は次第に晴れ間が多くなり回復しそう。

今日の多以良の津港から脇岬《わきみさき》港に至る間の天気は、晴れ時々曇り、

投馬国（八女市付近か）

風南東五～七メートル毎秒、波高一メートル、視界一五キロメートル、と類推する。

本日は定時に出港した。多以良港で四夜過ごしたが、昼間は歩行での見聞に出掛けたと思うが、この地は道が険《けわ》しく雑木《ぞうき》が密生し、港外集落への見聞はできなかっただろう。島や海岸線や地形を実見《じっけん》出来るのは、船上からだけだったと思う。午後に入港した。本日の航行は二七キロメートルだった。

出港一四日目。 八月二六日、今日は上図のとおり太平洋高気圧が九州を覆い始め、九州各地は晴れの所が多くなった。

本日の脇岬港から島原半島加津佐《かづさ》港までの天気は、晴れ一時曇り、風南東五～七メートル毎秒、波高二メートル、視界一五キロメートル、と類推する。

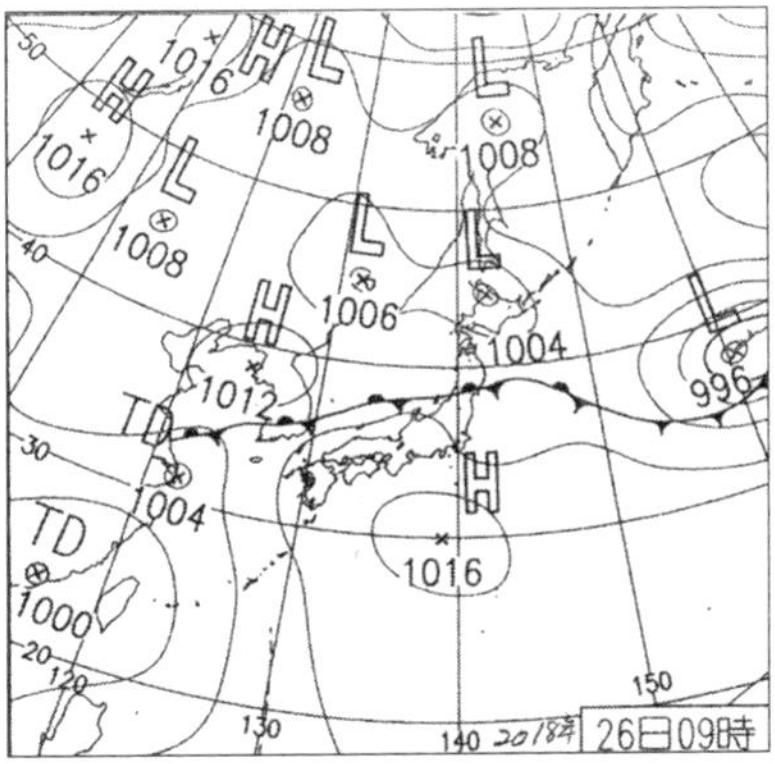

2018年8月26日09時

本日は夜明けと共に出港した。

船頭は、早く加津佐港に着きたい気持ちが強いはずだ。ここまで進めば、あと早崎《はやさき》瀬戸を越えると島原湾に入り、内海《うちうみ》航路となる。内海と外海では、風速が同じでも波の高さが大きく違う。これは、吹走距離や吹走時間、水深などにより違って来るからだ。弱風時の波高はほぼ同じだが、時化ると外海《そとうみ》の波高は内海の数倍に達する。本日の航行は二七キロメートル。

出発一五日目。 八月二七日、今日は次図のとおり九州は太平洋高気圧に覆われ、晴れの所が多いが、一部の地域では雷雨も発生

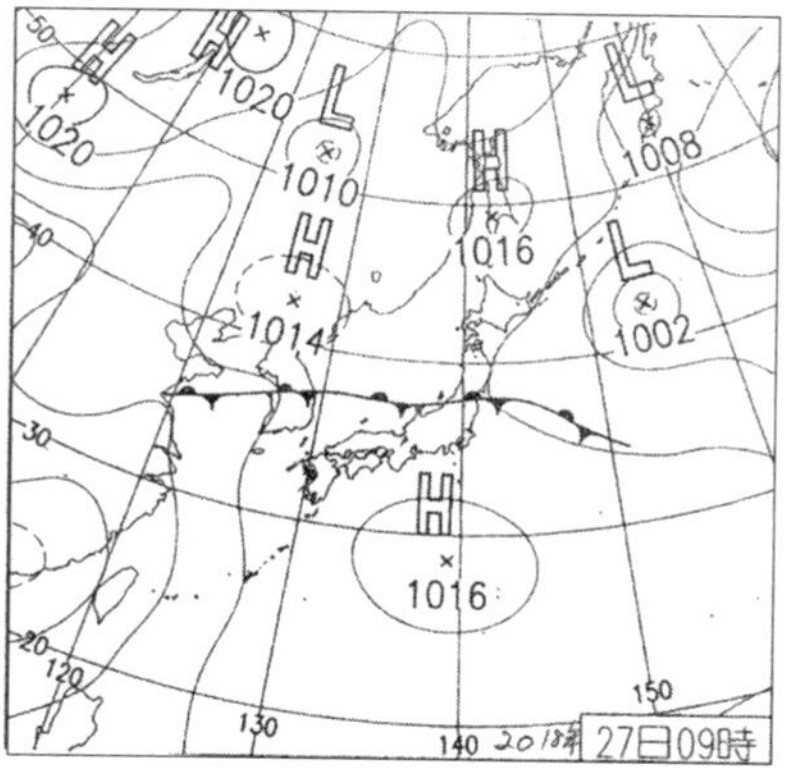

2018年8月27日09時

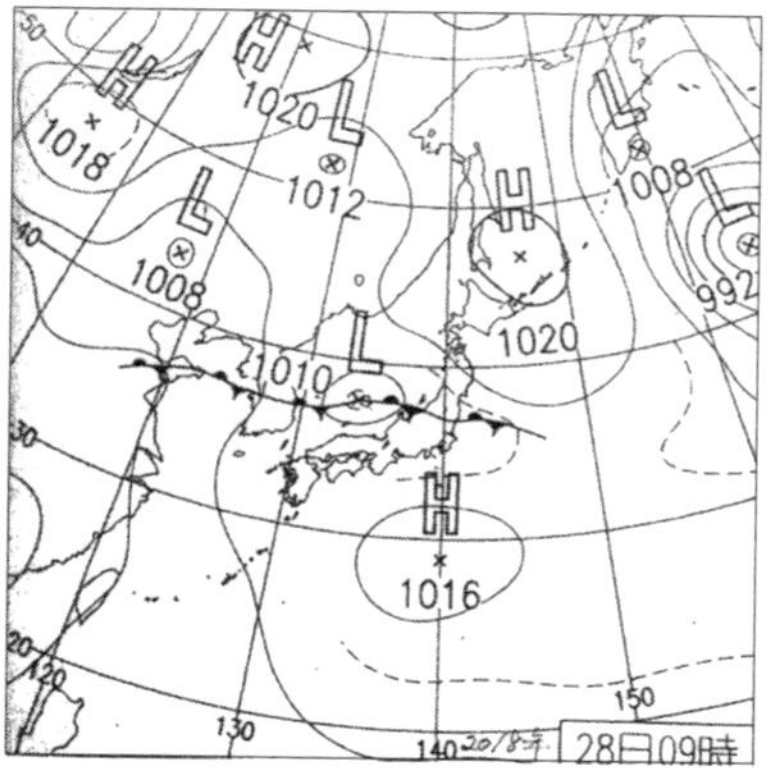

2018年8月28日09時

しそうだ。

本日の加津佐港から島原港までの天気は、晴れ時々曇り、風南東五〜七メートル毎秒、波高一〜二メートル、視界一五キロメートル、と類推する。

本日は定時に出港した。天草の島々や宇土半島を右手に見て横風を受けながら進んでいると、前方に朧《おぼろ》げながら陸地が見え、邪馬台国（女王の都の所）らしき所が見えてきた。

明日は、その北にある投馬国を目指し、大牟田の港まで進むことになる。今日は航路の沿岸を余《あま》さず観察し、昼頃入港した。本日の航行は三二キロメートルだった。

出発一六日目。八月二八日、今日は上図のとおり九州付近は太平洋高気圧に覆われ、晴れている。所々夕立《ゆうだち》があるほか、天気の崩れはないだろう。

本日の島原港から大牟田の港までの天気は、晴れ一時曇り、風南東五メートル毎秒、波高一メートル、視界一五キロメートル、と類推する。

本日は定時出港となった。

投馬国（八女市付近か）

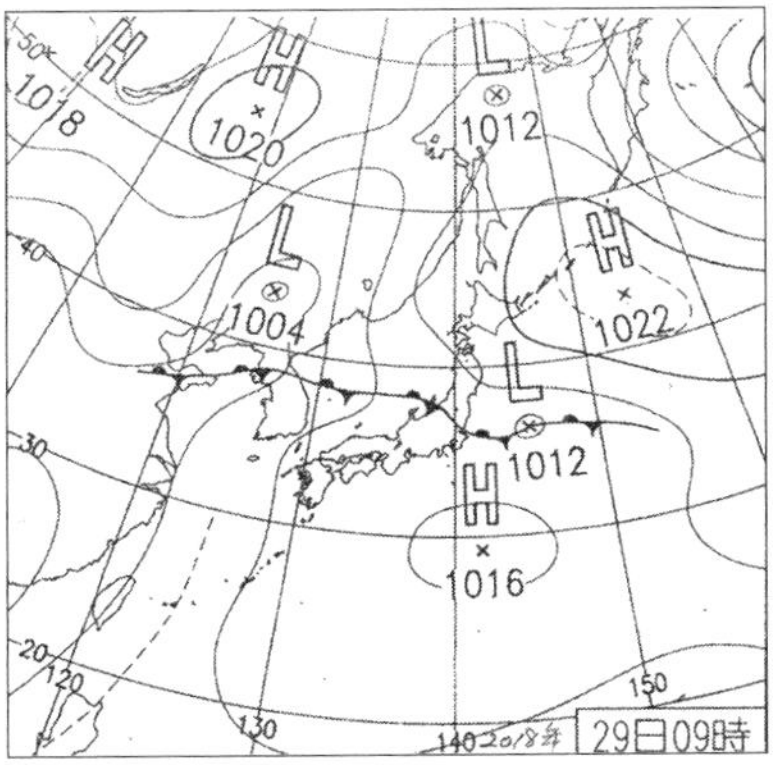

2018年8月29日09時

雲仙岳が真後《まうし》ろに見える所まで進むと、有明海の北端が見えて来た。

もう筑後の国南部に在る大牟田の港は近い。検証二〇日の航海は九分どおり済んだ。だが「航海は九分にして半ばと思え」と何時も教えられた。

本日は昼に入港、本日の航行は二七キロメートルだった。

出発一七日目。八月二九日、今日の天気は上図のとおり九州は太平洋高気圧に覆われ晴れの所が多いが、所々で夕立がある模様。だが大きな崩れは無いようだ。

今日の福岡県大牟田市から同県八女市に至る間の天気は、晴れ一時曇り、風南東五～七メートル毎秒、波高一メートル、視界一五キロメートル、と類推。

本日は定時出港、矢部川河口で下船。川船にて午後、八女《やめ》中心部に到着、下船。本日の航行は二五キロメートル。

次に検証航海を集計する。航海日数一七日、悪天欠航五日、航行日数一二日、航行距離三五五キロメートル（一日平均二九・六キロメートル）。水行二〇日に対する検証航海日数は一七日であったので、適合率八五パーセント。投馬国の場所の比定は妥当であると考えたい。

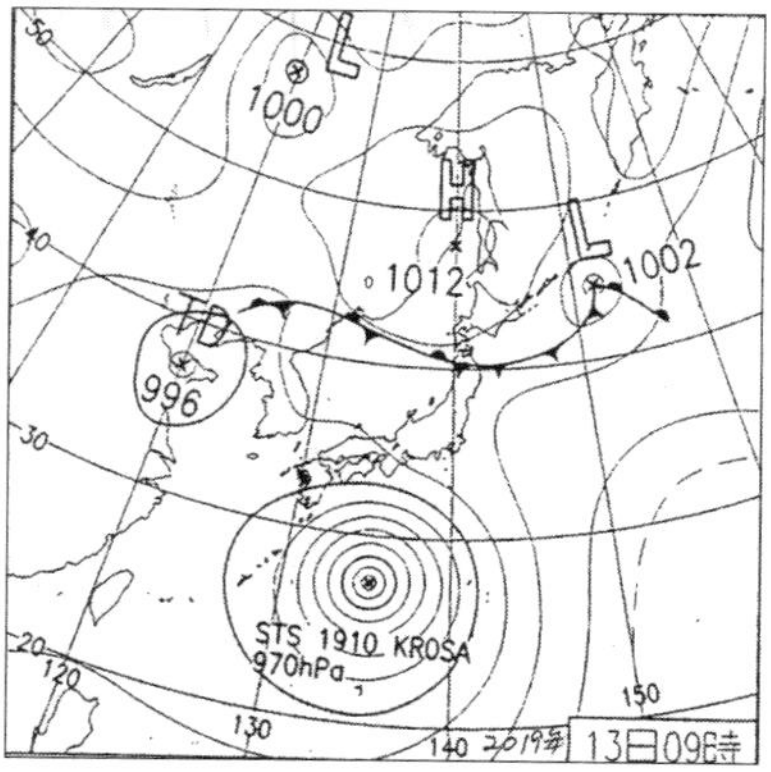

2019年8月13日09時

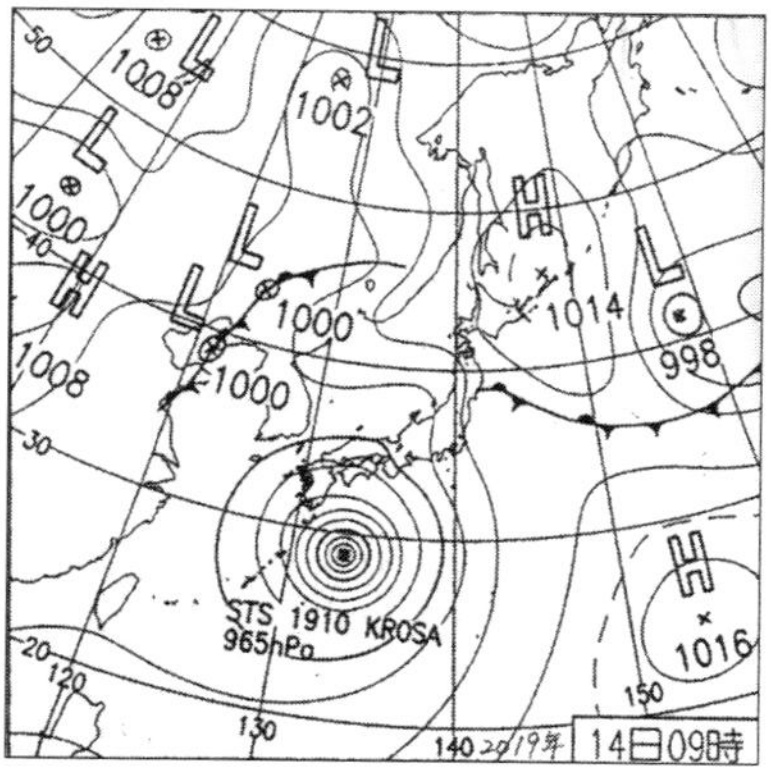

2019年8月14日09時

二　二回目

出発一日目。二〇一九年八月一三日、この日の天気は上図の通り台風一〇号が四国南方海上にあって、北西進している模様である。九州では晴れや曇りの天気となっているが、明日は北東の風が強まり雨も降って、海上は時化て来そうだ。その後の天気は台風の進路によって、風向も風速も大きく変化するので要注意。本日の福岡市多々良川河口から同市西区瑞梅寺《ずいばいじ》川河口間の天気は晴れ後くもり、風北寄り六〜八メートル毎秒、波一・五メートル、視界一五キロメートル、と類推する。

本日は朝早くから川船や外海《そとうみ》用の小型船を使って午後、瑞梅寺《ずいばいじ》川河口の津港に到着した。この津港ほど風波に強い港は滅多《めった》に無いだろう。本日の航行は川海《かわうみ》合計三〇キロメートルだった。

出発二日目。八月一四日、この日は台風一〇号の北上で、九州では雨になって風も少し強まって来た。本日の天気は上図の通り台風の影響で次第に悪化しそうで有り、要注意。本日の瑞梅寺川河口から岐志港間の天気は、雨、風北寄り八メートル毎秒のち一五メート

投馬国（八女市付近か）

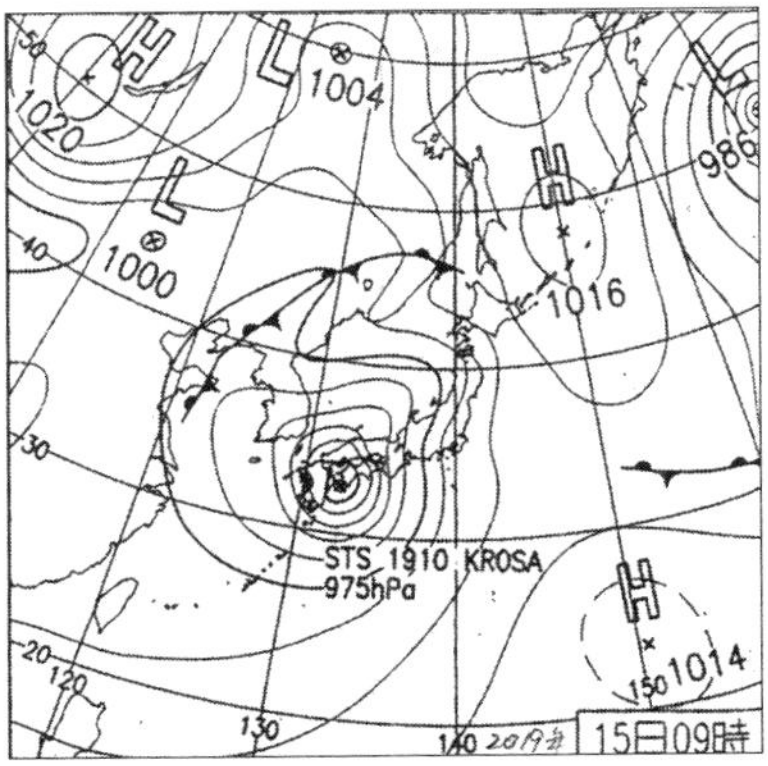

2019年8月15日09時

ル毎秒、波三のち四メートル、視界一～五キロメートル、と類推する。

本日の糸島半島北岸は、時化てきそうだ。台風が東側を通る時は、北のち北西の風が強く、西側を通る時は東のち南東のち南風が強くなる。航海中はこれを念頭に避難港を定めて置かなければ失敗する。本日は出港取り止めとなった。風雨のため、沖繋《おきがか》り中の船内生活で一歩も外に出られず、郡使達はさぞかし侘《わび》しさが身に沁《し》みただろう。

出発三日目。八月一五日、この日は上図の通り台風一〇号が豊後水道《ぶんごすいどう》を北上している。九州北部は北寄りの風が強く、雨も強く降って時化ている。

本日は出港取り止めとなった。本日の瑞梅寺川河口の天気は、雨、風北のち西一五メートルのち一〇メートル毎秒、波（港内〇・五メートル）、視界一キロメートルのち一〇キロメートル、と類推する。

この台風一〇号は今月七日にグアム島北西海域で台風となったものだが、今日発生から八日目となり、人間で言えば九〇歳代に相当し、女王・卑弥呼の没年《ぼつねん》に近い年《とし》だと不図思った。あっ、卑弥呼様、御免。つまり、台風にも寿命が有ると言うこと。台風名の付く期間は平均七日位だが、最高一九日がある。この高寿は、真夏の迷走《めいそう》台風がほとんどを占《し》める。

出発四日目。八月一六日、台風一〇号は日本海中部まで北上し、

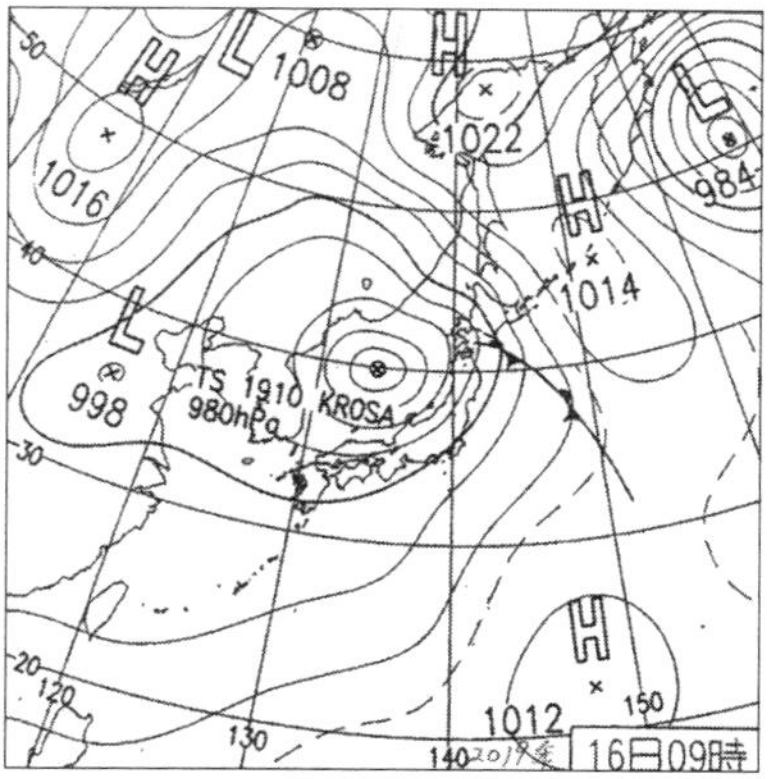

2019年8月16日09時

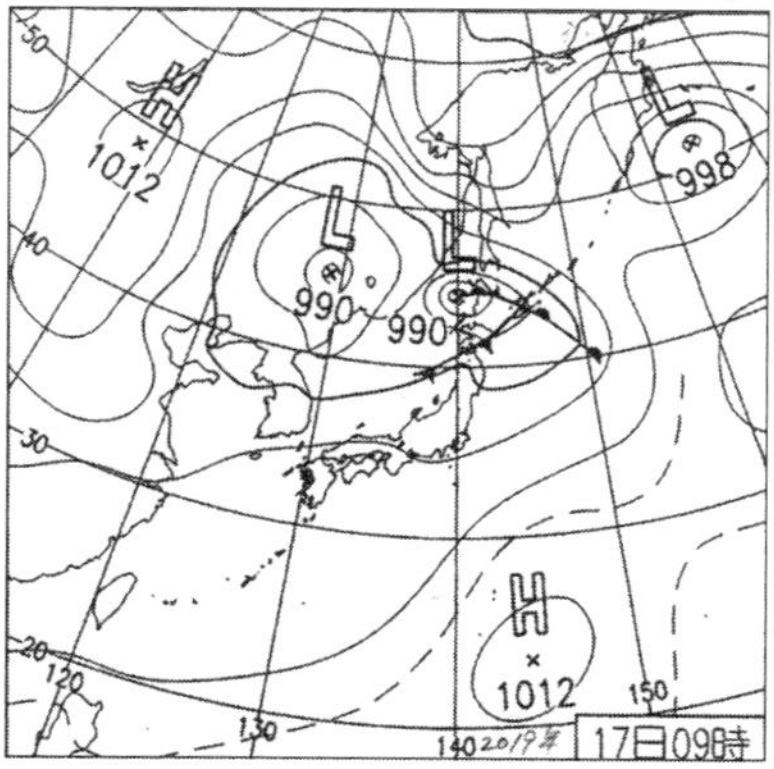

2019年8月17日09時

弱まり始めた。九州では天気はすっかり回復し、夏空が戻って来た。本日の瑞梅寺川河口から糸島氏岐志の港までの天気は、くもり後晴、風南西七メートル毎秒、後五メートル毎秒、波二メートル、後一メートル、視界二〇キロメートル、と類推する。糸島半島北端の西浦岬では、波を被《かぶ》る事もあろうが、淦汲《あかく》み役を用意して置けば乗り切れる筈だ。岬を越したら岸辺に寄って漕げば、波も次第に収まろう。

岬で越せない程波が高ければ暫く待てば越せるようになるだろう。

船底に溜《たま》った淦《あか》は復源力回復のため直ちに吸み出す事だ。本日は定時に出港した。郡使は海岸線や島嶼《とうしょ》のスケッチも終え、岐志の港に午後、入港した。本日の航行は三〇キロメートル。

出発五日目。八月一七日、この日九州付近は太平洋高気圧に覆われ、晴れて猛暑となろう。本日の岐志港から唐津市呼子港までの天気は上図の通り高気圧の中にあり晴れ、風南西三メートル毎秒、波〇・五メートル、視界二〇キロメートル、と類推する。このように波も風も無いような日、ひたすら暑さに耐えるしか無いが、漕ぎ手は襤褸《ぼろ》（どんざ）を着て、昔《むかし》江戸の町火消しがしたように、どんざ毎《ごと》水を被ると体が冷《ひ》えて力が出るようになる。町火消しは火傷《やけど》を防

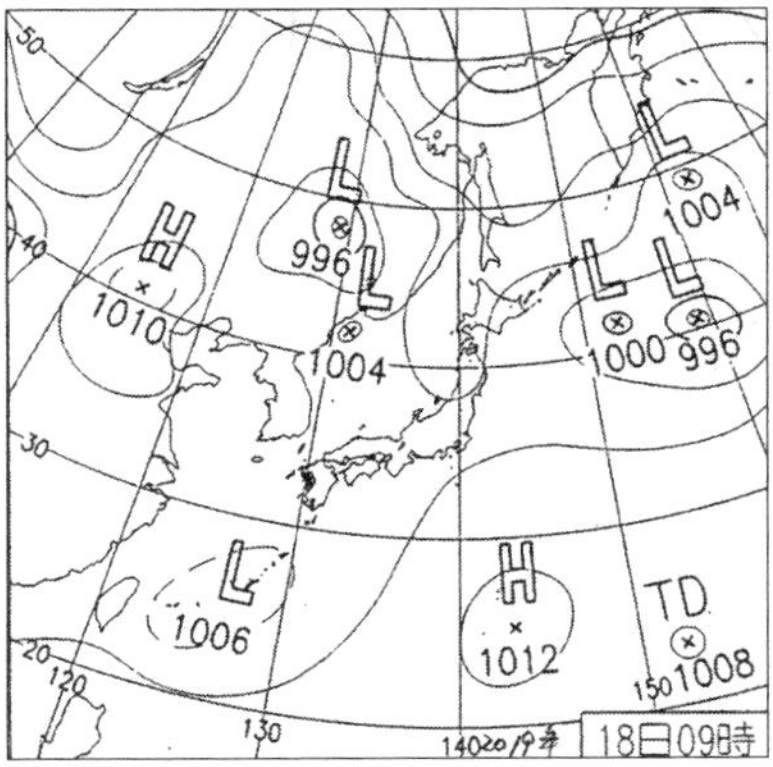

2019年8月18日09時

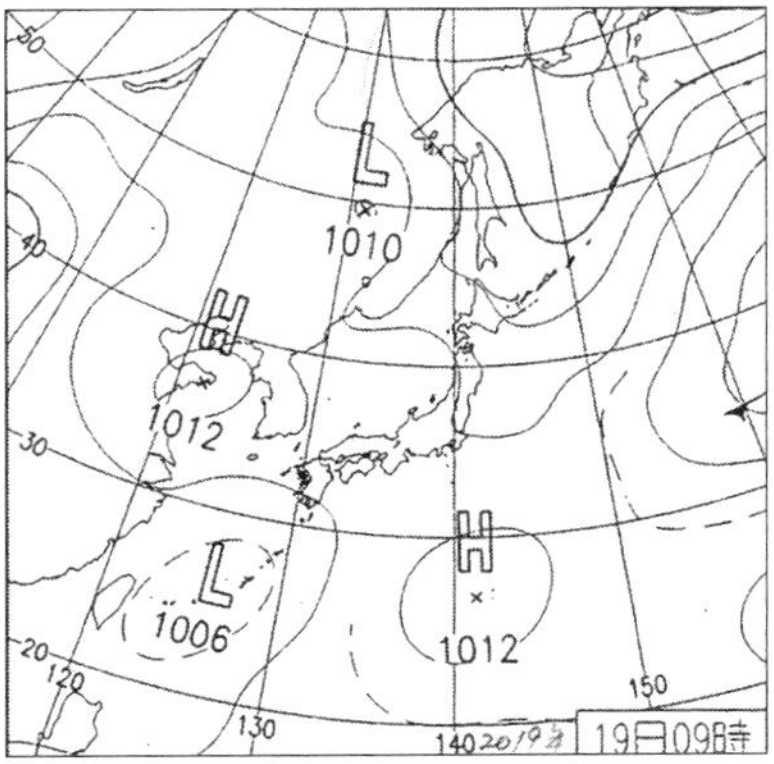

2019年8月19日09時

ぐため、軒下に置いてある桶の水をどんざ毎被《ごとかぶ》り、火の中に入ったとされる。本日は定時に出港、この航路のように風光明媚《めいび》な地形を眺め乍らの航路は、暑さを癒《いや》される。午後には呼子の港に入港した。本日の航行は二四キロメートル。

出発六日目。まだ太平洋高気圧の勢力下にあるが、気圧の谷の接近で、くもりの所が多い。本日の呼子港から長崎県松浦市西部の松浦港までの天気は、曇り、風北西三メートル毎秒、波〇・五メートル、視界一五キロメートル、と類推する。

本日は定時出港した。この航路は起伏に富む沿岸の島々を縫《ぬ》うようにして進み、周囲を眺める余裕があると、その明媚《めいび》さでは、どこにも引けを取る事は無い不思議の国のようだと判る。

この航路の途中には、どこまでも続くような深く入り込んだ湾がある。ここを通る度に湾奥部を覗《のぞ》くが、鎮座する島に隠れ遂に見えなかった。そこは伊万里湾とある。本日の航行は三〇キロメートル。松浦港に午後、入港した。

出発七日目。八月一九日、この日九州では上図のとおり沖縄付近にある低気圧から北に伸びる気圧の谷があるため、くもりで南部では雨の所もある。

　本日の松浦市西部の松浦港から佐世保市鹿町湾の港間の天気は、くもり、風北寄り五メートル毎秒、波一メートル、視界一〇キロメートル、と類推する。

　本日は定時出港した。

　松浦港を出ると、北方約四キロメートルの所に津崎鼻が在る。そこから南西約一〇キロメートルで平戸瀬戸だが、冬場は季節風で波が高く、小型手漕ぎ船でこの一〇キロメートルを越せる日は滅多に無い。しかし、どんなに強い季節風でも三日も吹けば一旦収まる。瀬戸では潮流に乗って進む。本日午後、鹿町港に入港、航行距離は二七キロメートル。

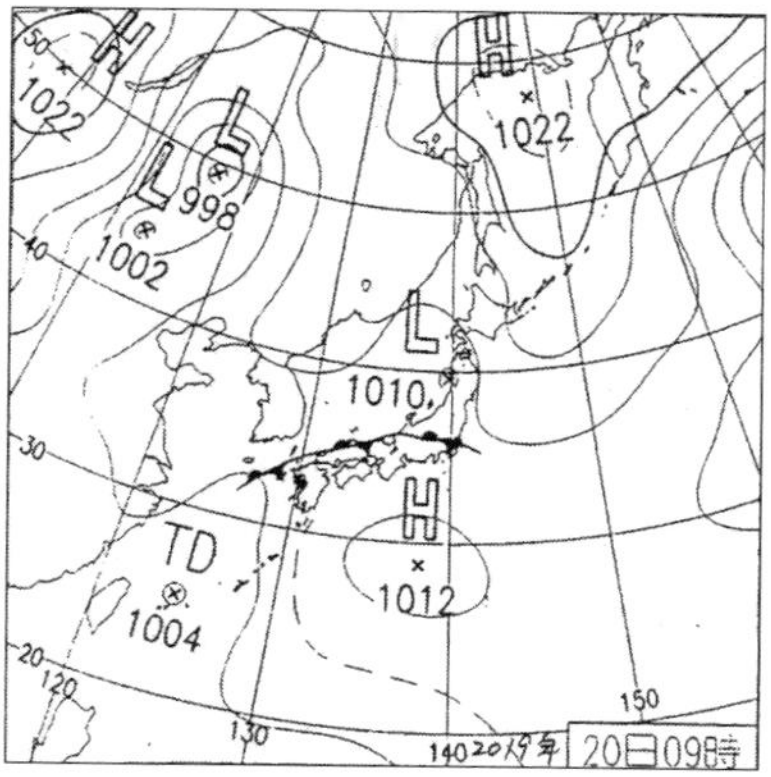

2019年8月20日09時

出発八日目。八月二〇日、この日は上図のとおり九州北岸に前線が発生し、停滞している。東支那海南部には熱帯低気圧が発生、九州では湿った空気の流入で雨が降り、強く降っている所もある。

　本日の佐世保市鹿町港《しかまちこう》から長崎県西海《さいかい》市太田和港間の天気は、雨、風南東五〜八メートル毎秒、波一〜一・五メートル、視界一〜五キロメートル、と類推する。

　尚、本日は強い雷雨の恐れがある。

　本日は出港取り止めとなった。

　この航路は、九十九島の絶景《ぜっけい》を粗方《あらかた》見渡せる航路だが、強い雨の

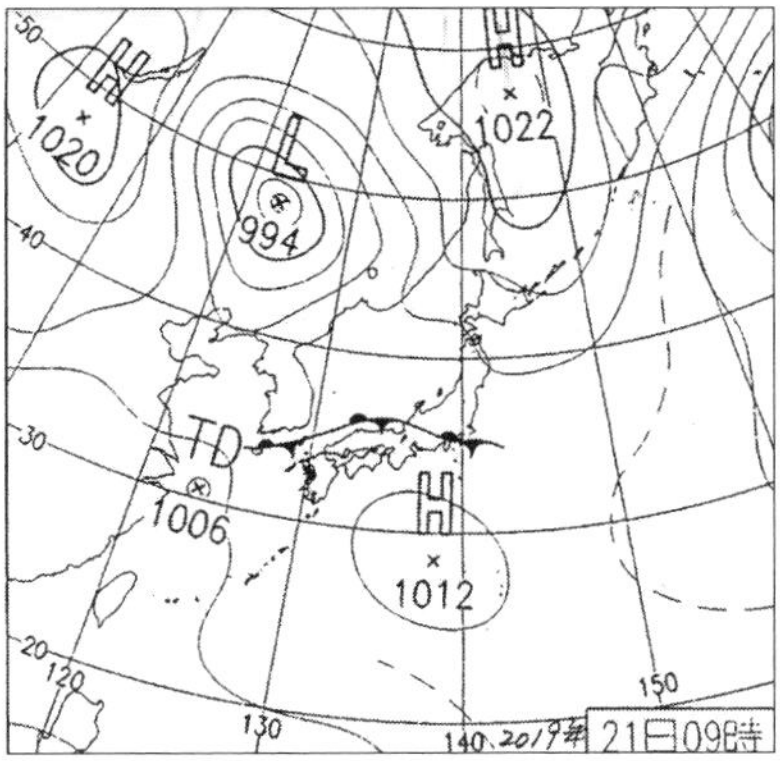

2019年8月21日09時

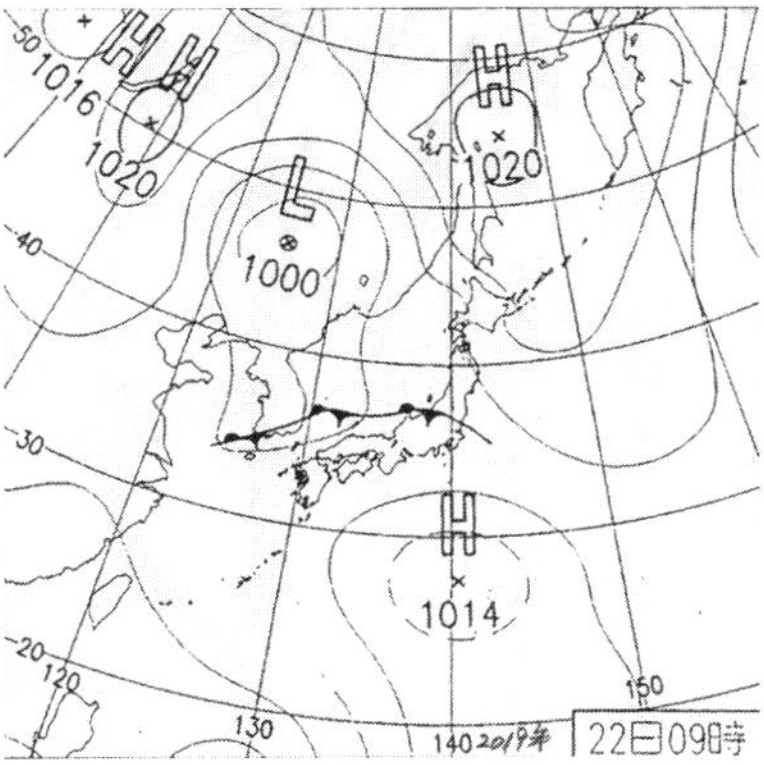

2019年8月22日09時

中、折角《せっかく》来られてもお見せ出来る物は何も無い、と言って竜宮の女神がきっとお叱《しか》りになられよう。女神が微笑《ほほえ》むのは晴れた日だけと聞いた。

出発九日目。八月二一日、この日は上図のとおり前線が朝鮮海峡まで北上し、九州では晴れの所が多い。

本日の鹿町港から太田和港間の天気は、晴れ、風南寄り三〜五メートル毎秒、波高一〜一・五メートル、視界一五キロメートル、と類推する。

本日は定時出港した。

前日の雨が嘘《うそ》のように、晴天となった。今日は微笑む女神に必らず逢えると誰かが言って、気合を入れ直し乍ら漕いでいる。風は弱いが向い風は船足が鈍る。船頭は、左手に舵棒《かじぼう》を持ち、右手で水棹《みさお》を縦《たて》に持って船の敷板《しきいた》を突《つ》いて漕ぎの音頭《おんど》を取っている。皆頑張《がんば》って午後、太田和港に着いた。微笑《ほほえ》む女神を見る暇はなかった。本日の航行は三三キロメートル。

出発一〇日目。八月二二日、この日は上図のとおり前線が朝鮮半島南部まで北上しているが、九州付近は気圧の谷となっており、湿った空気が入り易く、小雨の所がある。本日の太田和港から長崎県多以良港の天気は、くもり時々雨、風南寄り五メートル毎秒、波高一～一・五メートル、視界五～一〇キロメートル、と類推する。

本日は定時出港した。真夏の曇り空や小雨は有り難い。しかし滅多に無い。

今日も風は弱いが向い風で、漕ぎ手に気合を入れ乍らの航行となろう。一方、情報係の郡使は長い海岸線を時間をかけて実見出来て、地形のスケッチも存分に出来、成果を上げている事だろう。午後、多以良港に入港できた。

本日の航行は三五キロメートルだった。

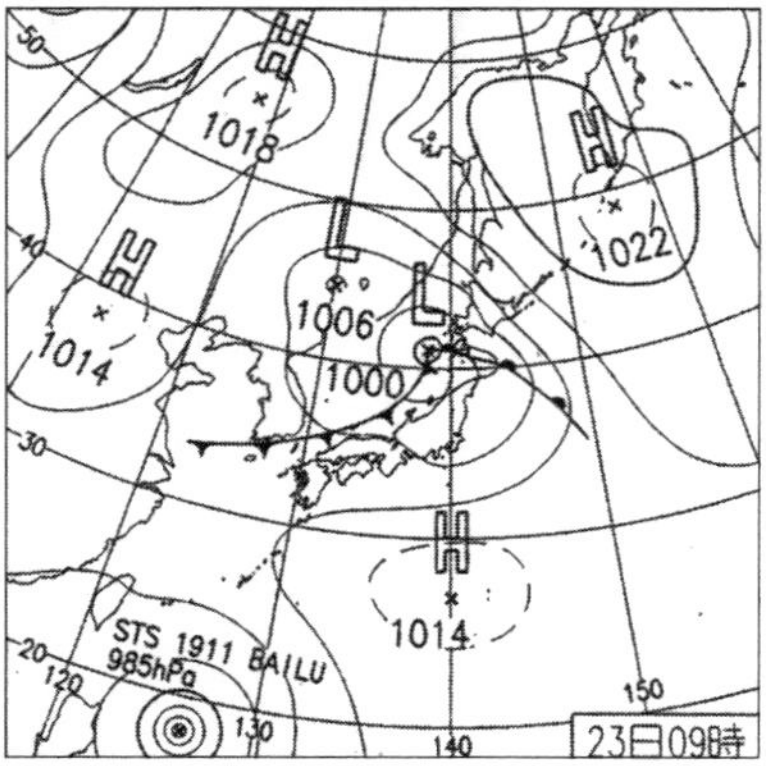

2019年8月23日09時

出発一一日目。 八月二三日、この日は上図のとおり寒冷前線が朝鮮半島南岸にあって南下中であり、活発化しているようだ。九州では、今日は雨の所が多くなろう。本日の多以良港から長崎半島脇岬港間の天気は、雨、風南西五～八メートル毎秒、波高一～二メートル、視界二～一〇キロメートル、と類推する。

本日は出港取り止めとなった。

船頭は漕ぎ手の疲労を考えて、雨で向かい風の中を行くよりも休養を与えたいと考えたのだろう。手漕ぎの昔この灘は、冬場は北西の風で時化て渡れず、夏場は南西の風で南行船は難渋《なんじゅう》した海だ。この角力灘《すもうなだ》は渡る時、角力《すもう》取る程の力を要した事で付いた名だといつ

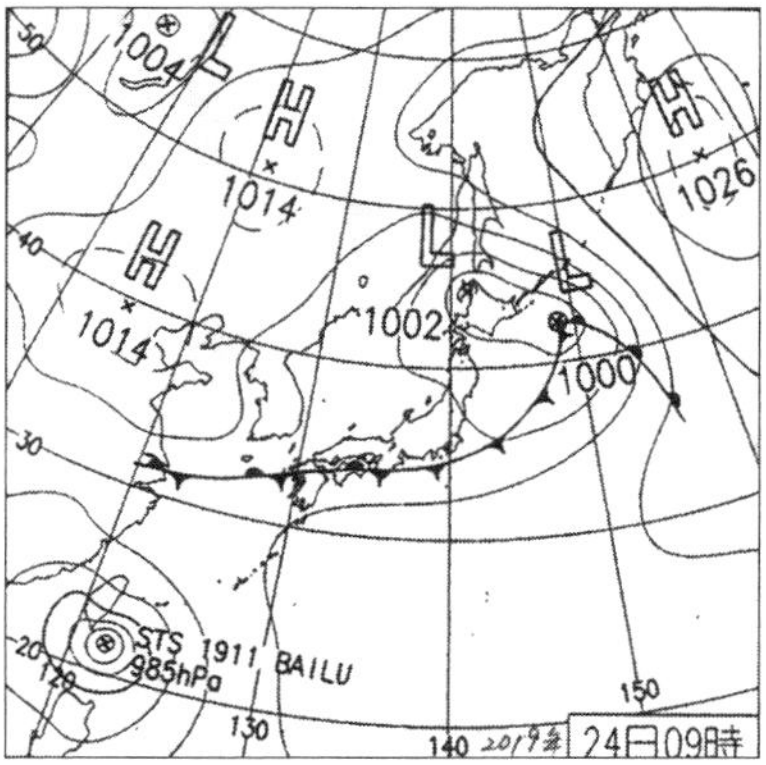

2019年8月24日09時

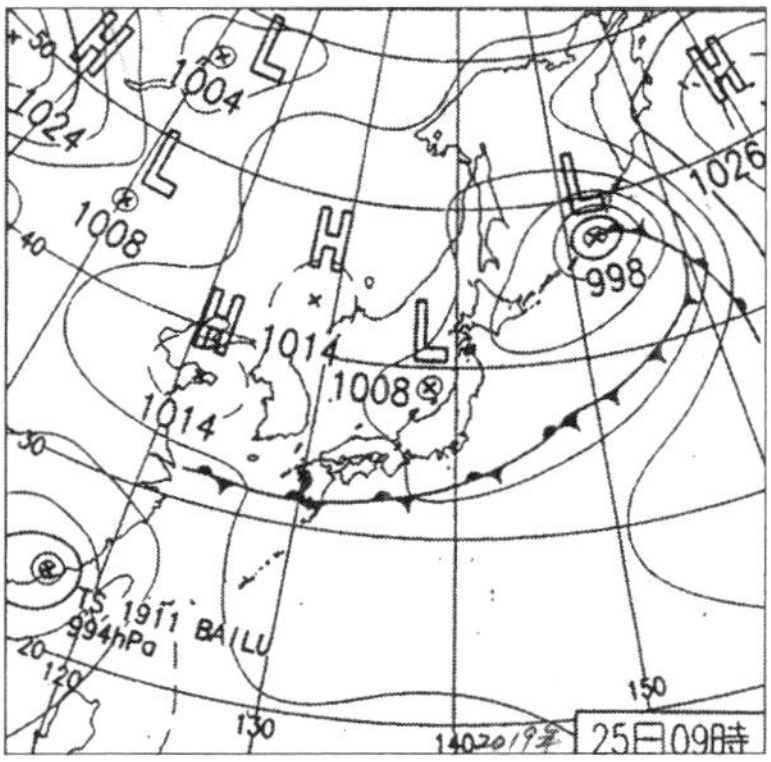

2019年8月25日09時

も思うが、由来《ゆらい》は知らない。

出発一二日目。八月二四日、この日は前線が九州北部にあって停滞しているが、活動が弱まっているようだ。九州では雨のところが多いが、大きな崩れはないようだ。

本日の長崎県多以良港から同県脇岬港間の天気は、くもり時々雨、風南西五メートル毎秒、波高一メートル、視界五〜一〇キロメートル、と類推する。

本日は定時出港となった。

船頭は、真顔で水棹《みさお》を握《にぎ》り、掛け声の後、板を突く「よいしょ」ドンとなる。この音に促《うなが》されるように力を振り絞って黙《もく》々と漕いでいる。この音頭《おんど》を止《と》めると直ぐに船足が鈍《にぶ》る。向かい風と向かい潮の灘を渡る時、水棹《みさお》で敷板を突く音が力の根源となる。午後には脇岬港に入港できた。本日の航行は二七キロメートル。

出発一三日目。八月二五日、この日は上図のとおり前線が九州南岸まで南下し、停滞している。黄海には弱いながら高気圧があって、九州に張り出している。九州南岸では雷雨となるところもあるだろう。

本日の長崎県脇岬港から同県加津佐港までの天気は、くもり時々雨、風北寄り五メートル毎秒、波高〇・五〜一メートル、視界五〜一〇キロメートル、と類推する。本日は定時出港となった。今日は陸側から吹く風のため、波が小さく、風も弱く、真夏とは思えない涼しさを感じる。少しの雨は真夏には有難い恵みの雨だと、特に漕ぎ手は喜ぶ。この暑さの和《やわ》らぎは、前線南下のためだが、当時は多分、神の賜りと受けたはずだ。午後、加津佐港入港、本日の航行は二七キロメートル。

出発一四日目。 八月二六日、この日は高気圧が日本海に進み、九州南岸にある前線が北上する気圧配置となった。また、気圧の谷が西方から近づきつつある。湿った空気の流入が起こり、前線が活発化する恐れもある。九州では本日、雨のところが多くなりそう。雷雨に要注意。

今日の加津佐港から長崎県島原港間の天気は、雨、風南東五メートル毎秒、波高一〜一・五メートル、視界二〜五キロメートル、と類推する。

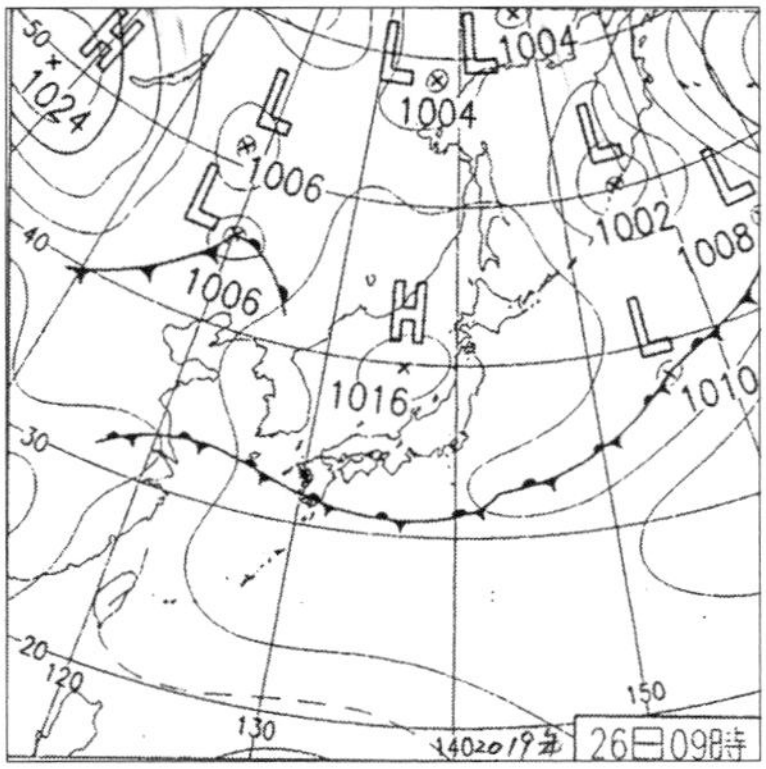

2019年8月26日09時

本日は出港取り止めとなった。

前線が停滞している時、気圧の谷が接近すると前線は北上するが、活発化して南側で大雨や雷が多発するので夏場は特に注意を要する。三日待てば海路の日はほぼ来る。

出発一五日目。 八月二七日、この日は前線は北上したが、九州は気圧の谷に入って湿った空気が流入し、大雨の恐れがある。雷雨に注意が必要。

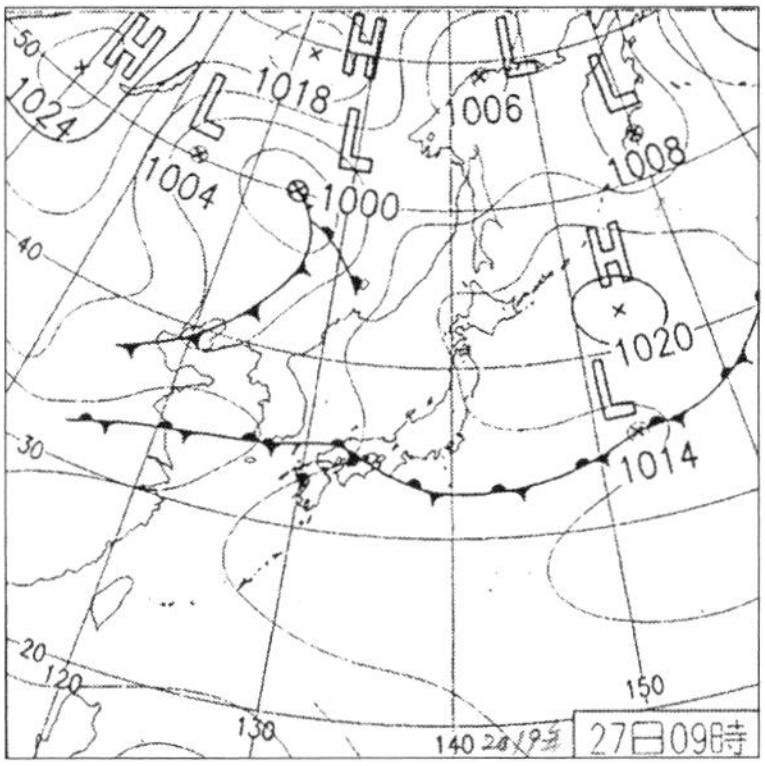

20198月年27日09時

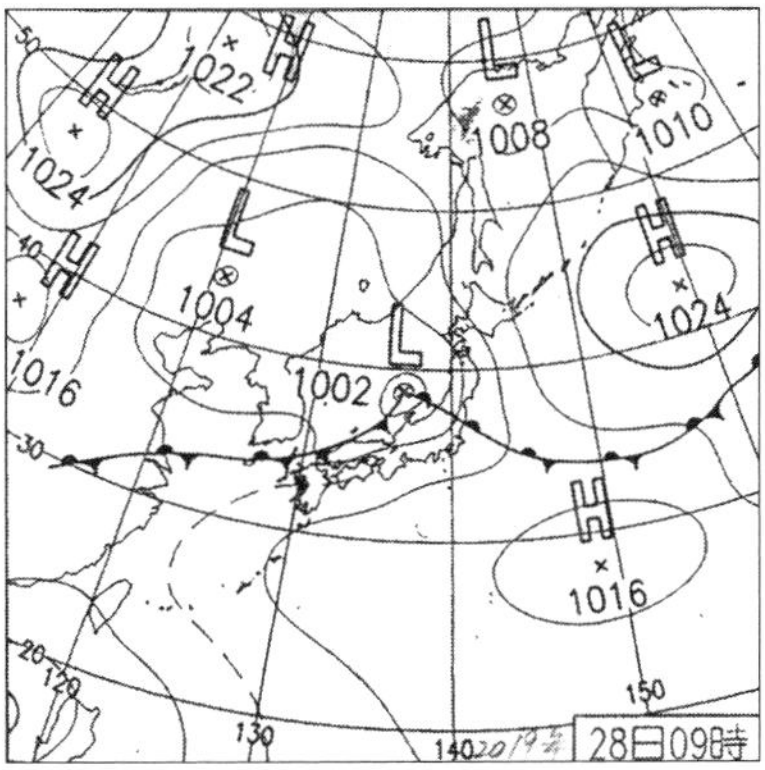

2019年8月28日09時

本日の加津佐港から島原港間の天気は、雨で雷雨や大雨の恐れがある。風南寄り五メートル毎秒、波一～一・五メートル、視界一～五キロメートル、と類推する。

本日は出港取り止めとなった。

雨が強いと視界が悪くなり、船の進路を見失う、沿岸部では、浅瀬や暗礁《あんしょう》に乗り上げるなどの事故が起こり易い。

この予定航路は、早崎《はやさき》瀬《せ》戸《と》を通ることになるが、手漕ぎ船で通る時は岬で潮流を観る。瀬戸の潮流は、満潮及び干潮の各数十分後に変わる。変わる時期は、潮位でほぼ解る。

出発一六日目。 八月二八日、この日は前線は対馬海峡に停滞し、活発化しているようだ。九州は大きな気圧の谷の中にあり、南から湿った空気が入っている。大雨の起こる気圧配置となっており、大雨と雷に注意が必要。

本日の加津佐港から島原港までの天気は、雨で雷を伴って強く降る恐れがあり、要注意。風南西五メートル毎秒、波高一～一・五キロメートル、と類推する。

本日は出港取り止めとなった。停泊中でも漕ぎ手は忙しい。一〇

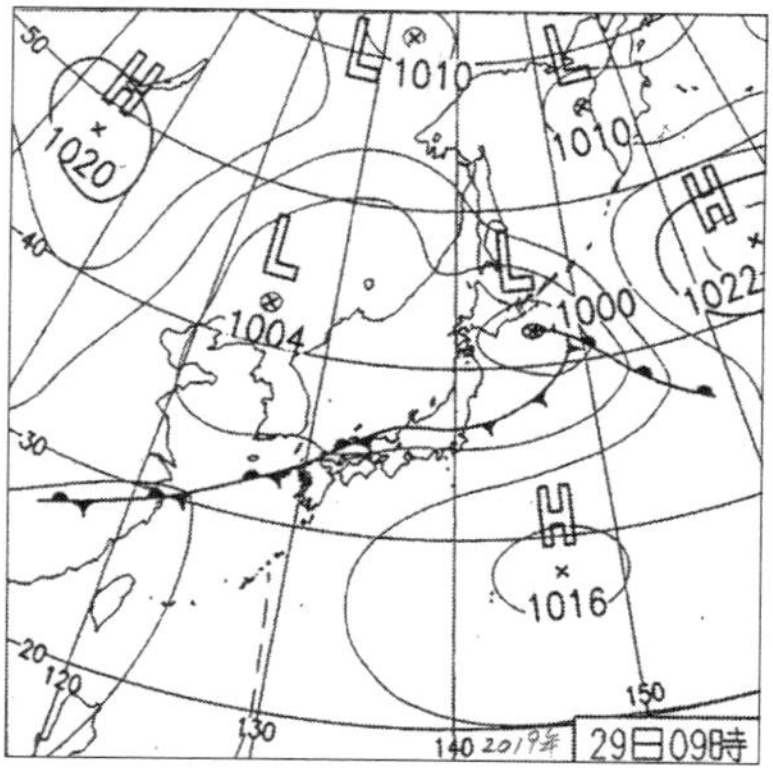

2019年8月29日09時

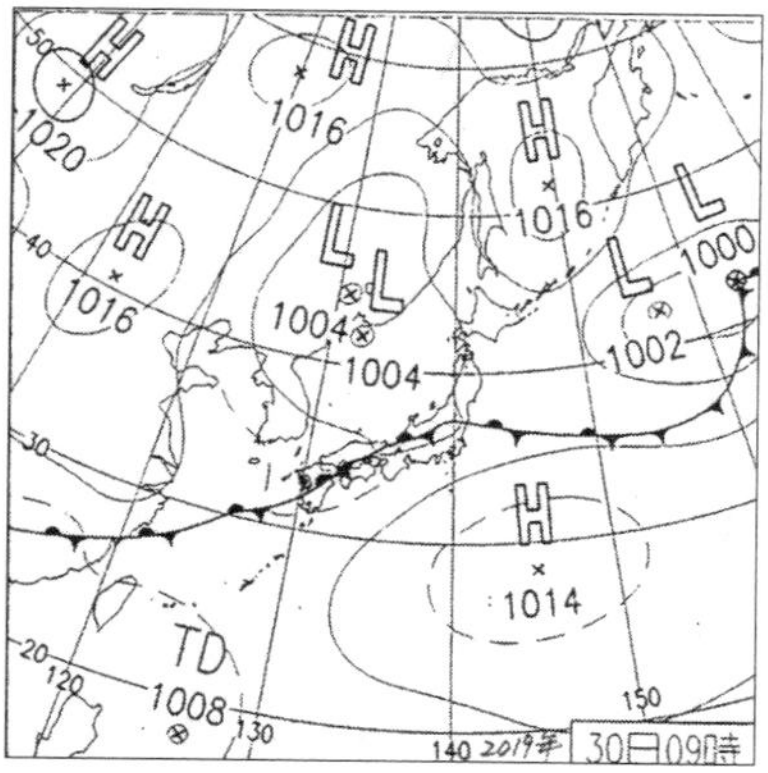

2019年8月30日09時

人分位の食事の仕度や生鮮食品の調達、それと雨が強い日は苫《とま》の修復、雨が強いと苫《とま》は雨漏りする。客人を濡《ぬ》らさないようにするのは大変であろう。

出発一七日目。八月二九日、この日は上図のとおり前線が九州北岸にあり、大きな気圧の谷の中にある九州は、湿った空気の流入があり、北部九州中心に雨が強く降りそう。

本日の加津佐港から島原港間の天気は、くもり時々雨、風南西五メートル毎秒、波一～一・五メートル、視界三～一〇キロメートル、と類推する。

本日は出港取り止めとなった。今日あたり船底洗いに好都合だろう。船を岸に寄せ、船は浮いたままで水に入り、スクレッパーで付着物を擦《こす》り落とす。真夏は一週間も経つと付着物が成長して、水の抵抗《ていこう》を受け船速が鈍《にぶ》る。いわゆる漕ぎ手泣かせとなる。うまく行けば、たで船まで出来たかも知れない。

出発一八日目。八月三〇日、この日は上図のとおり前線が九州中部を通っているが、南下しつつある模様で活動もやや弱まっているようだ。このため九州では中部以北は、華北《かほく》に有る高気圧が前線を

投馬国（八女市付近か）

押し下げる働きをすると見られるので、本日は天気小康状態を保ちそうだ。

本日の加津佐港から島原港間の天気は、くもり一時雨、風北西五メートル毎秒、波高一～一・五メートル、視界一〇～一五キロメートル、と類推する。

本日は定時出港となった。

今日の航路は橘湾を出て早崎瀬戸を越えることになるが、幸い風が弱い分助かる。雲が多いので気温が上がらず、漕ぎ方好調。午後に島原港入港。本日の航行は三二キロメートル。

出発一九日目。 八月三一日、この日は上図のとおり前線が九州南岸まで南下し、活動が幾分弱まっているようだ。九州の中部以北では、天気の晴れ間も出てきた。

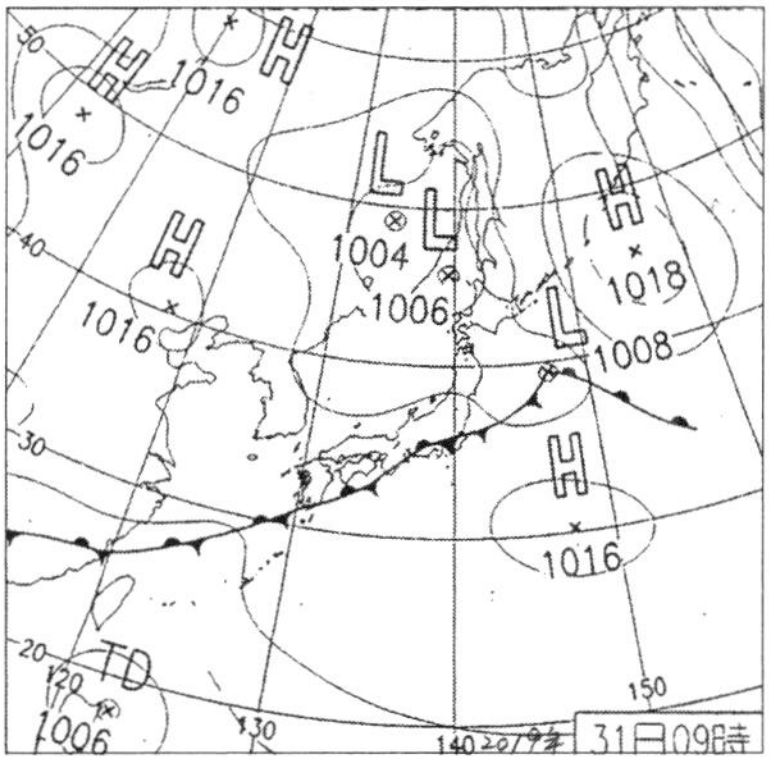

2019年8月31日09時

本日の島原港から大牟田港間の天気は、晴れ時々くもり、風北寄り五メートル毎秒、波高〇・五～一メートル、視界二〇キロメートル、と類推する。

本日は定時出港となった。

この航路は内海《うちうみ》に当たるため波が小さく、航行可能日が格段に増える。

本日の航行は、向かい風ながら波が小さいので右舷側に見える女王国の地を眺めながら、順調に航行を続けている。午後には大牟田港の津港に到着した。本日の航行は二七キロメートル。

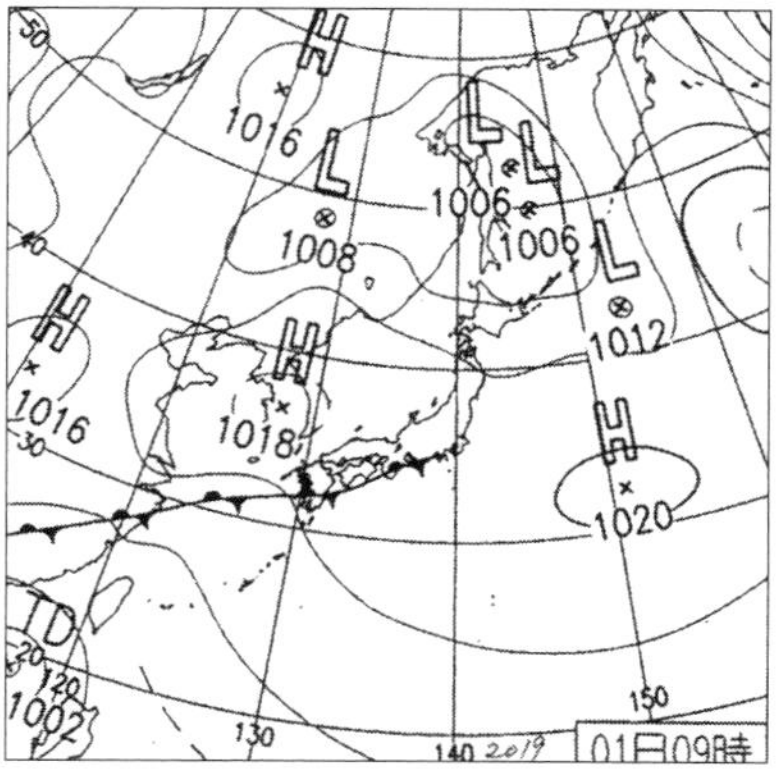

2019年9月01日09時

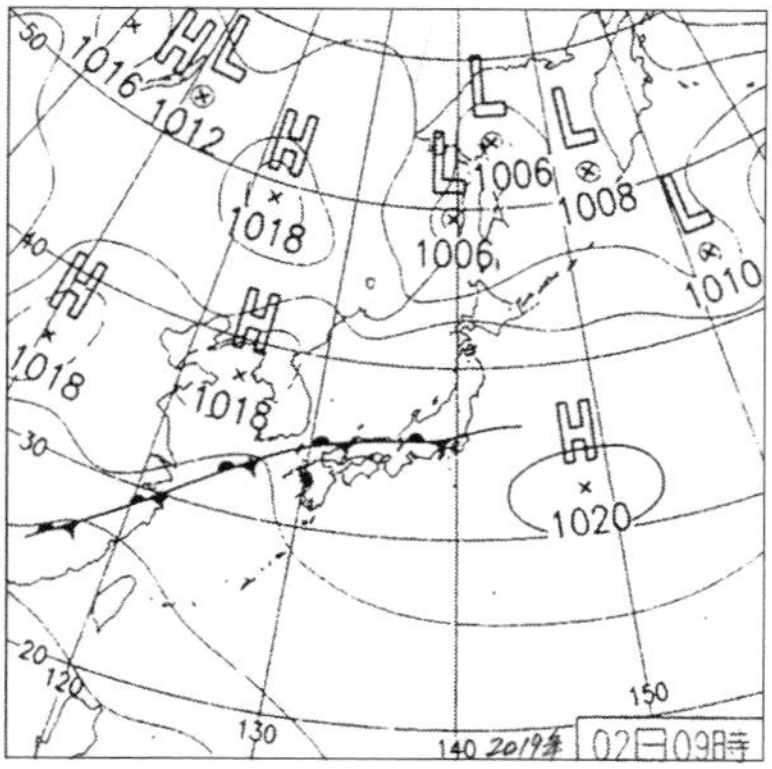

2019年9月02日09時

出発二〇日目。 九月一日、この日は上図のとおり前線が九州南部を横断し北上を始めている模様であり、九州の一部で雨が強く降るところが有りそう。

本日の大牟田港から八女市までの天気は、くもり時々雨、風北東五メートル毎秒、波高一メートル、視界五のち一五キロメートル、と類推する。

本日は出港取り止めとなった。本日は風も弱く、雨は多少降っても航行できない程ではないが、陸行に移った時、雨に合うと被《かぶ》り笠し、蓑《みの》を衣て歩くが荷物が濡《ぬ》れて困る事を、郡使が船頭に相談したのだろう。そこで、折角の投馬国訪問は、雨が止んでからにしようと思い、今日は、たで船でもしようと考えたのかも知れない。

出発二一日目。 九月二日、この日は上図のとおり前線が対馬海峡まで北上し、九州中部以南は天気が回復してきた。

本日の大牟田港から八女市付近までの天気は、くもり時々晴、風南東五メートル毎秒、波高〇・五メートル、視界二〇キロメートル、と類推する。

本日は定時に出港し、矢部川河口で下船。川船に乗り変えて、午後、八女市中心部に着き、下船した。本日の航行は二五キロメートル。

次に今回の検証航海を集計する。

航海日数二一日、悪天欠航九日、航行日数一二日、航行距離三五五キロメートル（一日平均二九・六キロメートル）。水行二〇日に対する検証航海日数は二一日であったので、適合率一〇五パーセント。二回の平均適合率は九五パーセントだった。

今回は台風が接近し通過したための欠航が二日、前線停滞による雨での欠航が連続四日続いた。台風一個遭遇は平均的だが、前線による連続四日の欠航は数年に一回位だ。水行二〇日で投馬国へ着くは妥当であった。

第一〇章　邪馬台国《やまたいこく》（女王の都）は熊本県旧玉名《たまな》郡付近

第一節　「倭人伝」記述の陸行一月の考察検証

「倭人伝」によると、不弥国（宇美町か）の所で「南至邪馬台国女王之所都水行一〇日陸行一月」と記すが、出発の基点は示していない。

その九行後に、「奴國此女王境界所盡」と記述している。ここで次頁に主要国の地図を示す。

つまり、奴国と女王国とは境界線が離れているとわざわざ記述しているのだ。接していれば「境界所接」となるはずだ。

また、女王国は帯方郡（ソウル付近か）から一万二〇〇〇里であるとも記述している。

これを地図上で検証してみることにする。女王国の方位は、不弥国の所で「南」とあるので、有明海や島原湾の東岸地域となる。距離は帯方郡（ソウル付近）から一万二〇〇〇余里と記述している。

また、不弥国での記述には、女王の都の所に行くには、「水行一〇日、陸行一月」と述べている。これは、その都の場所を秘匿するために、不弥国からまず水行して一〇日進み、次に陸行して一月進むと行き着くと思わせるために水行一〇日を先に記述し、出発の基点を略述して難解にしている。本当は陸行が先の筈だ。

こうして、外国の者には地の利を得ていないので、解明できないように略述したと見て取れる。倭地

邪馬台国（女王の都）は熊本県旧玉名郡付近

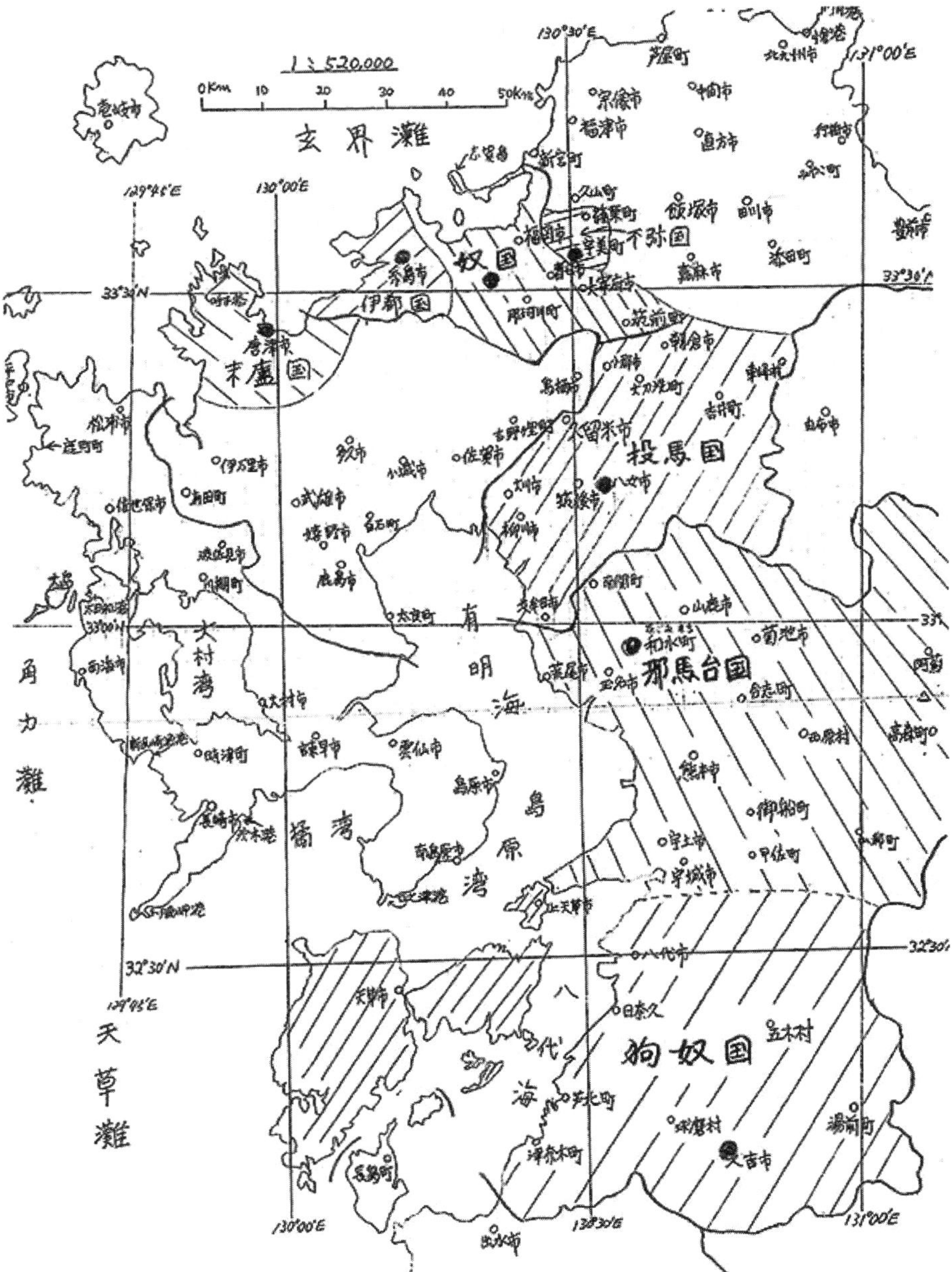

筆者比定の主要国地図（斜線域）

来訪時、郡から船で出発したのであろうが、陸行で狗邪韓国まで行く方法もあり、その方法を取ると陸行一月、水行一〇日で女王国に着くと述べているように見える。

そもそも、不弥国の南へ水行一〇日、陸行一月を要する都など探せど無い。これは、先に陸行一月と記すと、帯方郡（ソウル付近）から狗邪韓国（釜山付近か）までの陸行の事だと感づかれる。また、水行一〇日は釜山から倭国・女王の都に至る日数だと感づかれる。これを防ぐため水行の後陸行と思い込ませる記述をしているようである。これは魏が、呉や蜀を欺く為に取った戦略記述に違いないと見られる。では、陸行一月の日数が実際、朝鮮の地と整合するのか検証してみる。

当時、朝鮮では牛馬も利用でき、旅行時の寝食代も貨幣で支払いした筈だから、一月の陸行も可能だったと思われるので、郡から釜山に向けて陸行する。始めは略南に進み、テジョン付近から東南に向きを変え、釜山付近まで三八四キロメートルだが、曲折や上り下りの延伸分を一割加算すると四二二キロメートルとなる。

これを、一日一六キロメートルずつ進むと、二六日で到着できる。一月を三〇日で計算すると残り四日は陸行不可の悪天日や休養日に当てると、ちょうど一月の行程となる。一日一六キロメートルの歩行は、大人の足で約四時間の行程であるが、当時、道路も悪く、今の一・五倍位を要したであろう。しかし、牛馬が居て荷物運びも依頼でき、宿代なども通貨で支払いできて、履物もあり、倭国とは違っていたと思われる。するると、一日約六時間の歩行も可能で、一日の歩行距離としては適切だと思われる。

倭国では、当時一月を要する陸行など考えも及ぶまい。従って、陸行一月とは、帯方郡から釜山付近までの事だろう。しかも倭国には、陸行一月掛かる、遠い都の地はあり得ない。

第二節　邪馬台国女王の居所・身辺の記録

「倭人伝」によれば、女王・卑弥呼の居る所を「宮室《きゅうしつ》、楼観《たかどの》、城柵《じょうさく》、厳《おごそ》かに設け常に人有り兵を持《じ》して守衛す」、さらに「婢《ひ》千人あり」と記述している。この宮殿相当に大きな物だったことや、帯方郡使が実際に見たという印象が強く、その情景を図7に示す。

しかし、女王に面談できた記録は全くない。「倭人伝」によると、卑弥呼は、「王となって以来見たことの有る者少なし、鬼道に事《つか》え能《よ》く衆《しゅう》を惑《まど》わす」、また、「年すでに長大《ちょうだい》なるも夫婿《ふせい》（夫《おっと》も婿《むこ》も）なし。ただ男子一人有りて飲食を給し辞《ことば》を伝えて居所に出入りしている」とある。また、女王・卑弥呼の墓について「倭人伝」は、「大《たい》作《さく》冢《ちょう》徑《けい》百《ひゃく》餘《よ》歩《ほ》徇《じゅん》葬《そう》者《しゃ》奴《ぬ》婢《ひ》百《ひゃく》餘《よ》人《にん》」と記述している。和訳すると、大きな冢を作り、径約一四〇メートル、徇葬者は奴（男）、婢（女）合計一〇〇余人となる。男の徇葬者が有った事は驚きで、発掘を待ちたい。

図7

この墓については、このように簡単で単調な記述にとどめており、実際に見たのか伝聞《でんぶん》なのかは不明である。しかし、見たのであればその形や盛り土の具合、目印となるような物、飾り物の事など何らかの記述があって然《しか》る可《べ》きであると思われるが、それが無い。また、卑弥呼の死後、その治所《ちしょ》に出向いた記述も一切なく、実見《じっけん》はしていないと推定した。

さらに郡使達の中に、女王・卑弥呼を生前に見た者がいるのかについても見解が分かれる。

著者は、見た者はいないであろうと、類推している。

それは、若《も》し見たのであれば、稀《まれ》に見る超有名人である女王・卑弥呼の服装や容貌《ようぼう》、髪形、体格や体形などについて、何らかの記述がある筈であるが、それが何一つ無い。

つまり、帯方郡使達は女王・卑弥呼を見た事もないし、墓もみたことが無いというのが結論である。

見たのは、女王の住む楼観《たかどの》や城柵《じょうさく》、守衛の兵士などに留《とど》まったように思われる。

第三節　邪馬台国（女王の都の所）の比定

女王の都を道程によって比定する。

「倭人伝」の里の尺度は、第八章第二節で算出したとおり、一里は六八・六メートルであった。

この数値で不弥国から邪馬台国（女王の都の所）までを計測する。

「倭人伝」によると帯方郡から邪馬台国までを一万二〇〇〇余里と記しているので、帯方郡から不弥国までは一万七〇〇余里となる。

不弥国から邪馬台国までは、一二〇〇〇－一〇七〇〇＝一三〇〇里。女王の都は不弥国から一三〇〇×六八・六メートル＝八九・一八キロメートルの所となる。女王の都の場所は文書など伝送路と見られる道路の道程を計測する。道順は不弥国から大野城市を通る国道三号線に出て同線を南下し、福岡県みやま市高瀬まで進む。そこから、地方道を進み大牟田市経由で玉名市からは菊池川沿いに地方道を川の上流に向かう。すると、和水町江田《なごみまちえだ》が九〇キロメートルの場所となる。旧玉名郡付近を、女王の都の所として比定したい。

第四節　帆船《はんせん》による水行一〇日の航路の考察

「倭人伝」によると、不弥国の所で女王の都の所に行くには水行一〇日、陸行一月を要すると記す。陸行は倭国ではなく朝鮮の地であると見るが、水行一〇日は狗邪韓国（釜山付近か）から倭国・女王の都の所までの事と受け取られる。そこで、帯方郡使が郡の外洋帆船を使用して航行したであろう航路を類推してみた。郡使は、この航路を進んだものとして、当時の外洋帆船が女王国到着まで何日を要するのか知るためである。悪天欠航などが無ければ八日の航程だが、次節で欠航など検証する。

出港初日、釜山《ふざん》港から西回りで対馬の浅茅湾《あそうわん》を目指した。午後、同湾着、八六キロメートル。

出港二日目、同湾を東口から出て壱岐島郷ノ浦《いきとうごうのうら》港に昼頃着、七八キロメートル。

出港三日目、同港出港、昼前に唐津市唐房《とうぼう》港に寄港。

陸行郡使は下船、他の客は糸島市荻《おぎ》の津港に入着、入国手続き後、郡使達は下船し川船にて雷山川を遡り駐留所に到着。郡船は深江《ふかえ》の港に移動し停泊、本日の航行は六三キロメートル。

出港四日目、糸島市深江港を出港した郡船は荻ノ津港で郡使を収容し、長崎県松浦市松浦港着、六八キロメートル。

出港五日目、松浦港から佐世保市俵ヶ浦港着、五七キロメートル。

出港六日目、俵ヶ浦港から長崎県脇岬港着、七〇キロメートル。

出港七日目、脇岬港から長崎県島原港着、七〇キロメートル。

出港八日目、島原港から熊本県菊池川河口着、三三キロメートル。

全航行日数及び距離を集計する。

航行日数、八日。

航行距離、五二五キロメートル。

一日平均航行距離、六六キロメートル。

この航路は、悪天欠航などが無ければ、八日の航程である事が判明した。

次は、この航海に使用する船舶の航行日の平均航行距離であるが、それを七〇キロメートルと想定した。その根拠であるが、無風時の櫂漕ぎによる時速を一〇キロメートルと想定し、七時間で七〇キロメートル進むとしたからである。これを基に寄港地を選定し、夜明けと共に出港すると昼頃には入港可能となり、天気急変時にも引返す時間が得られる。最悪でも、悪天のため引き返しても夜にだけはならないように航海計画を作定することができる。多少の時化であれば、櫂一枚を二人で漕ぐ事によって入港を少しでも早める事ができる。

このような時は、かけ声と共に銅鑼を打つ（よーいしょ・ガン）。銅鑼とは金属製の打楽器で、盆形をし紐で吊り下げて桴《ばち》で打つ物。霧が深く視界が悪化した時、自船の位置を他船に知らせるために、当時も使用していただろうと著者は見ている。ただ、途中で時化て来て出港した港に帰港が無理となる時も有る。その時のために、必ず避難港を決め置く事が何にも増して大事だと申し添えたい。

このように、外洋航行用の帆船と川船を使えば、水行一〇日とある日数は適当と見える。

次節では、検証のために当日の気象・海象の本《もと》で同航路を二回に亘って航行を試みる。

第五節　水行一〇日の比定地検証航海一・二

一　一回目

初日。二〇一八年七月二五日、この日は上図のとおり太平洋高気圧が本邦一帯を覆い、九州付近は晴天で猛暑となろう。天気の崩れは一両日無く、本日の朝鮮海峡は天気晴れ、風南寄り秒速五メートル、波高一・五メートル、視界二〇キロメートル、と類推する。航行基準も満たしたので、「倭人伝」の通り水行一〇日で、著者が比定する狗邪韓国《くやかんこく》（釜山付近）から、女王の都・熊本県和水《なごみ》町《まち》までの水行の適否を計る図上航海に出る。沖繋りの公船を前日か

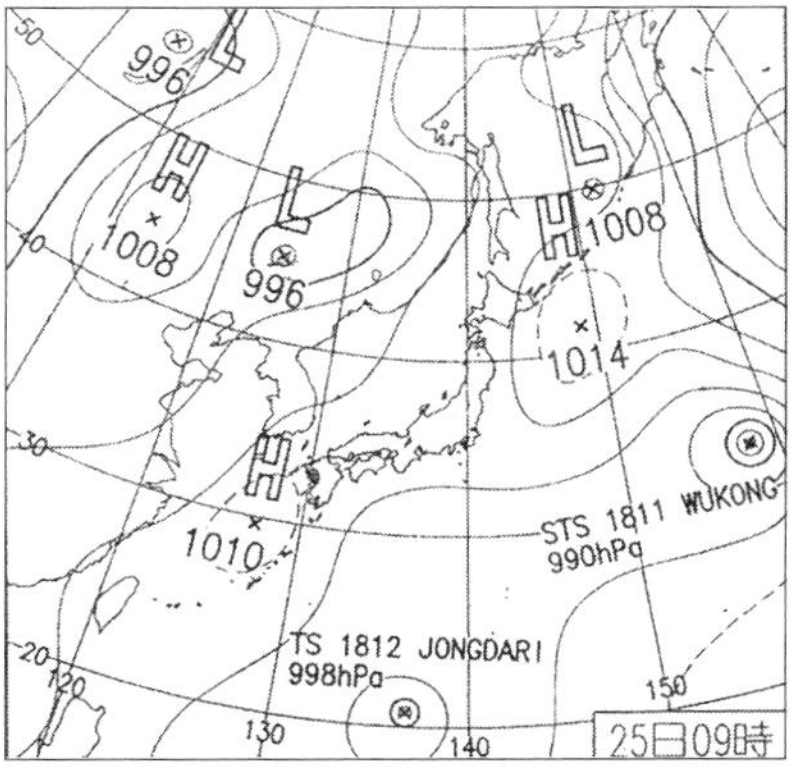

2018年7月25日09時

ら岸壁に横付けして客待ち中、やがて船長が出港用意！　と命令すると、途端に船内が慌《あわ》ただしくなり航海士が出航用意と叫び、甲板上を走り回っていたが、漕ぎ指令座に着き櫂用意！　と漕ぎ手に向かって号令すると、沖舷の櫂が櫂座に填《おさ》まった。これを見た船長が、舫《もや》い放《はな》て！　と命令した。岸壁に綱で繋《つな》ぎ止めている時は、この瞬間が出港時刻となり、航海日誌に記録される。

続いて航海士が漕ぎ手に向かって、漕ぎ方用意！　と号令した。船首が岸壁から離れると前へ！　と号令し、船が前進を始めた。岬を過ぎ向かい風を感じながら西廻りで対馬の浅茅湾《あそうわん》を目指した。夕暮時《ゆうぐれどき》に同湾に到着し、投錨《とうびょう》できた。本日の航行は、八六キロメートル。検証航海初日は順調だった。

出発二日目。七月二六日、この日西日本は太平洋高気圧に覆われ、晴れの所が多い。九州では一日晴天が続き、猛暑となりそう。

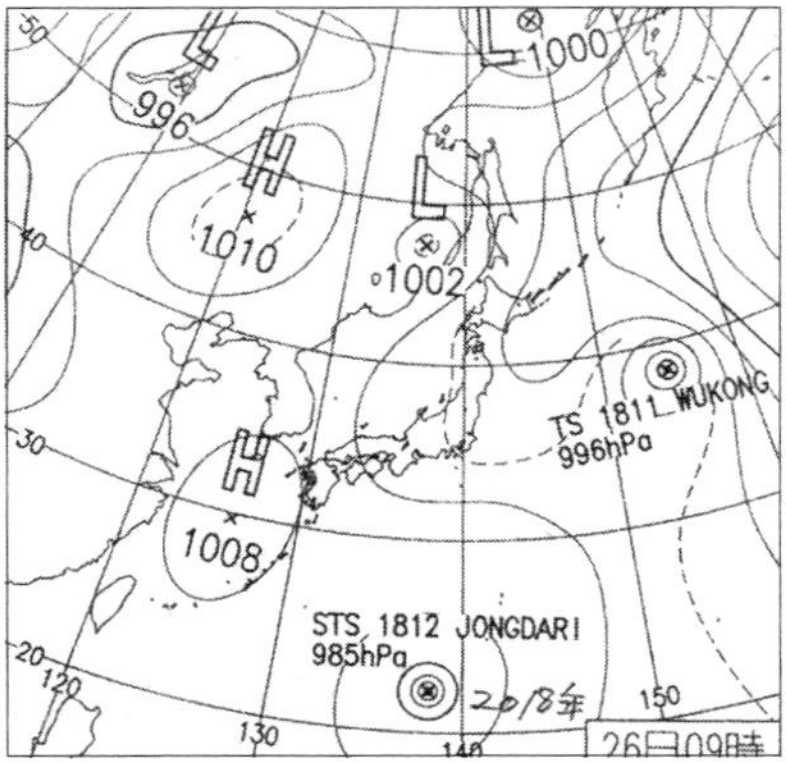

2018年7月26日09時

本日の対馬海峡は天気晴れ、風西寄り秒速五メートル、波高一・五メートル、視界二〇キロメートル、と類推する。湾内西側に錨泊していたが、夜明けと共に抜錨、すぐに漕ぎ始め、湾を出て帆走を行ない略追風を受けながら進み、壱岐島南部の郷ノ浦港に昼頃には入港できた。公船の賄い方は生鮮食品、四〇人の一日分を調達し、米と交換するのに多忙だ。郡使は見聞する絶好の機会を得て島の大部分を見聞できた。

この島は平坦な土地が多く、ただ南部に一個所だけ二一三メートルの小高い丘があり、岳ノ辻と地図にある。

また、この島は、元寇襲来時《げんこうしゅうらいじ》、文永《ぶんえい》の役《えき》（一二七四年）及び弘安《こうあん》の役《えき》（一二八一年）の二回、襲撃を受けた。その一回目の時の記録には、「男をば、あるいは殺し、あるいは生けどりにし、女をば、あるいは取り集めて、手に穴をあけ船に結び付け、あるいは生けどりにす。一人も助かる者なし」。これは日蓮聖人が伝聞を書きとめた書簡にあるもので、史実かどうかは不明とされている。本日の航行は七八キロメートル。

出発三日目。 七月二七日、今日の天気は上図のとおり東支那海に中心を持つ高気圧に覆われ酷暑となりそうだ。硫黄島《いおうじま》付近にある台風一二号は北上しており、動きに注意。本日の壱岐から唐津湾一帯は晴れ、風北秒速五メートル、波高二メートル、視界二〇キロメートル、と類推する。今日は風は弱いが、追い風となろう。

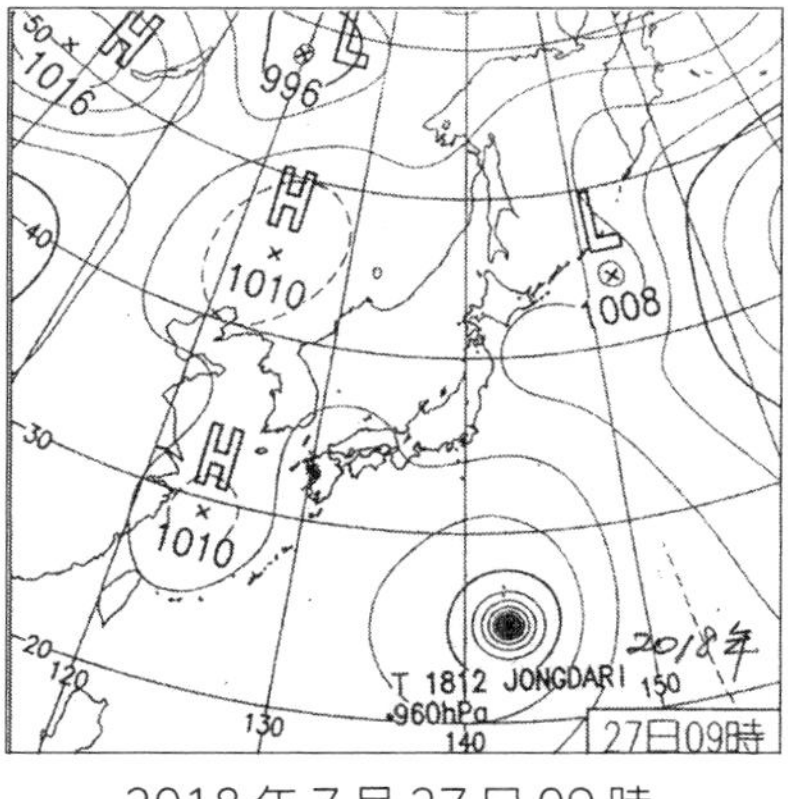

2018年7月27日09時

朝早く郷ノ浦港を出港して、唐房の港に午前中に到着できた。帯方郡使の内の陸行者を下船させると、積み荷や要人らは乗船したまま糸島市の荻浦港《おぎうらこう》に向け直ちに出港、午後には入港できた。郡使達は直ちに駐留所に移動し、伊都国王に面会して来訪の目的を伝え、女王国への案内人や船の水先案内人の依頼を済ませ、二夜ほど逗留する事になった。これは、翌日を船員の休養日に当てていた事と、郡使や船長、水先人との会合を訪問出発前日に行なう必要が有ったからである。船長に取っては初めての航路の筈だから水先人との会談は時間を要しよう。大変大事な任務を帯びている郡使と拝仮の賜与品《しょひん》を無事に送り届ける事は、船長に取っては大任である。各人が、任務を果たすための準備で多忙だっただろう。翌日は船長・航海士・水先案内人などとの会議が終日予定され、多忙となりそうだ。本日の航行は六三キロメートル。

出発四日目。 七月二八日、公船は公休で碇泊したままである。この日の天気は太平洋高気圧の圏内にあり、九州北部は猛暑となろう。しかし、八丈島東方にある台風一二号は迷走型の気圧配置となっているため要注意だ。西進すると、九州でも天気が崩れる恐れがある。

碇泊している公船側では、水の補給や生鮮食品の調達・積込みは止める事は出来ず、担当である賄い《まかな》方は休んではいられない。

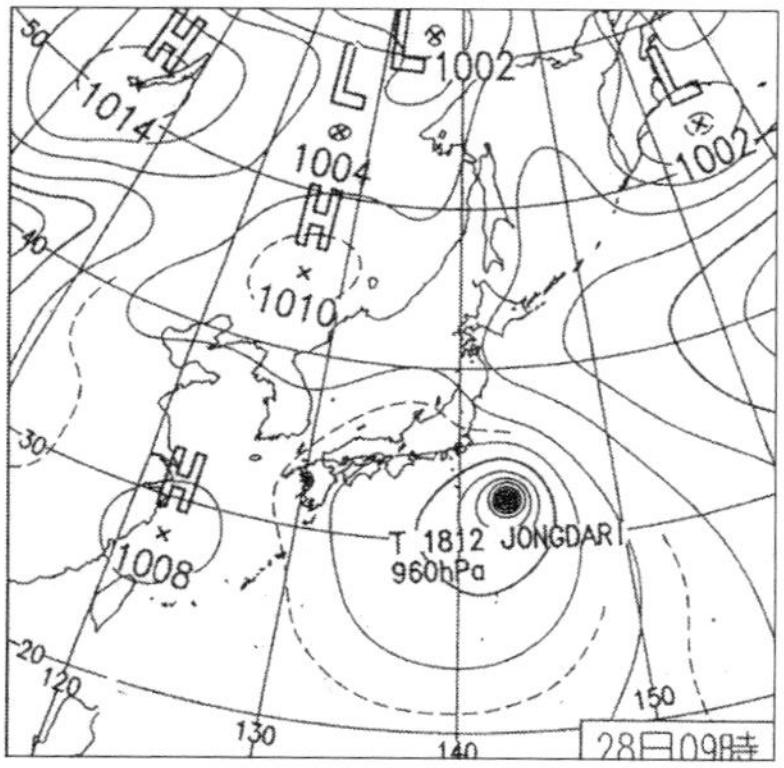

2018年7月28日09時

一方、唐房の港から陸行の情報係の郡使らは、その後どうなっているのであろうか。郡使らの行動を類推しよう。唐房港で出迎えた末盧国の役人に案内されて陸行しているので安心だ。

夜は治所に逗留し、翌朝、弁当を貰って案内人に連れられて駐留所を目指しているので心配いらないだろう。

ただ、草木生い茂っている山道を歩かされている訳であり、風物を見聞する暇など無かったのではないかと案じられる。

おそらく、陸行時は樹木や雑草に遮《さえぎ》られて地形も風景も見えない筈だと想われるが。

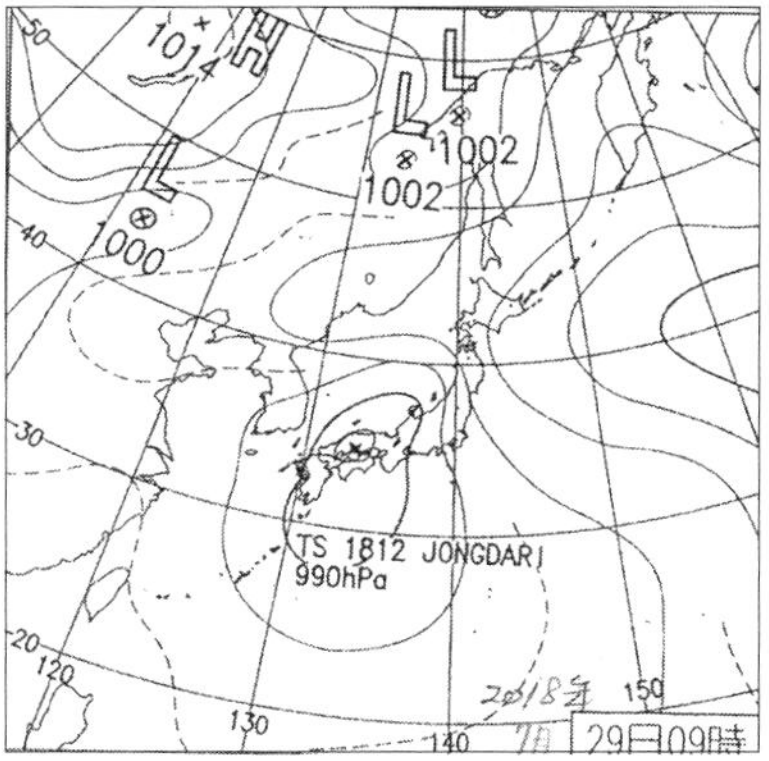

2018年7月29日09時

「倭人潜水して魚などを捕らえている」とあるのは、小型船で沿岸航行時に見た風景であると、筆者はその経験から記して置きたい。

出発五日目。七月二九日、台風一二号は迷走して西進し、広島県付近に達している。この台風は一両日九州付近で迷走し、天気の急変を齎《もたら》しそう。本日の北岸一帯は曇り時々雷雨、風《かぜ》北寄り秒速八～一五メートル、波高三～四メートル、視界は二～八キロメートル、と類推する。

本日の出港は見合わせとなった。

ここで、出港見合わせとされたが、これは出港取り止めとは違って、しばらく控えて様子を見る場合に使われるべき文言《もんごん》であり、完全に中止する場合は、取り止めとなる。

今日の予定の行き先は長崎県松浦市の西部に在る御厨《みくりや》の津に在ったと思われる港までであったが、この航路は玄界灘そのものであり、北寄りの風の場合は時化易い海域である。特に糸島市に在る荻浦《おぎうら》の港からの航海であれば、同湾北西端に位置する壱岐水道《いきすいどう》を通る事になるが、この付近は海底の地形が複雑で、海潮流がほぼ常時時速三～四キロメートルで流れており、大波が発生し易い海の難所中の難所で、船乗りに恐れられている海域である。

しかし一方では、松浦潟《まつらがた》とよばれる唐津湾とその沿岸一帯は、特に風光に優《すぐ》れ、松浦《まつら》の海《うみ》・松浦《まつら》の浦《うら》などとして多く歌に詠まれている地域でもある。本日は後刻、出港取り止めとなった。

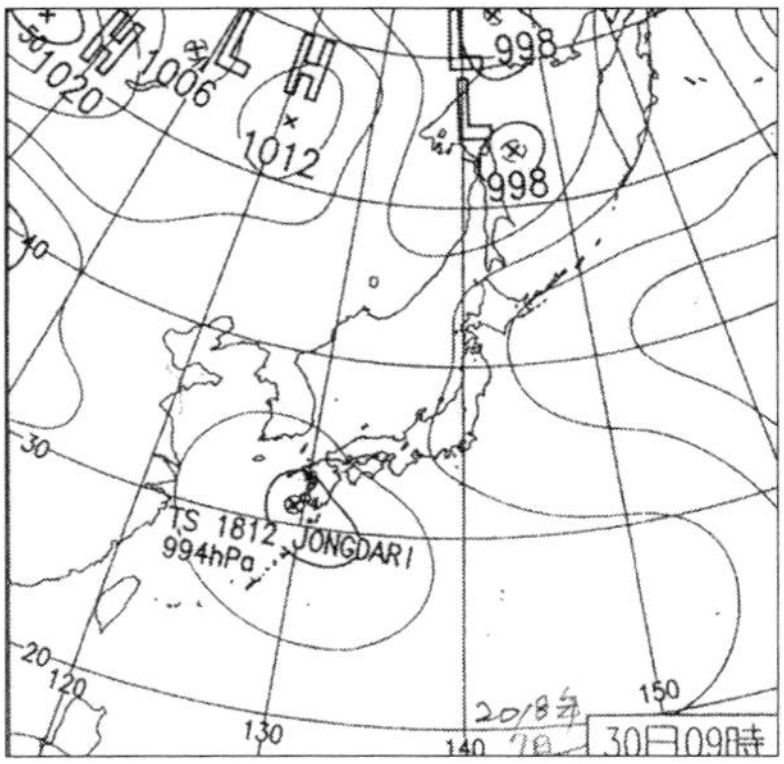

2018年7月30日09時

出発六日目。 七月三〇日、台風一二号は枕崎南西海上で迷走を続けている。九州北部は台風から離れつつあるため晴れ間が多くなってきた。本日の糸島市荻浦の津港から長崎県松浦港までの天気は、晴れ時々曇り一時雨、風東寄り秒速六〜八メートル、波高一〜二メートル、視界一五キロメートル、と類推する。今日は定時に出港した。追い風を受け、午後、松浦港に到着した。ここの北東約八キロメートルに鷹島が見える。この島の南側は伊万里湾と通じており、風波を避けるのに絶好の海域である。

元軍二度目の日本襲撃の弘安《こうあん》の役《えき》の時、総軍勢一四万余人、軍船四五〇〇艘《そう》が鷹島《たかしま》の南側に軍議のため順次集結中、交戦しつつ一月余留まった。そこへ台風襲来、ほとんどが一夜にして沈没した。この暴風は、一二八一年新暦八月一七日に吹き荒れた。大軍が一月余りも此《ここ》に留る破目に落ち入ったのは、集結地が壱岐島から途中で此《ここ》に変更された、と「元寇」の書にあり、集結に手間取り、第一陣の到着から三六日目に台風に襲われたとある。夏場、この海域に一月余留まると普通に起こり得る。元軍の指揮官は台風に無知だったようだ。帰還できた軍勢は二万一〇〇〇人だけで、少しの捕虜は九州の守護に配分したとある。本日の航行は六八キロメートル。

出発七日目。 七月三一日、台風一二号は次図のとおり屋久島南東にあって迷走している。九州北部からは遠ざかったため天気は回復している。今日の松浦港から佐世保湾俵《たわら》ヶ浦に至る間の天気は、晴れ

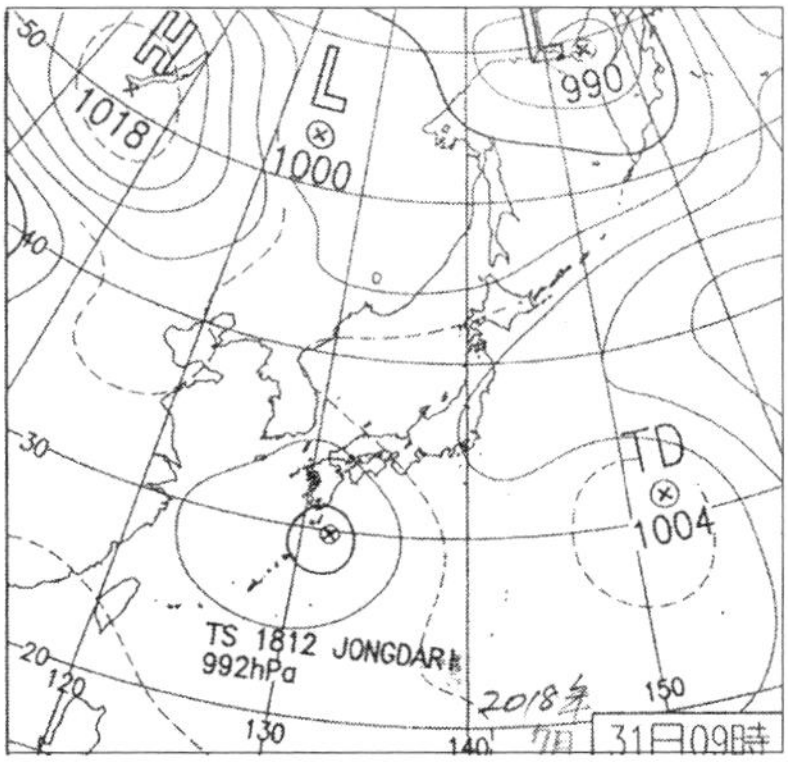

2018年7月31日09時

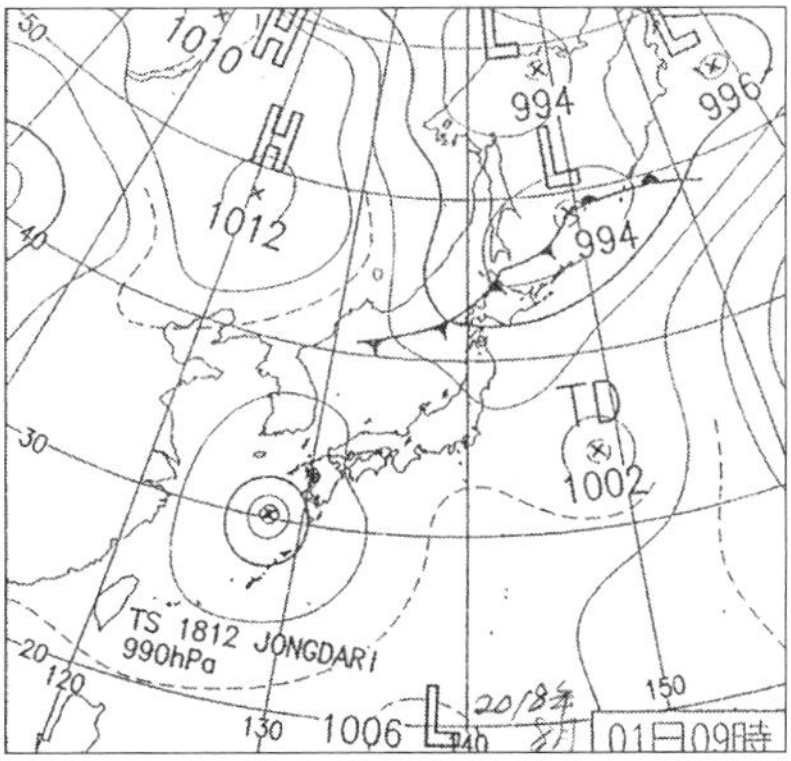

2018年8月01日09時

時々曇り一時雨、風東寄り秒速六〜一〇メートル、波高二メートル、視界八〜一〇キロメートル、と類推する。本日は定時に出港した。

今日はこの松浦市松浦港をあとにして平戸瀬戸を通過する事になるが、天気は問題ないようだ。瀬戸を越えた当たりから九十九島と呼ばれる海域に入り、約二五キロメートルに亘って続く。そこは大小無数の島が点在し、一帯は優れた景観を有する第一級の観光地である。昔松浦《まつら》の海《うみ》・松浦《まつら》の浦《うら》と呼ばれ、唐津湾から始まり、東、西、北の字を頂く松浦郡の海岸程景観《ほどけいかん》に優れた地は二つと無いと言える。旧《もと》北松浦郡の九十九島の海域を船で通る度に夢見ていた事があり、それはこれら無数の島のどこかに、竜宮城《りゅうぐうじょう》へ繋《つな》がる入口が在ると思い込んでいたことだ。いや、それは在る。きっとある。ここ九十九島の海域を過ぎると、すぐ佐世保湾の入口で、高後崎《こうござき》を入ると約一キロメートル程で俵《たわら》ヶ浦《うら》の入口だ。今日は予定どおり検証航海が進んで、午後には俵ヶ浦に到着、賄い方は生鮮食品を米と交換して仕事を終了した。本日の航行は五七キロメートル。

出発八日目。八月一日、今日の天気は上図のとおり台風一二号が九州南西の海上にあって迷走しており、九州南部では雨が局地的に強く降りそう。

本日の佐世保湾から長崎半島脇岬港までの天気は、曇り時々晴一時雨、風北東秒速七〜九メートル、波高一〜二メートル、視界一〇キロメートル、と類推する。

この日は定時に出港用意の命令が発せられ、直ちに抜錨《ばつびょう》に取り掛かった。漕ぎ手の中の四、五人が碇《いかり》綱《づな》に取り付いて船を手繰《たぐ》り寄せている。やがて櫂《かい》の漕《こ》ぎ手が配置に付き、船が錨《いかり》の上に着くように漕ぎ始めた。船が錨の真上に来た時、海底の泥に食い込んだ錨を力を合わせて引き起こし（これを起き錨と言う）、錨の胴体が直立すると立ち錨と言い、その先端が地底を離れた瞬間が、出港時刻となって航海日誌に記録される。

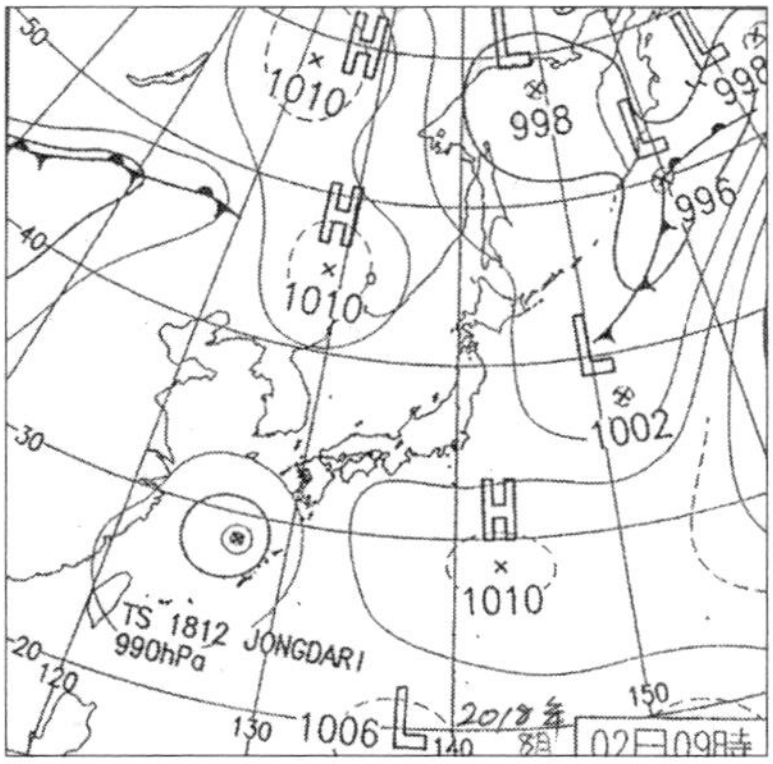

2018年8月02日09時

錨が水面を離れるまでは、流されないように櫂で漕ぎ、調整をして船を停止させて置かなければならないのだ。錨が水面上に揚《あ》がると船を進めるために本格的に漕ぎ始めるのである。この日の佐世保湾から脇岬《わきみさき》港への検証のための航海は、陸側からの追風を受けて角力灘《すもうなだ》を通過して長崎半島の脇岬港に日の高い内に入港できた。

本日の航行は七〇キロメートルだった。

出発九日目。八月二日、台風一二号は奄美大島の西方海上にあってゆっくり西進している模様。九州では晴れている所が多いが、一部地域では雨も降っている。

本日の脇岬港から長崎県島原港間の天気は、曇り時々晴れ一時雨、風東寄り秒速六～九メートル、波高二メートル、視界は一五キロメートル、と類推する。

本日は定時前に出港した。今日は脇岬港から島原港に向かうが、途中島原半島南端沖合の早崎瀬戸《はやさきのせと》を通行しなければならない。この瀬戸は引き潮時《しおどき》には有明海と島原湾の海水が湾外へ流れ出るため西へ流れる。満ち潮時にはその逆の流れとなる。この瀬戸は潮流が早いことで知られ、最新の海図によると満潮時の最大流速は、八ノット（時速一四・八キロメートル）、引き潮時同流速七・三ノット（時速一三・五キロメートル）、満潮時の流向は矢羽根を付けて流速と共に示し、矢羽根の無い分は引き潮時の分を示してある。西風時引き潮だと潮に波が逆らって立ち上がり、小型船の場合波が船体に覆《おお》い被《かぶ》さって来るので最も危険である。

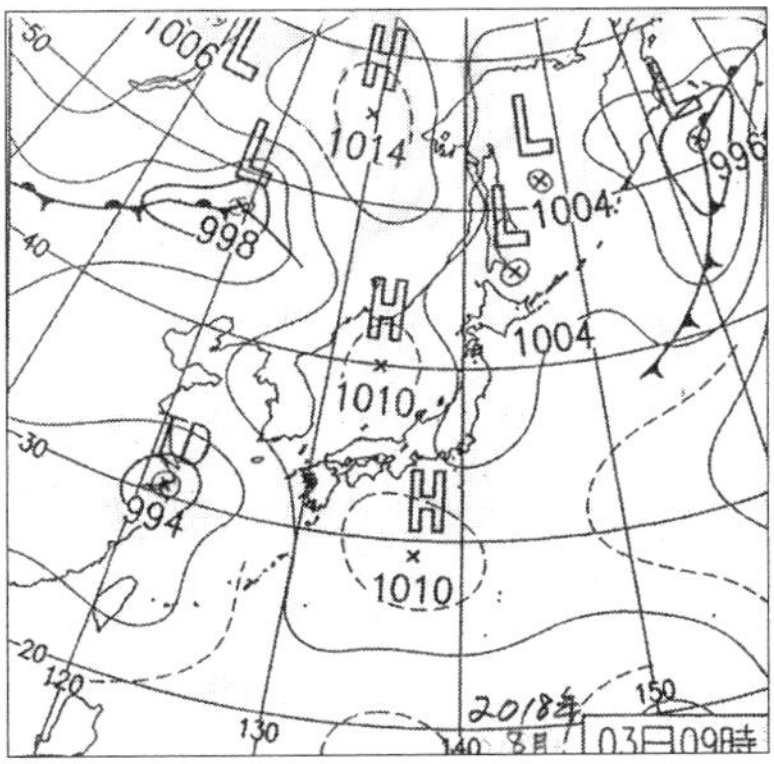

2018年8月03日09時

この海域は千々石灘《ちぢわなだ》とも呼び、海の難所として一に玄海《げんかい》・二に千々《ちぢ》石《わ》・三に薩摩《さつま》の黒《くろ》の瀬戸《せと》と言う。今日は向かい風を陸地で避けながら航行し夕刻島原港に入港した。本日航行七〇キロメートル。

出発一〇日目。 八月三日、上図のとおり台風一二号は華中《かちゅう》で熱低となった。九州は太平洋高気圧に覆われ猛暑となろう。

本日の島原港から熊本県旧玉名郡和水町《なごみ》に至る間の天気は、晴れ時々曇り、風南東秒速五～八メートル、波高一メートル、視界一五キロメートル、と類推する。

本日は定刻に出港した。この港の背後《はいご》に在る雲仙岳は一七九二年に崩壊し、有明海に流れて津波が発生、周辺域で死者一五〇〇〇人と「広辞苑」にある。肥後藩の死者五五二〇人と熊本県「津奈木町誌」にある。郡船は昼前に菊池川下流の大浜の津に無事到着した。ここで川船に乗り変え、川を遡《さかのぼ》って約一〇キロメートルの所に在る熊本県旧玉名《たまな》郡《ぐん》和水《なごみ》町《まち》江田《えだ》で川船を降りた。

この江田の付近に邪馬台国（女王の都の所）があるはずだ。実況天気図と地上気象観測値を基に、狗《く》邪韓国《やかんこく》（釜山付近か）から検証航海を図上で行なったが、結果は水行一〇日を要した。この日の航行は三三キロメートル。

集計してみると、航海日数一〇日（内悪天欠航、休養各一日）、航行日数八日（航行基準内で航行した）。航行距離五二五キロメートル、航行一日平均六六キロメートル、検証航海の結果は「倭人伝」の記述と完全に一致したので、卑弥呼女王の都の所は玉名郡和水町江田付近であると比定したい。

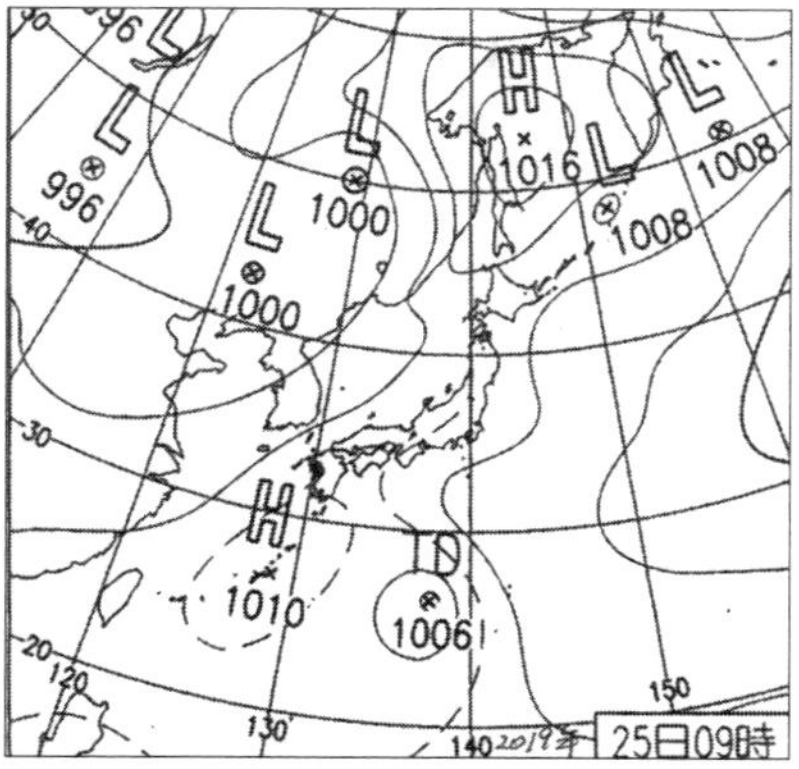

2019年7月25日09時

二　二回目

水行一〇日の比定地検証航海の二回目を翌年の同時期にほぼ同航路で行なう事にした。

出発一日目。二〇一九年七月二五日、この日は上図のとおり、太平洋高気圧が本邦に張り出し、朝鮮海峡から九州にかけて晴れて猛暑日となりそう。

本日の釜山付近から対馬間は、天気晴れ、風南西秒速五メートル、波高一メートル、視界一五キロメートル、と類推する。今日は向かい風を避けるため、東回りで対馬北東部にある比田勝港に向かう事になり、定時に出港した。弱いがほぼ向かい風のため船足が鈍く、夕方になって対馬北島の島陰まで漕ぎ着けた。後は島陰を進み、沿岸の地形を実見しながら比田勝港のスケッチを取り終えて入港した。本日の航行は六五キロメートル。

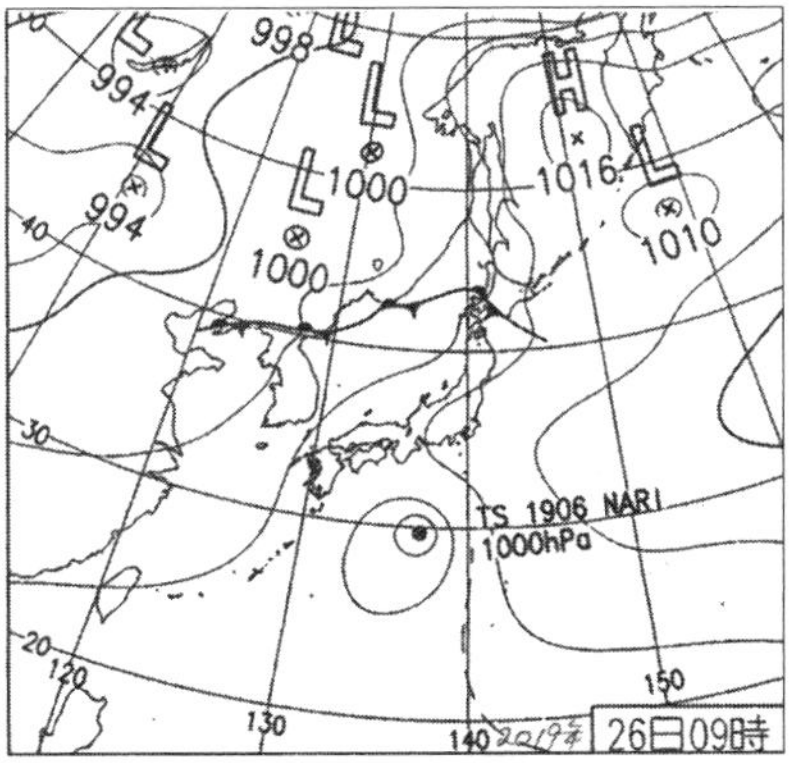

2019年7月26日09時

出発二日目。七月二六日、この日は上図のとおり潮岬南方海上に台風第六号が発生し、北上している模様。本州や九州の太平洋岸地方では台風による湿った空気の影響を受け雲が出易く、所によって雷雨が発現しそうだ。

九州北岸や対馬海峡方面は、晴れて猛暑日となろう。日田勝港から厳原港間は、本日晴れ、風南寄り秒速三〜五メートル、波高一メートル、視界一五キロメートル、と類推する。この時期、この海域は台風の時以外は強い風はあまり吹かない。しかし、弱くても向かい風は手漕ぎ船に取っては辛い。今日は向かい風乍ら弱く、夕方には入港した。本日の航行は六〇キロメートル。

出発三日目。七月二七日、次図のとおり台風六号は伊勢湾付近に進んだが、勢力が弱まり熱帯低気圧に変わった。九州北部から対馬海峡に掛けての天気は、太平洋高気圧の張り出しを受け、今日も晴れて猛暑となろう。

本日の厳原港から壱岐郷ノ浦港間の天気は、晴れ、風南寄り秒速五メートル、波高一メートル、視界

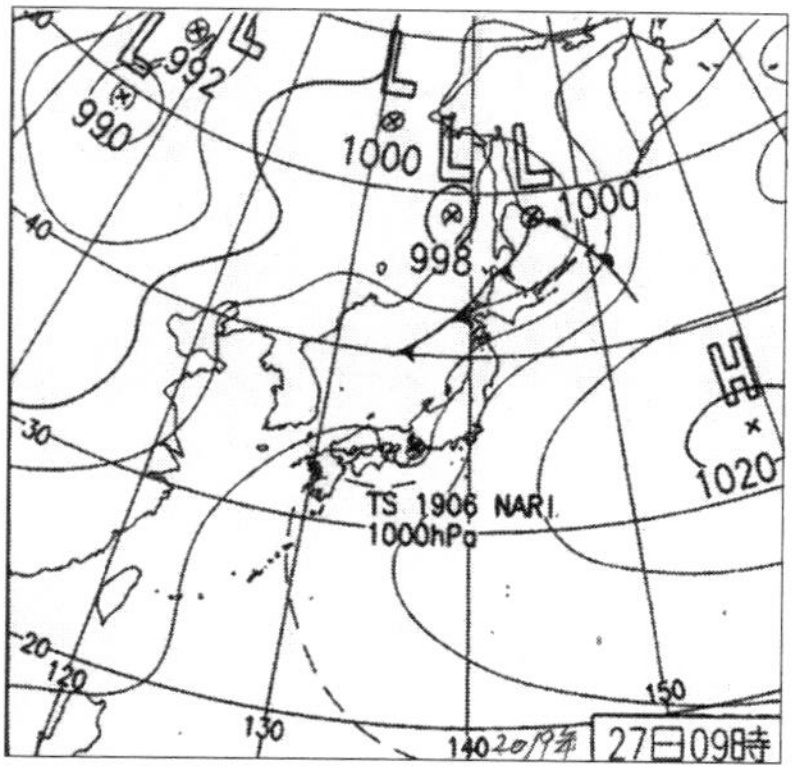

2019年7月27日09時

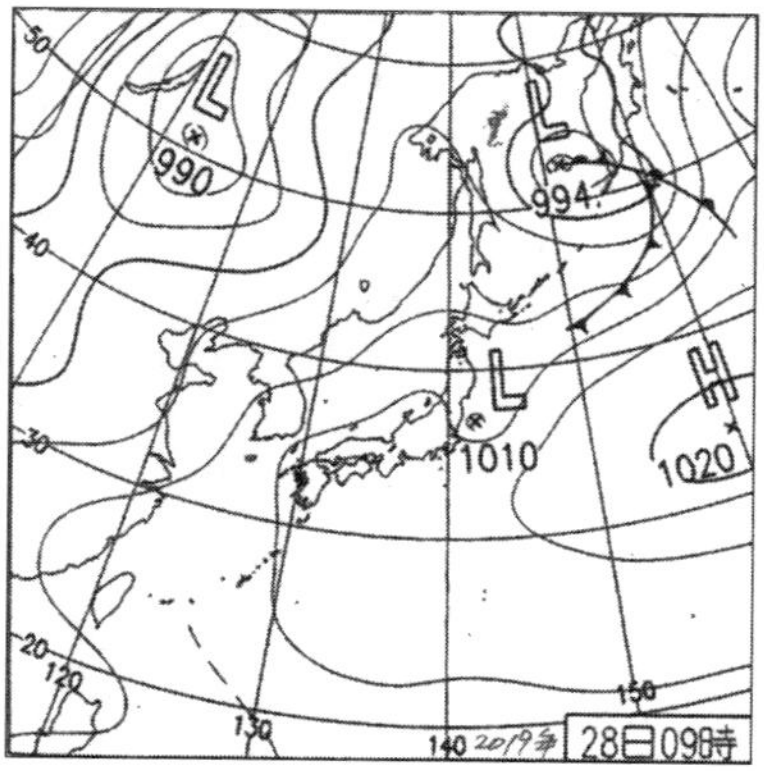

2019年7月28日09時

一五キロメートル、と類推する。今日も向かい風だが、風が弱いため定時に出港となった。

夏場のこの海域は南進する時、向《むか》い風《かぜ》となる事が多いが、櫂座《かいざ》の有る船は何とか進める。しかし、北前船《きたまえぶね》式の帆船ではほとんど進める日は無い。それは漕ぎの用意をしていないからだ。本日の航行は六三キロメートル。

出発四日目。七月二八日、この日は上図のとおり太平洋高気圧が西日本を覆ってきた。九州北岸から玄界灘の天気は今日も晴れて猛暑となりそう。

本日の壱岐郷ノ浦港から唐房の港経由、糸島市荻浦港までの天気は、晴れ一時曇り、風南寄り秒速五メートル、波高一メートル、視界一五キロメートル、と類推する。

本日も向かい風乍ら風弱く、定時に出港となった。前回一回目の検証航海は、出発三日目に荻浦港に到着したが、今回は向かい風のため一日長くなる。しかし、唐津の湾奥部も見えてきた。ここまで来れば波も無くなり、西唐津西部の唐房の津港に昼頃に入港し、陸行の郡使を降ろし、要人はその儘《まま》荻浦港に午後、入港した。本日の

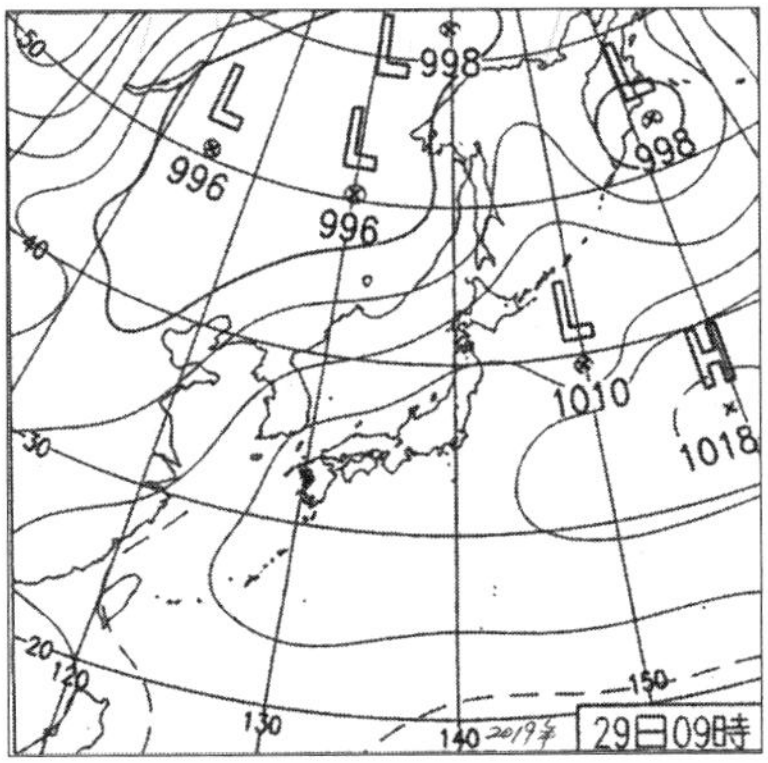

2019年7月29日09時

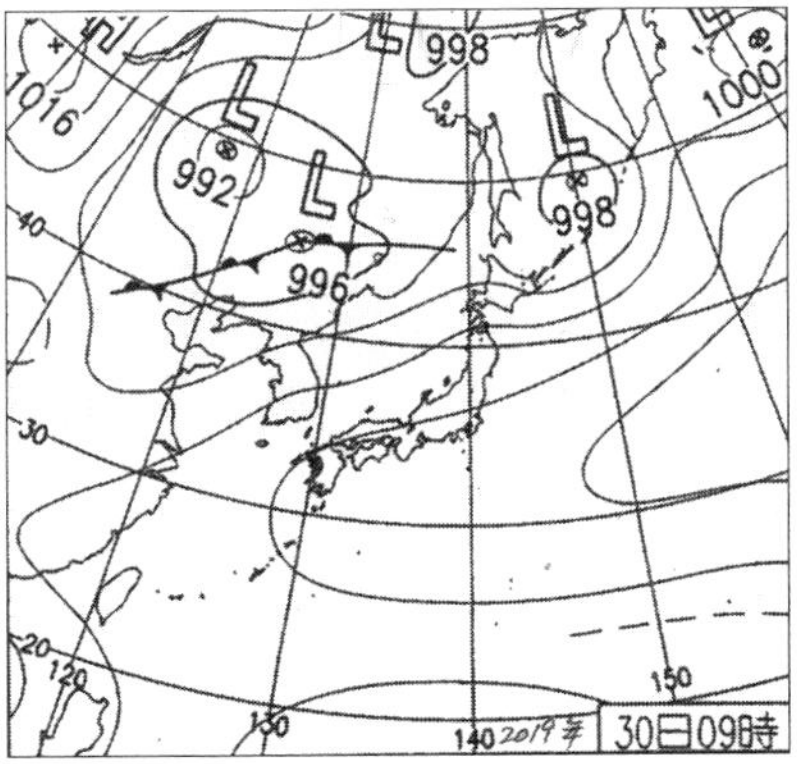

2019年7月30日09時

航行は六三キロメートルだった。

出発五日目。七月二九日、この日は公船側は休養日となって船は停泊した儘《まま》である。この日の天気は上図のとおり九州付近一帯は太平洋高気圧に覆われ、晴れの所が多く猛暑となりそうだが、北方に気圧の谷が近付いており、雷雨となる所があろう。

今日は郡使側も公船側も、翌日からの航海に向けて打ち合わせのため忙しい一日となりそうだ。船長、航海士、水先案内人、郡使らは会議を開いて、手振り身振りで意見を伝え合い、帰着までの間の計画を練り上げて周知を図ったと思いたい。特に船長側と水先案内人との航行計画で、寄港地《きこうち》選定と天気急変時の避難港の選定は、不確実な地図を広げて頭を捻《ひね》り乍ら決めた事だろう。

出発六日目。七月三〇日、この日は上図のとおり太平洋高気圧が西日本の南海上を中心にして西へ張り出し、九州では晴れて猛暑の所が多いが、華北《かほく》にある低気圧を伴う気圧の谷が通過中と思われ、九州付近で所によって雷雨が発生しそう。

本日の糸島市深江港から長崎県松浦市松浦港までの天気は、晴れ一時雷雨、風南寄り秒速六メートル一時突風秒速一〇メートル、波高一・

五メートル、視界一〇キロメートル一時三キロメートル、と類推する。

本日は定時に出港となった。始め横風で出港し、中程に在る波戸岬を過ぎると向かい風乍ら陸からの風のため波が小さく、夕方前に松浦市松浦港に漕ぎ着いた。本日の航行は六八キロメートルだった。


出発七日目。七月三一日、この日は上図のとおり太平洋高気圧が西に張り出し、九州付近を覆っており、晴れの所が多く、猛暑の気圧配置となっている。

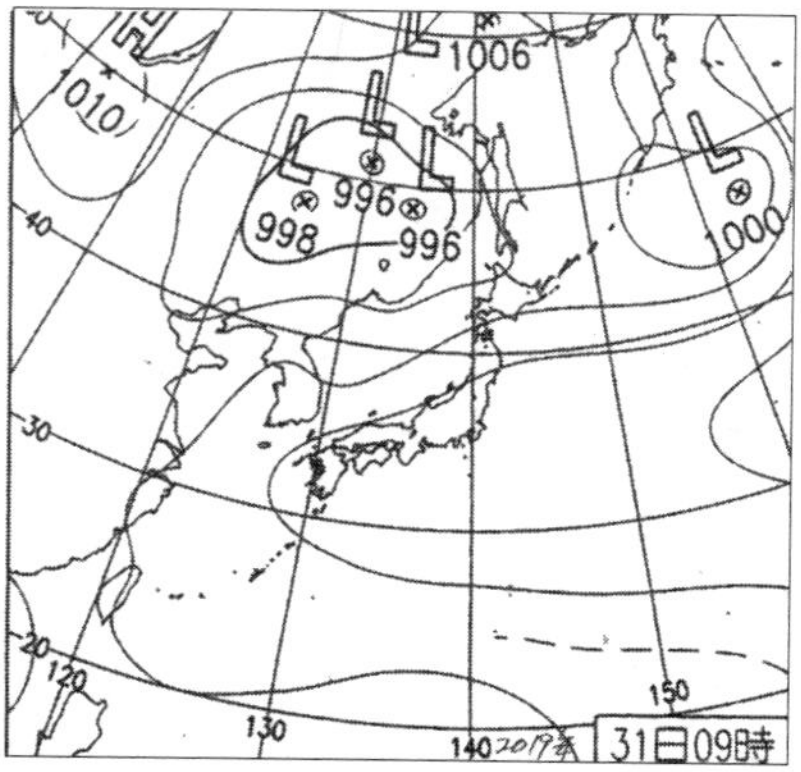

2019年7月31日09時

しかし、沿海州《えんかいしゅう》北部には低気圧があり、南に伸びる気圧の谷を伴っていると見られ、九州付近は大気やや不安定で、今日の松浦港から佐世保市俵ヶ浦までの天気は、晴れ時々曇り一時雷雨、風南寄り秒速五メートル一時秒速八メートル、波高一・五メートル、視界一〇キロメートル一時三キロメートル、と類推する。

本日は定時出港となった。途中の平戸瀬戸を過ぎると向かい風となるが風は弱い。しかし漕ぎ方は、九十九島の絶景を眺める暇は無かったはずだ。本日の航行は五七キロメートル。


出発八日目。八月一日、この日は次図のとおり太平洋高気圧は更に西に張り出し、九州一帯を覆っており、晴れの所が多く猛暑となろう。しかし、午後には山沿いを中心に俄か雨の所が出て来そう。

本日の佐世保市俵《たわら》ヶ浦《うら》港から長崎半島脇岬《わきみさき》港間の天気は、晴れ一時曇り俄雨、風東寄り秒速二〜三メートル、波高一メートル、視界一五キロメートル、と類推する。本日は定時に出港となった。

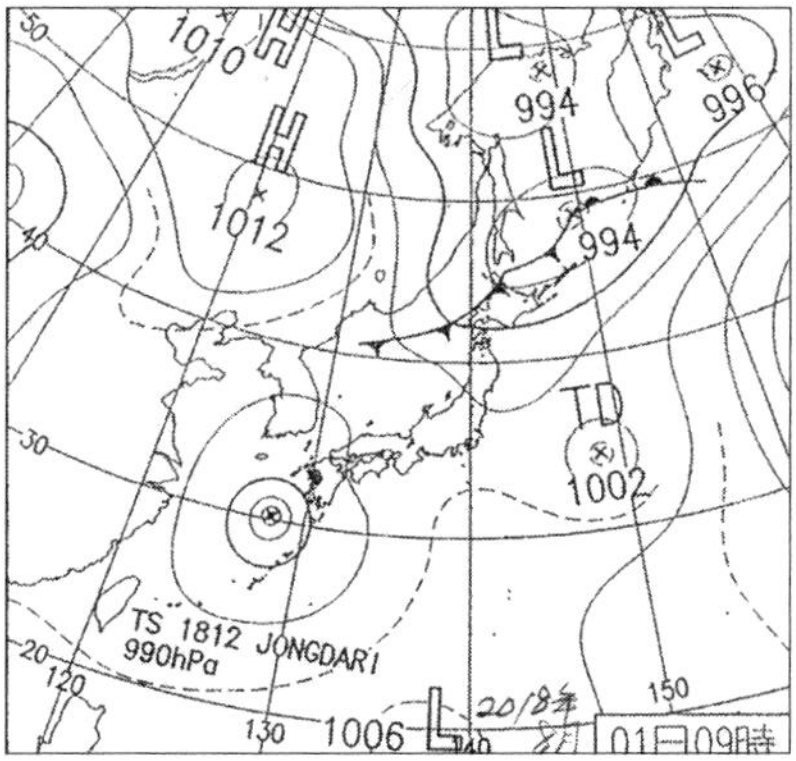

2019 年 8 月 01 日 09 時

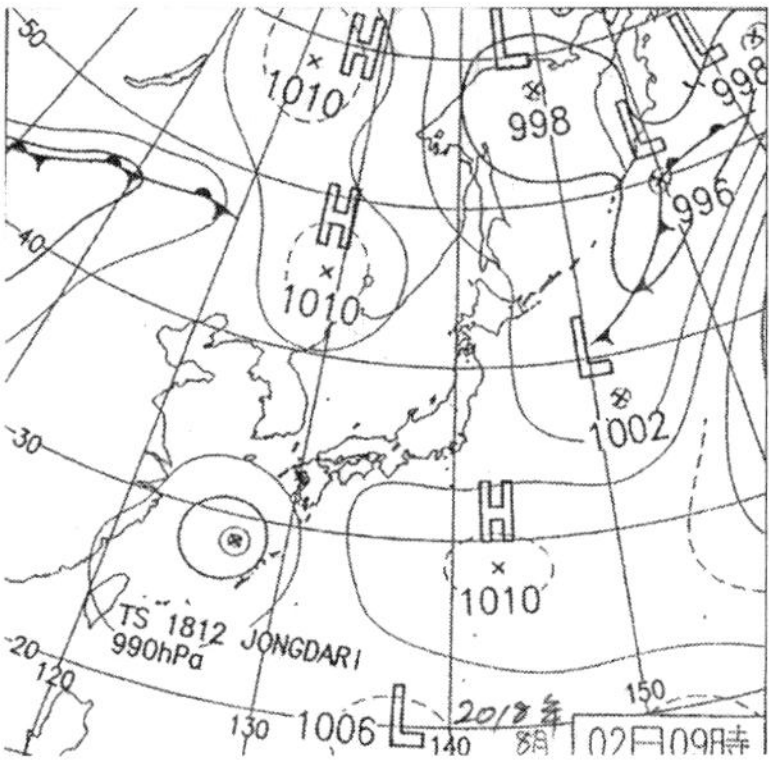

2019 年 8 月 02 日 09 時

今日は久し振りに向かい風も消えて、角力灘《すもうなだ》を気持ち良く越える事ができた。

情報係の郡使にとっては、多く情報を得るには向かい風で船足《ふなあし》が遅い方が良い。向かい風も悪い事ばかりでは無い。夕方に脇岬港に入港できた。本日の航行は七〇キロメートル。

出発九日目。八月二日、この日は太平洋高気圧が西に張り出し、強い勢力を保っている。九州では今日も晴れの所が多いが、午後、山沿いの地域では俄雨がありそう。

本日の脇岬港から島原港までの天気は、晴れ一時曇り俄雨、風北東秒速三メートル、波高〇・五〜一メートル、視界一五キロメートル、と類推する。

本日は定時に出港となった。

本日は風は定まらず、海陸風《かいりくふう》のみとなろう。福岡管区気象台の観測値も、最大風速値は二日程前から海風《かいふう》によるものと見られる。真夏沿岸部の沖合では海風も無く、無風の日がある。しかし、明け方は陸風が起こり、これを漁労に利用する。本日は向かい風も無く、夕方、島原港に入港した。本日の航行は七〇キロメートル。

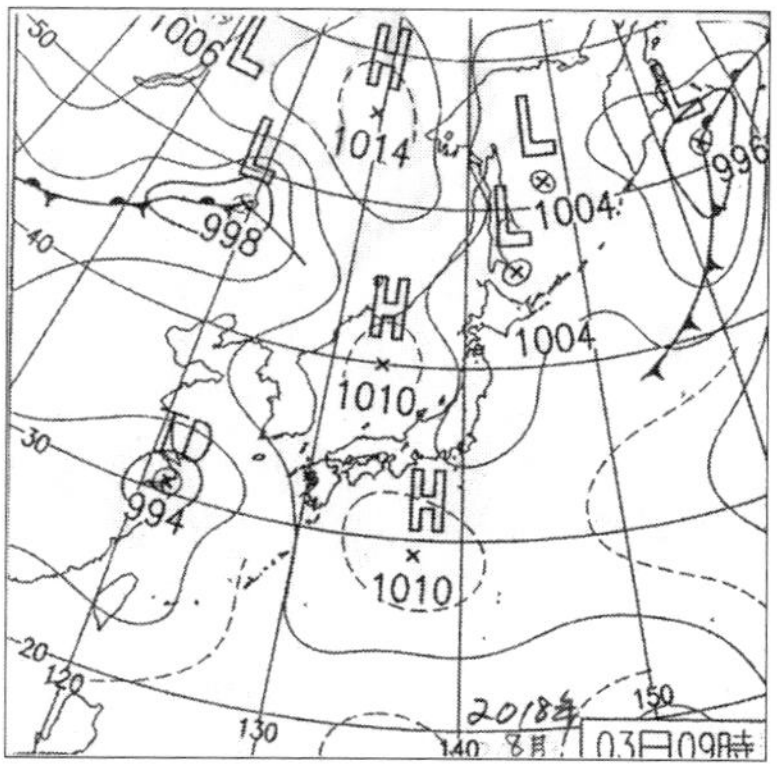

2019年8月03日09時

出発一〇日目。八月三日、この日、九州は太平洋高気圧に覆われ、晴れの所が多いが、気圧の谷の影響で山沿いの地域では俄雨がありそう。しかし、猛暑はまだ続きそう。

本日の島原港から熊本県旧玉名郡和水町間の天気は、晴れ一時曇り俄雨、風南東秒速三～五メートル、波高一メートル、と類推する。

本日は定時出港となった。弱い横風を受けて進んでいると、菊池川の河口らしき所が見えてきた。今日が水行一〇日の比定検証航海の二回目の最終日となった。一回目の時と違って、対馬で向かい風のため二箇所に寄港したが、悪天欠航が無く前回同様、一〇日で著者が比定した邪馬台国・女王の都、和水町に午後、到着した。本日の航行は三三キロメートル。

水行一〇日に対する比定地の二回目の検証航海を終了したので集計する。

航海日数、一〇日（休養一日、欠航なし）

航行日数、九日（航行基準値内で航行）

航行距離、五四八キロメートル

航行日の一日平均六一キロメートル。以上であり検証結果は、二回とも「倭人伝」の記述と一致した。

女王の都の所を和水町江田付近とする比定は「妥当」としたい。

ただし、航海途中、台風などと出会《でくわ》した場合は、航海日数が一～二日延びる可能性がある。

第一一章　風物・風俗風習について

第一節　風物について

「倭人伝」には、「出《でる》真珠《しんじゅ》青玉《せいぎょく》其山《そのやま》有丹《あるたん》」と記述している。

これを和訳すると、倭地では真珠や青玉を産出し、山には丹も有る。

では、天然真珠について記そう。貝の体内に異物が入ると、貝が分泌する炭酸カルシウムが異物を取り巻くように付着し、丸い玉を作り成長する。ただし、今は希少で、滅多に見られなくなっている。今では、真珠はほとんどが養殖物で、アコヤ貝（ウグイス貝科の二枚貝）、貝長約六センチメートルで、表は灰褐色、内面は真珠光沢を持つ、ほぼ四角形をした貝の養殖から始める。この貝の体内に手術によって核を入れ込み、成長させる。この玉を取り出して加工し、宝飾品に仕上げるのである。

続いて、青玉《せいぎょく》について記そう。

この青玉は、綱玉《こうぎょく》と呼ぶ宝石の一種で、青色の物を漢名で青玉と呼ぶ。カタカナ文字では、サファイアと書く。綱玉は色数が多く、青・赤・黄・褐灰色など豊かである。この洋名はコランダムと言う。また、この綱玉は硬度が金鋼石（ダイヤモンド）の一〇に次いで高く、硬度は九を誇る。石英からなる水晶や、ガラス、陶磁器などほとんどの物質が硬度は七以下である。

青玉は、硬さの特性を生かして、ガラス切りや宝石の研磨材などに欠かせない存在であったと思われる。この綱玉《こうぎょく》の中で、紅《べに》色の物はルビーと呼ばれる。主にミャンマーで産出され、燃えるように輝くルビーなどと称される。

宝石の宝石たる資格は、美しいこと、硬いこと、希少であること、とされている。日本で産出される宝石は、碧玉《へきぎょく》と呼ばれる不純物を含む石英が有名である。この碧玉《へきぎょく》は、不純物の種類や量によって色がさまざまで、佐渡の物は赤玉、出雲の物は（たま《玉》つくり《造》いし《石》と呼ぶ）緑色に近く、古くから曲玉《まがたま》（勾玉）、管玉、指輪、簪《かんざし》、印材などの装飾品に使われている。この碧玉は硬度七の石英であり、硬度九の青玉で加工できたものと思われる。

ここで鉱物の硬度について記してみる。ドイツの鉱物学者・モースの硬度比較により低い方から順に記す。

一　滑石《かっせき》、白色・帯緑色（緑色をおびた色）を呈する。塗料・耐火・保温材に用いる。
二　石膏《せっこう》、白色透明が多い。白墨・セメントギブスの原料となる。
三　方解石《ほうかいせき》、ガラス光沢を有する。大理石・鍾乳石はこの石から成る。
四　蛍石《けいせき》、ガラス光沢を有する。ガラス工業・工学器械などに用いる。
五　燐灰石《りんかいせき》、無色ないし淡青色《たんせいしょく》・黄色を呈《てい》する。燐酸肥料・クリーム・歯磨原料となる。
六　正長石《せいちょうせき》、無色・時に有色・ガラス光沢をもつ。肥料の原料・ガラス・陶磁器製造に。
七　石英《せきえい》、ガラス光沢をもつ。ガラス陶磁器の材料、六角柱状結晶の物は水晶と呼ぶ。

八　黄玉《おうぎょく》、多色あるが黄色のものは宝石に。
九　綱玉《こうぎょく》、ガラス光沢をもち、青・赤・黄など多色。ガラス切り・研磨材・宝石に。
一〇　ダイヤモンド、無色透明または青・黄・紅色・緑・褐・黒色、炭素だけから成る。産地はアフリカ、シベリアなど。黒いものは工業用とする。和名は金剛石と言う。今では、工業用には人工的に合成されたものが、多用されるようになった。

次は、「其山有丹《そのやまありたん》」の記述について記す。丹《たん》は深紅色《しんこうしょく》をした土で、硫黄《いおう》と水銀とが化合してできた鉱物。鉄が酸化してできた赤土とはまったく異質である。本物の丹であれば、辰砂《しんしゃ》とか丹砂《たんさ》と呼んで水銀製造や日本画に用いる赤色顔料製造の主要鉱石で、貴重鉱物である。

次は、倭地に有る樹木や、そこに住む動物についての記述を記す。

☆其木有《そのきあり》、柟《たぶ》・杼《こなら》・豫《とち》・樟《くす》・楺《ぼけ》・櫪《くぬぎ》・投橿《かし》・烏號《やまぐわ》・楓香《ふうこう》。其竹《そのたけ》、篠《ささ》・簳《まだけ》・桃支《かずらだけ》。有《あり》、薑《しょうが》・橘《たちばな》・椒《さんしょ》・蘘荷《みょうが》。不知以爲滋味《じょうが有り美味なものをしらない》。有《あり》、獮猴《さる》・黒雉《きじ》。

第二節　風俗風習について

☆其俗擧事業来有所云爲輒灼骨卜以占吉凶先告所卜其辭如令龜法視火坼占兆其會同坐起父子男女無別人性嗜酒。

☆魏略曰其俗不知正歳四節但計春耕秋収爲年紀。

これまでの記述を和訳する。

その風俗、行事や旅行などのとき骨を灼いて吉凶を占い、まずその結果を告げる。中国の亀卜《きぼく》と同じように火で焼いて、その罅割《ひびわれ》を見て兆しを占う。この集会での座位には、父子男女の区別は無い。また、人々は酒好きである。

弥生時代の倭国では獣骨を焼いて、その裂け目によって吉凶を占っていたようだ。その獣骨を卜骨《ぼっこつ》と言い、アジア・アフリカ・ヨーロッパで古くからこの卜骨《ぼっこつ》を使った骨卜《こつぼく》（占い）が行なわれていたとされる。日本では、奈良時代（七一〇年から七九四年）以降においても、まだ骨卜が行なわれていたと「広辞苑」にも記載されている。

次は、「魏略」（史書名）に有るとする驚く可き記述がこの「倭人伝」に一行を二列にして、半分の大きさの文字で書かれている。その字数は二〇文字だけであるが、真実であれば古の時代の歴史に影響が大きいだろう。再記述すると「魏略曰《ぎりゃくいわく》其俗《そのぞく》不《ふ》知《ち》正歳《ただしいとし》四《し》節《せつ》但《ただ》計《かぞえる》春耕《しゅんこう》秋収《しゅうしゅう》爲《ためなり》年紀《としとしるす》」と書いてある。

和訳すると、「魏略」いわく、その習俗では、正歳《ただしいとし》や四節を知らない。一年を数えるには、春に耕し秋に収穫するを以て一年と数えていると訳せる。これは稲作の事である。すると、冬種を蒔き初夏に収穫する麦も同様に一年と数えていたとすれば頷ける部分が多くある。「倭人伝」は麦作には触れてないが稲作同様、一年としていたようにも取れる。

後の記述に出て来るが、倭人は一〇〇歳や八、九〇歳の者もいると「倭人伝」にある。当時の倭人の寿命は長生きしても五〇歳くらいと見ていたので、桃源郷でもあるまいし不思議に思っていたが、一年を二年に数えていたとすれば納得できる。また、後漢書「倭伝」（付録二三六頁に記載）にも、倭人は一年を二年に数えていたように見える記述がある。

次にある「倭人伝」の記述を記す。

☆見大人所敬但搏手以當跪拜　其人寿考或百年或八九十年其俗國大人皆四五婦下戸或二三人婦婦人不淫不妬忌不盗竊少諍訟其犯法輕者没其妻子重者没其門戸及宗族尊卑各有差序足相臣服収粗賦有邸閣國國有市交易有無使大倭監之。

これを和訳して記す。

大人《だいじん》を見《み》て敬意を表す時は、ただ手をたたくのみで、跪《ひざまず》いて拝む代わりとしている。人の歳は一〇〇歳や八、九〇歳の者もいる。その習俗では国の大人《だいにん》は皆四、五人の妻を持ち、下戸（一般の身分）でも二、三人の妻を持つ者もいる。婦人は貞節で嫉妬《しっと》しない。窃盗せず訴えごとも少ない。その法を犯すと、軽いものは妻を没（奴隷）し、重いものはその一家や一族を没する。

また、尊卑にはそれぞれ差や序列があり、上の者に臣服して秩序が保たれている。租税を収め、高床の大倉庫がある。国々に市があって、有る物と無い物とを交換し、大倭にこれを監督させている。

☆下戸與大人相逢道路逡巡入草伝辭説事或蹲或跪兩手據地爲之恭敬對應聲日噫比如然諾。

これを和訳する。

下層階級の者が貴人に道路で出逢った時は、後ずさりして道路脇の草に入る。言葉を伝えたり物事を説明する時には、しゃがんだり、跪《ひざまず》いたりして両手を地につけうやうやしさを表現する。貴人の返答の声は、「アイ」と言う。中国での然諾（よしとして引き受けること）と同じようなものである。

次は、人の死についての風習記事。

☆其死有棺無槨封土作家始死停喪十余日當時不食肉喪主哭泣他就歌舞飲酒巳葬擧家詣水中澡浴以如練沐。

これを和訳して記述する。

人が死ぬと棺《ひつぎ》に収めるが外側の入れ物である槨《かく》はない。土で盛った墓を造る。始め、死ぬと死体を埋めないで、かりもがりする期間は一〇余日。その間、家人は肉を食べず、喪主は泣き叫び、他人は歌い踊って酒を飲む。埋葬が終わると一家そろって水の中に入り、洗ったり浴びたりする。それは白い絹の喪服を着て沐浴《もくよく》する中国の練沐《れんもく》のようなものである。

第一二章　夏后《かこう》・少康《しょうこう》の子と会稽東治《かいけいとうち》の東とは

「倭人伝」の記述を記す。

☆夏后《かこう》少康《しょうこう》之《の》子《こ》封《ふう》於《おいて》會稽《かいけい》断髪《だんぱつ》文身《ぶんしん》以《もって》避《さける》蛟龍《こうりゅう》之《の》害《がい》今《いま》倭《わ》水人《すいじん》好《こう》沈没《ちんぼつ》捕《ほ》魚《ぎょ》蛤《はまぐり》文身《ぶんしん》亦《また》以《もって》厭《あつ》大魚《たいぎょ》水禽《すいきん》後《のち》稍《やや》以《もちいる》爲《ために》飾《かざり》。

これを和訳して記す。

夏、第六代の君主・少康の子息が、会稽（浙江省《せっこうしょう》紹興《シャオシン》市か）に封ぜられ、髪を断ち切り体に入墨をして、蛟龍（竜になる前に水中に潜んでいる想像上の動物で、蛟《みずち》と呼ぶ）の害を避けるために、このように断髪や入墨をしている。「后」は君主またはきさきの事。今、倭の漁民は、入墨をして好んで潜水し、魚や蛤を捕まえている。入墨は大魚や水鳥《すいちょう》の害を避けるためである。後に、入墨は飾りとなった。

夏の后・少康の子が封じられた、とされる浙江省会稽について、詳しく述べておこう。

「夏」は中国最古の王朝で禹《う》が建国し、都は山西省安邑《アンイー》などに置かれ、紀元前二一〇〇年から前一六〇〇年まで存在したとされ、一四代で一七人の王がいたが、一七代目・桀《けつ》の時、殷《いん》の湯《とう》王に滅ぼされた。

その六代目の君主・少康の子息が、会稽を領地として与えられ、海岸に出て潜水などをして楽しんだようすが記されている。日本で言えば、封建時代の地方藩主に封じられ、都から約一〇〇〇キロメートル南東に離れた地、会稽に封じられたと理解すれば良いだろう。

この会稽という所は、最後まで重要となるので、もう少し述べておきたい。この会稽の場所は、中国上海《シャンハイ》の南西約一三〇キロメートルの所に在る、今の紹興《シャオシン》市の事である。前六〇〇年から前三三四年の間、呉《ご》を破った越《えつ》は浙江《チョーチアン》省・江蘇《チアンスー》省・広東《シャントン》省を領有し、都を浙江省会稽に置いていたとされる。今の紹興《シャオシン》市のすぐ南東に、今でも会稽山と呼ぶ、古の時代、戦《いくさ》で有名な山が在る。その山は「夏」の初代の王・禹《う》が諸侯と会した所とされ、夏《か》には縁《ゆかり》の地である。後代《こうだい》、戦場の地として有名になった所でもある。「臥薪嘗胆《がしんしょうたん》」という言葉が生まれたのも、この山地であった。呉王は、先祖の仇《かたき》である越《えつ》王を討つ事を忘れないために、薪《まき》の上に寝て身を苦しめ、三年後にその会稽山においてついに越《えつ》王を降伏させた。しかし、敗れた越王は苦《にが》い胆《きも》を舐《な》めて、十数年後に呉王を降《くだ》したとの伝説の地である。

ところで、后・少康の子が封じられた会稽は、今の紹興《シャオシン》市と見てほぼ間違いないと類推されるが、しかし、一八文字置いて記述する女王国の道里に関する原文の解明が更に重要である。

☆「計《はかる》其《その》道里《どうり》當《まさに》在《ある》會稽《かいけい》東治《とうち》之《の》東《ひがし》」とある。

これを和訳すると、女王国への道里を計算すると東方を治めた会稽の東に在る、となる。この会稽は地名であるが、東治は地名ではなく東方を治めていたという意味である。会稽東治と呼ぶ地名は中国のどこにも見当たらない。

ところが、福建省には似た地名があり、ほとんどの研究者がそれと間違えている。それは二六〇年まで存在した会稽《かいけい》郡《ぐん》東冶《とうや》県《けん》で、中国（当時呉）福建省に在った。

「倭人伝」が初出版されたのは、二六〇年頃で、魏が戦費調達のためだとみるが、戦時中のため女王国の場所は秘匿する必要が有った。故に、虚偽記載には至らない範囲で、倭地は会稽東治の東だと東治を加えて混乱させ、会稽東冶の東とも取れるようにした。また、后・少康の子が会稽に封じられた事を直前に記しているのは、多数が女王国は会稽郡東冶の東と受け取った時の言い訳のためだろう。

次は、福建省にあった東冶県である。「冶《や》」という文字は、冶金《やきん》（鉱石から金属を精製する）や、鍛冶《たんや》（金属を打ちきたえて器物を作る）などに使われ、音読はヤのみ。「治《ち》」は自治・統治などとして使われ、音はジ・チであり、訓意はおさまる・おさめるなどであり、冶と治は字義が全く違う。

さらにまた、会稽東治の東とすべきを、会稽東冶の東と誤って書いたとする説がある。実はそう思わせるため、越の都・浙江省会稽に東治を加えて混乱させ、会稽郡東冶県の誤りだと思わせ、倭地の場所を秘匿したと見るべきだ。東治は誤記ではなく秘匿のために記した高等手法だと捉え、今後、これを基に解明を進める事になる。「倭人伝」研究者の大部分の人と見解を異にするが、綿密に分析した結果である。

越の時、会稽に都を置き、浙江省・江蘇省・山東省の中国東方を治めた事から、東方を治めた会稽の東だと取れるものを、東治の文字を書いて福建省の東冶の誤りだと思われるようにしたのだろう。

ところで本章も末尾に近づいたので再度述べるが、福建省には会稽郡東冶《や》県が存在したので、呉の人は呉の福建省の東と取るはずだ。しかし、そこに女王国は無い。したがってこれは、浙江省紹興《シャオシン》以外の所では無いと言えよう。すると、筆者比定の女王の都・旧玉名郡付近は、紹興市の方位六七度、「倭人伝」は八方位使用なので、東の範囲は六七・五度から一一二・五度である。〇・五度ずれるがほぼ適合と言える。

第一三章　女王国の東や南の国について

「倭人伝」の記述を記す。

☆女王國東渡海千餘里復有国皆倭種又有侏儒國在其南人長三四尺去女王四千餘里。

これを和訳すると、女王国の東、海を渡ること一〇〇〇余里、また国があり皆倭種である。また、侏《しゅ》儒《じゅ》（こびと）国が女王国の南にあり、身長三、四尺（おおよそ七二〜九七センチメートル）で、女王国から四〇〇〇余里離れている、となる。

これらの記述を地図の上でその場所を計測してみよう。まず、女王国の東で海を渡ること一〇〇〇余里とあるのは、第八章で算出した里の尺度は、一里が六八・六メートルであるので、一〇〇〇里は約六九キロメートルとなる。女王国の東には、四国西岸との間に豊後《ぶんご》水道が存在する。海上の距離は通常、港から港までを言うので豊後水道に面する港間の航路距離を計測してみよう。

九州側の大分県臼杵《うすき》港から愛媛県宇和島《うわじま》港間は約七〇キロメートル。大分県佐伯《さえき》港から高知県宿毛《すくも》港間は約八〇キロメートル。この二つの航路の平均距離は七五キロメートルとなり、前述した一〇〇〇里、約六九キロメートルに対し、ほぼ適合すると見て良いだろう。したがって、女王国の東に有る一〇〇〇余里の海は九州東岸と四国西岸間の豊後水道と見る。さらにまた、「女王国の東方渡海千余里の所にはまた国がある」と記すのは、四国西岸域にある小国の事であると見るのが適切だろう。

また、そこに住む人々は皆倭種と有り、間近で実見して顔付きや体格も似ていて、倭国人と同じ人種であると認識できたのであろうと推測される。しかし、倭国人とも倭人とも述べていないので、倭の三〇箇国とは別国の人々である事も認識できたものと類推される。

次は、女王国の南にあると記す侏儒国について詳しく見てみよう。まずは、その場所の比定から始めなければならない。地図上で見ると、女王国の南四〇〇〇余里は二七四キロメートルとなる。この四〇〇〇余里は、離れていると記されているので、航行距離ではなく、直線距離の事と思われる。この距離に該当する島を地図で探すと、種子島、屋久島の二島だけである。

この内の種子島について見てみよう。この島は平地が多く、気候も温暖で人が住みやすい島のように思われ、低身長の人骨が発掘されている。この島までの距離は、女王国（熊本県旧玉名郡付近を比定中）から直線距離で、島の北端まで二四四キロメートル・三五五七里、同島南端三〇〇キロメートル・四三七三里、平均三九六五里である。この島は、ほぼ南北約五〇キロメートル、巾約五～一〇キロメートルの細長い島であるが、鉄砲伝来や今は宇宙ロケット発射基地として有名になっている。この島の南部の東岸の鹿児島県熊毛《くまげ》郡中種子町《なかたねちょう》に、熊野港と呼ぶ夏場でも冬場でも適する天然の良港が在る。この港から五キロメートルほど南に、同郡南種子町《みなみたねちょう》広田という地が在り、そこにある遺跡を広田遺跡と呼び、弥生時代の人骨が出土している。その人骨は、成人男子が身長一五四センチメートル、成人女性が一四三センチメートルとされている。

次に、時代別の日本人の身長として、その数値（推定）を記載したものが「日本史総合図録」にあるので、参考までに記してみることにする。

縄文人「男一五九センチメートル、女一四八センチメートル」、弥生人「男一六一センチメートル、女一五二センチメートル」、古墳時代「男一六三センチメートル、女一五二センチメートル」、鎌倉時代「男一五九センチメートル、女一四五センチメートル」となっている。同時代の平均値に比べると、その差は男七センチメートル、女九センチメートルであり、当時、倭国では「こびと」とは言えず、住んでいたのは小柄の人達であった、と言えるだろう。これまでに発掘された限りでは、こびと族は見つかっていない。

しかし、屋久島も「倭人伝」に記す「こびと国」の対象地となっているので、この島についても記しておきたい。この島は種子島南部西岸の、約二〇キロメートル西方にあり、ほぼ円形をした直径二五キロメートルほどの島で、女王国から島の北端まで直線で約二九〇キロメートル・四二二七里ある。港は島の北東部、熊毛郡屋久島町宮之浦に宮之浦港があり、宮之浦川の河口を整備してできた港である。古くからこの河口を津港として、夏場も冬場もなんとか利用できていたであろうと見受けられる。この島は、中央部に宮之浦岳（一九三六メートル）があり、屋久杉と呼ぶ巨木の島として有名である。屋久島には日本猿がいるが、ほかの地域の同種に比べて小さいと「広辞苑」にある。

筆者の実見したところでは、離島や山地に住む人々は、広い平野部に住む人々に比べて、小柄の人が多いと感じている。その方が生存していくのに都合が良いのだろう。

第一四章　裸国《はだかこく》・黒歯国《こくしこく》東南船行一年の場所

「倭人伝」の記述を記す。

☆又有裸国黒歯国復在其東南船行一年可至、とある。

これを和訳すると、また女王国の南東に歯を黒く染めた裸族の国がある。船で行くと一年で行き着く、となる。

これは、記述のとおり歯を黒く染めた南洋諸島のほぼ赤道直下の島国だろう。当時、昼間のみの航行で、地文航法しながら島伝いに航海して、一年で女王国の東南のどの島まで航行できるかなどについて、地図上ではあるが、航海を試みる事にする。また、一年で到着できた島国が歯を黒く染める材料を得られるのか、これも重要となるので、今のうちに調べておきたい。日本では、平安時代の中期頃から上流階級の女性の間で、歯を黒く染める御洒落《おしゃれ》が始まったとされており、これを御歯黒《おはぐろ》すると言っていたそうである。それが江戸時代には、結婚した女性は全て行なっていたと、辞書にある。

その御歯黒する材料の作り方を記しておきたい。作り方は、五倍子《ふし》の粉を鉄漿《かね》につけて、歯につける。すると歯が黒く染まる。それでは五倍子《ふし》の粉の作り方を記す。白膠木《ぬるで》の若葉に生じた虫癭《ちゅうえい》（昆虫の卵が集まりできた瘤《こぶ》状の物）を粉にした物。鉄漿《かね》は、鉄片を茶の汁または酢に浸して酸化させて作るが、悪臭が強いとされている。

さて、白膠木《ぬるで》であるが、この木はウルシ科の落葉小高木、東南アジアに広く分布し、果実は少し塩辛いとされる。樹高約六メートル、別名五倍子《ふし》の木、白膠木《ぬりで》とも呼ぶ。このようにして作られた御歯黒は、御歯黒壺《つぼ》に入れ御歯黒筆で塗っていたとされる。

それでは、南洋の歯を染めた裸族の国へ向かうが、さきに台湾までの地図を示す。女王国から外洋帆船を使って二隻で出発、島原湾と八代海を経て出航してから三日目には朝の内に八代

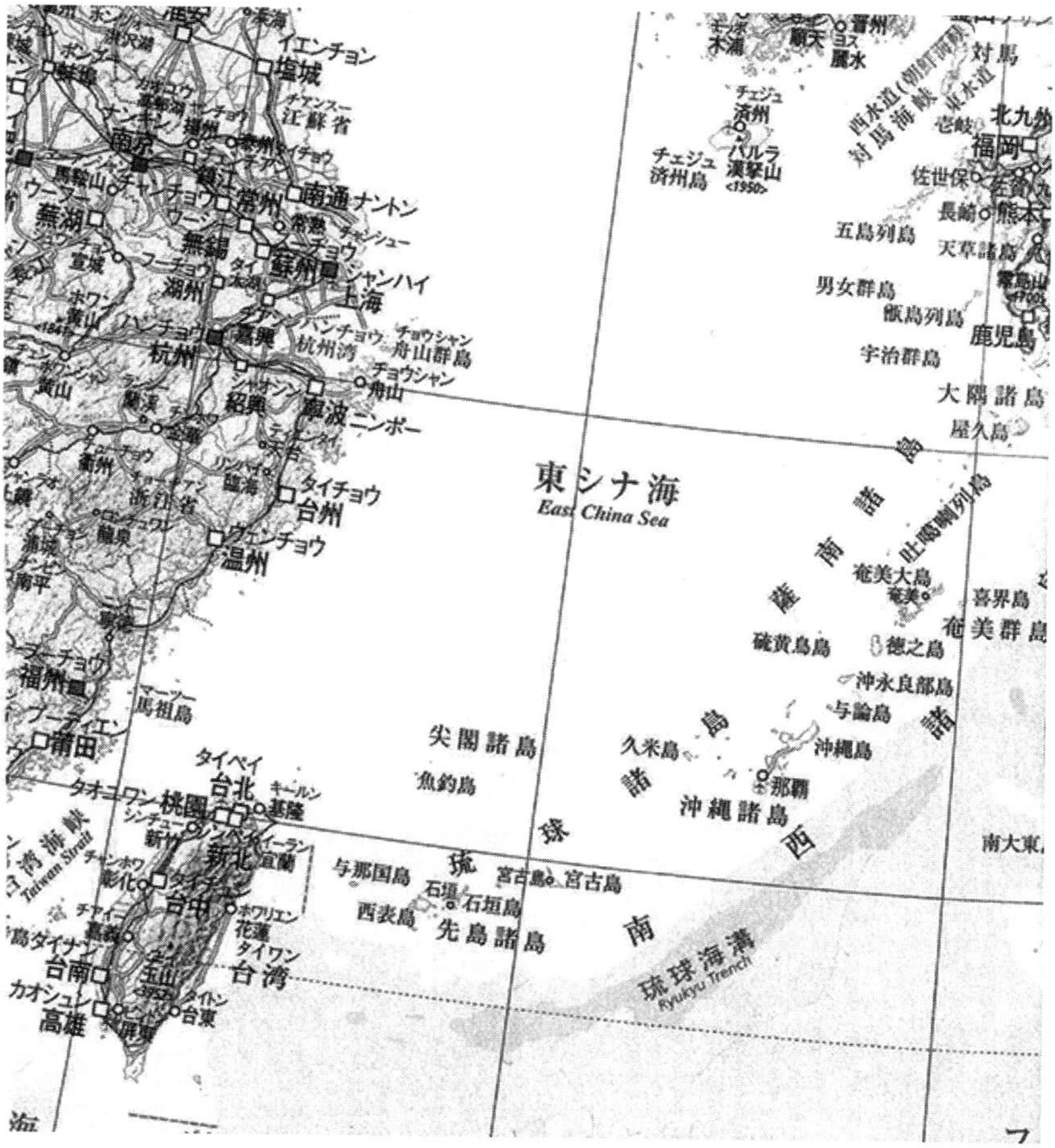

台湾までの地図　（日本地図帳から転写）

海南端の黒之瀬戸を越え外洋に出た。あとは九州西岸を南下し、大隅諸島、奄美群島、沖縄諸島、先島諸島を経て台湾北岸まで進んだ。次ページに、台湾以南の地図を示す。ここからは西岸沿いに南行し、台湾最南部の主要港で、バシー海峡とバリンタン海峡を越える諸準備をしなければならない。この二つの海峡を越えるには、港間距離にして約五〇〇キロメートルある。途中に諸島はあるが地文航行はできず、夜になっても入れる港も島も無い日が多いだろう。当時、帆船で夜航海などできるはずも無かっただろうから、夜になっても入れる港が無い場合は、帆を下げて進むのを止めて、船が風波に流されないように風に向けて櫂で漕ぎ、夜が明けるまで船を動かさないようにする事が何よりも大事で有ったと思われる。夜の海で動くと暗礁や岩礁に乗り上げたり、他船と衝突したりする恐れがある。碇を入れて流されないようにする方策もあるのだが、他船が接近して来た時、逃《のが》れきれないので良くない。それだと、台湾海峡の二〇〇キロメートル程を渡り、中国大陸東岸に沿って沿岸航行すれば良いではないかとの考え方もあろう。

しかし、これだと当時、魏の敵国であった呉の沿岸部を通ることになるので、拿捕《だほ》される恐れがあり、航行は無理だろう。

また、この航路の場合、スマトラ島まで南下する必要があり、遠回りとなって、一年では女王国の東南の地までは行き着けない。

さて、島一つ見えない夜の海では風に流されないように、櫂で加減して漕ぐのだが、ちょうど停止している状態を維持するのは、何か目印となる物が無ければできない。その目印は船の舷側に麻縄など濡

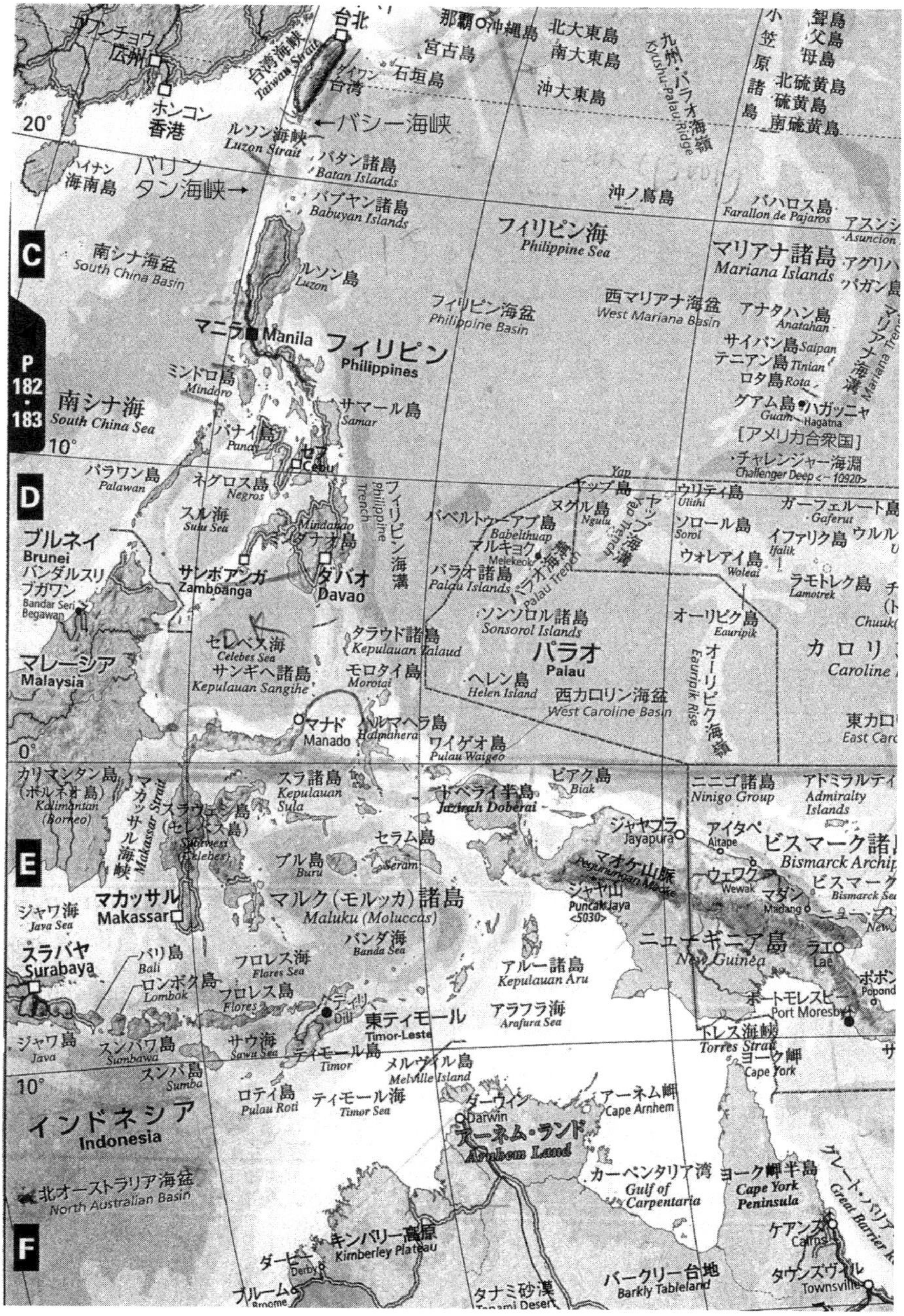

台湾以南の地図　　　　（世界地図帳から転写）

れて重くなったロープを数メートル垂らして、このロープがいつも垂直を保つように舵《かじ》と櫂《かい》で停止させて夜明けを待ったことだろう。

地文航行は、陸地や島を視認しながら自己の位置を求めて行なうが、正確な地図が必要である。未知の地では、当時は水先人に頼るしか航行の方法は無かったと言えよう。

天文航法は、太陽・月・恒星などの高度や方位から、自己の位置を求めて行なうが、これには羅針儀《らしんぎ》(磁針がほぼ南北を示す器具)、六分儀《ろくぶんぎ》(天体などの高度測定器)、経線儀《けいせんぎ》(携帯時計)、および正確な地図が必要である。

「倭人伝」は、倭地の位置をほぼ正確に示している。それは、いかにして位置を知ったのか考察したい。それは、北極星(ほぼ真北点上の星・ほぼ不動、他は恒星も地球の動きのため動くように見える)の高度から緯度位置を知ったように見える。この航海での最難題は、この海峡をいかにして越えるかであっただろう。

女王国を初秋の一〇月頃、北風が吹き始める時を待って出発すると、約一ヵ月で台湾南部の主要港に到着できるだろう。この港では一一月か一二月、北風の吹き始めを待って出港し、二〇〇キロメートルほど進んだ所に在るバタン諸島に寄港し、休養や船の整備を済ませ、できるだけ北寄りの風(バリンタン海峡では北風はほとんど無く、北東ないし東よりの風が卓越する)の吹き始めを逃《のが》す事なく出港し、バブヤン諸島に寄港して、フィリピンのルソン島西岸を目指すのが良いだろう。フィリピン諸島では南東の貿易風がほぼ常時吹いているので、西側を南下すれば風波を島が遮ってくれるので助かる。あとは、そのまま島伝いに南下し、ミンドロ島からスル海に入り、パナイ島やネグロス島を経て、ミンダナオ島西部のサンボアンガ半島に渡り、南西に向きを変えタプール諸島を経てカリマンタン島（ボルネオ島）北東部の半島に到着する。南洋の地図を掲示する。

ルソン島到着後は、この航路を取れば地文航法でここまで進めるだろう。ここからは、この島の東岸に沿って南行し、約六〇〇キロメートル進んだ所にあるマンカリハット岬から東に向きを変え、約一二〇キロメートルあるマカッサル海峡を渡って、スラウェシ島（セレベス島）の北部に着く。ここからは、同島の北岸を東行し、ミナハサ半島先端まで進み、約一二〇キロメートル東方に在るマユ島を経て、さらに約一〇〇キロメートル東行するとハルマへ

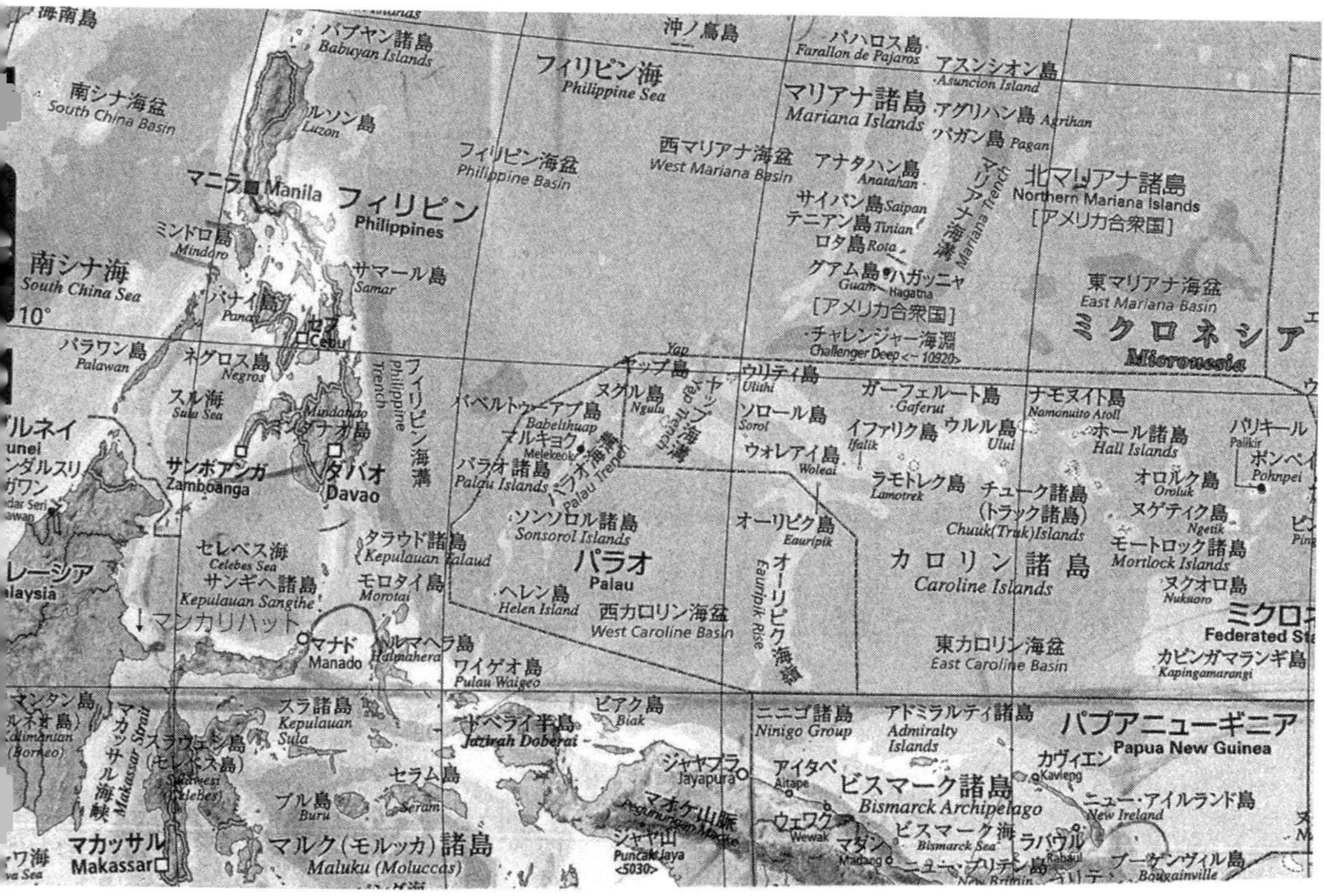

南洋の地図　　（世界地図帳から転写）

ラ島に着く。ここから北回りしてワイゲオ島経由で東に進むと、ニューギニア島北西部のトベライ半島に到着する。ここから同沿岸を東行し、約一三〇〇キロメートル進んだ半島からニューブリテン島へ渡り、ラバウル島から南東へ向きを変え、約二〇〇キロメートルの海を越えるとブーゲンビル島に着く。さらに、ここから南東に進み、チョイスル島やサンタ・イサベル島を経て、ガダルカナル島ホニアラに到着する。

ミンダナオ島までのフィイリピン諸島では、西岸航路を取ると海流の影響もあまり受けることなく、潮汐《ちょうせき》による流れが主となるので、向かい潮のときもあれば、追い潮のときもあって、特別強い潮流発現の場所は見当たらない。また、向かい風も島に遮《さえぎ》られて弱くなり、南行する帆船に取っては得難い航路であろう。さらに、ミンダナオ島からホニアラまでは、約六〇〇〇キロメートルに及ぶ長い航路であるが、この航路域の海流は、途中のワイゲオ島付近から先約三五〇〇キロメートルに及ぶ航路で、南赤道海流が西に向かって流れる向かい潮の海域だ。次頁に海流図を示す。

風についても述べておこう。

カリマンタン島から東の航路は、年中吹いている貿易風帯域（東寄りの風）の南側に位置しており、赤道無風帯と呼ばれ、風が特に弱く、まれに吹く風は突風で、雷と強雨を伴う。帆船の東行に取っては、向かい潮で漕ぎ一手、実速が三割程減るが、櫂で気合いを入れて漕げば、やがて東方の地に行き着く。さらに、留意しておくべき事は、酷《ひど》い蒸し暑さと突然の突風と雷雨、この現象をスコールと呼ぶが、この時の落雷によって南洋地域では多くの人が感電死する。

ところで、このようにして到着したホニアラ港の位置は、南緯九・五度、東経一六〇度、ソロモン諸島南東部の太平洋戦争で有名な激戦地となったガダルカナル島の北西部沿岸に在り、島の長さ一四〇キロメートル、巾四六キロメートルほどで、面積六五〇〇平方キロメートル、同諸島の主都だ。

女王国の南東に位置し、それらしき島はここより先には見当たらない。当時、帆船での航海は、ここまでが限界だったように見える。ここで女王国とホニアラ間の地図を次頁に掲示する。

では、話を先に進めよう。

ホニアラの港までの女王国からの航行距離は、一一八四五キロメートル、航海日数三五五日、航行日数二四〇日であっ

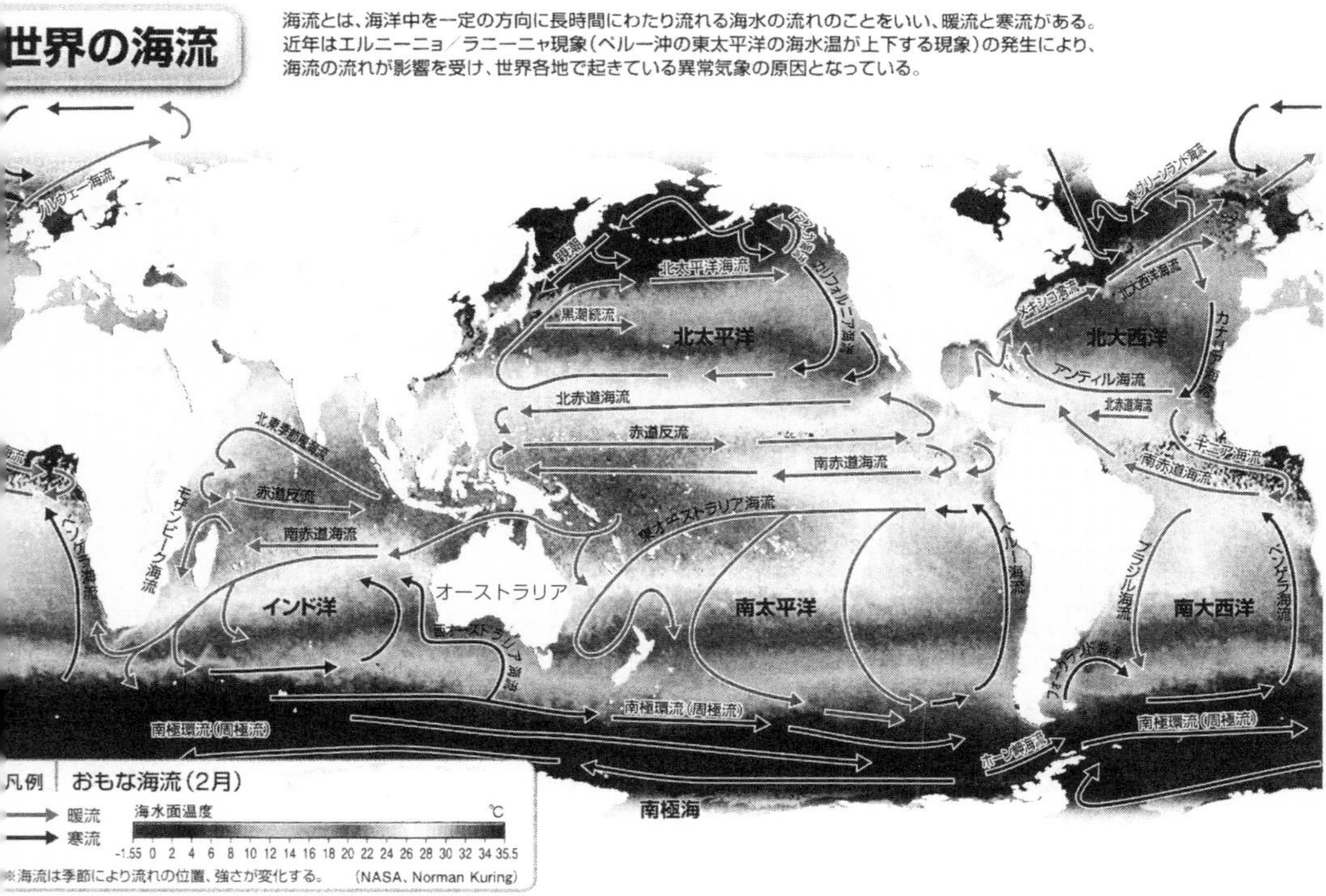

世界の海流　　（世界地図帳から転写）

裸国・黒歯国東南船行一年の場所

女王国とホニアラ間の地図　(世界地図本から転写

た。月平均航行日数二〇日、出港一日平均航行距離四九・四キロメートル、月平均航行距離九八八キロメートル。この帆船の航海要項を次に記す。

船は早朝出航し、午後早い内に入港して、生鮮食品ほかを米と交換、水先人を確保しながら航海を続けたのだろうと思われる。初めての外国の地で、安全に航海を続けるには水先人の確保が一番の課題であったと想われるが、寄港地に入港すると船長がまず行なうべき仕事は、次の寄港地までの水先人を確保する事であったと思われ、その確保に二・三日要した事も多分あったと思われてならない。特に海峡を越えるような時には、越えた経験者は少なく、手振り身振りして漁師の中から経験者を探し出して、出港できたものと思われる。この航海は、釜山付近を北の風が吹き始める一〇月頃に出港し、追い風を利用して一二月頃にルソン海峡を渡るように計画して行くと、フィリピン諸島以南の全航路で、危険な台風に遭遇することがほとんど無くなる。この船は、乗組員三〇人と魏の役人と水先人・通訳人など一〇人、総員四〇人乗船の帆船で、随行船を伴っての航海であったと思われる。

この航海は、後年広く南方海域を知るために計画されたものであろうと類推される。この時の生鮮食料調達の代物は米で、主食は米麦として一日分の必要量を計算してみよう。これは乾物の魚介、肉、野菜以外の生鮮品を調達するためだけの米で、一人一日二合とすると、四〇人で八升、主食用の米麦五合とし、四〇人で二〇升、合計二八升。一升は一・五キログラムなので、四二キログラムとなる。

この船の総積載トン数は約九仏トン（一仏トンは一〇〇〇キログラム）とみられるが、すでに必要な装備品や非常用食品の乾物を積載しており、米麦を積める量は限定される。外洋帆船には大工がいて、破損箇所の修理をしていたが、この修理用資材の積載量は約一仏トン、とみられる。乗員総数は四〇人で二・八仏トンの重量となる。他に船の積載品は賄《まかな》い用器具、木炭、水、苫《とま》（棟木《むなぎ》・桁《けた》・柱）、藁莚《わらむしろ》、錨《いかり》、ロープ、伝馬船《てんません》、櫂《かい》、帆《ほ》、乾物、味噌、塩に蓑笠《みのかさ》、着替《きが》え、二仏トン。このように米麦以外の積荷合計は五・八仏トンとなる。

従って食料用米麦は三・二仏トンしか積めない。この量は、約七六日分に相当し満載にしても、約二・五ヵ月くらいしか持たない事が判った。では、当時、どのようにして航海していたのかだが、金銀を積んで大都市港で纏《まと》めて米と換え、毎日の市での交換にその米を使っていたのだろうと考えられる。市に物を出す人は農家や漁家の人達で、荷《にな》って物々交換に来ているはずだから、交換する代物《だいぶつ》で最も交換しやすい品物は多分米だろうと思われる。米は貯蔵にも便利で、計量するにも便利だからである。出港前に満載とした米麦を生鮮食料との交換にも使い、乗員の主食にも使う場合は、積載量から見て二月半くらいが限度のように思われる。したがって、二月半に一回の補給であれば、一回に三・二仏トンの米麦を船積みしなければならない。ただし、これは魏の通貨が女王国からホニアラまでの寄港地で使えなかった場合の事であり、もし使える港が有れば、その分米麦の補給量が減る事になる。しかし、この航路では魏の通貨が使えたとは到底考えられない。

ここらで、本題に入り、裸国・黒歯国について検証してみよう。

ガダルカナル島のホニアラの港は、女王国の南東に当たる事は確かであり適合と言える。距離は船行一年との記述に対し、選定した航路を進んだ事により良く合致した。しかし、地文航行しかできない時代に一〇〇キロメートルや二〇〇キロメートルある海峡や島間を、何を目標にして航行できたのかと不思議に思われるような気がする。そう思われるのは、ごもっともである。その事について一言で言うと、選んだ航路が全てプレートに寄り沿っているからに外ならないと言えるだろう。

これを具体的に説明しよう。

女王国からフィリピンのミンダナオ島までは、フィリピン海プレートの西端部の線に沿って航路を設定している。ミンダナオ島からガダルカナル島ホニアラまでの約五〇〇〇キロメートルの航路は、太平洋プレートの南端部の線に寄り沿った航路で設定している。プレートの地図を示す。

では、何が地文航法に有利に働くのかであるが、プレート上に在る島はほとんどが旧《もと》は火山島であるため、高い山が多く密集しており、珊瑚礁の島のような低い島は少なく、遠方から目標として利用できる。高い山は天気さ

プレートの地図　(2016 年版世界地図本から転写)

え良ければ一〇〇キロメートル以上の距離から視認できるので、プレートの線上に沿った航路の場合、山が見えるので進路を見失う事が少なくて済む。このようにして、二四〇箇所の港に寄港し、全航路を乗り切ったものと筆者は見ているのだが……。

次は、裸国・黒歯国とある記述について見てみよう。

歯を黒く染めるための材料をどのようにして入手していたかであるが、常時染めているのであろうから、染める材料が手近に入手できなければならない。本章ですでに述べたように、その黒染めの材料は五倍子《ふし》と鉄片が必要となる。五倍子は白膠木《ぬるで》の葉に発生した虫癭《ちゅうえい》から造る。白膠木は東南アジアの山地に広く分布しているウルシ科の樹木とされているので、ガダルカナル（旧火山島）島の山中《ジャングル》には自生していると見られる。鉄片は地域一帯が火山島のため、砂鉄などが取れただろうし、何らかの方法で得られたものと類推される。あとは茶の葉か酢であるが、珊瑚礁の島と違って山に木の実、田畑からは穀物が取れ、茶の葉か酢は得られていたと思われる。

次は裸国《はだかこく》の事であるが、この島はメラネシア（ギリシャ語で黒い島々の意）の地域に在り、そこに「ソロモン諸島」と呼ぶ一〇余の島からなる国があり、イギリス連邦に属している。人口六〇万人（二〇一四年）で、住民はパプア人とメラネシア人であり、マナ観念がみられると辞書にある。マナ（mana）とはメラネシアの土語《どご》で「打ち勝つ」・「勢力ある」などの意で、非人格的・超自然的な力の観念を言う。さらに、精霊《せいれい》・人・生物・無生物・器物などあらゆるものに付帯し、強い転移性や伝染性があるとする観念である。このような観念を持つ民族である事から、筆者の主観的見解に過ぎないが、この地に住む人々は超自然的な力を得ようとして、本来白い物を黒くすると霊力で病気などが治る不思議な力が得られると信じていたのではないかと推察している。「メラネシア」とは「原義はギリシャ語で黒い島々の意」と辞書にある。では、島々の何が黒いと言っているのかであるが、それはそこに住む人々が黒いと言っているのだろうと類推される。根拠は、三大人種区分で、黒色人種はサハラ砂漠以南のアフリカ原住民が主であり、他にはインドのトラヴィダやメラネシア人が黒色人種とされている。歯を染めて黒いだけでなく、皮膚の色も黒い事からメラネシア（黒い島々）の名が付いたのであろうと思われる。

さて、次の「裸国」であるが、このソロモン諸島に限って述べると、位置は南太平洋西部の熱帯（南北両回帰線のおおむね範囲）の地域で、南緯五度から同一二度のほぼ間《あいだ》に在り、赤道無風地帯に中《あた》るため、蒸し暑く裸で過ごすのに最適の地域である。また、周囲が海であるため昼夜の気温差も小さく、快適さを求めると「裸」という事になるだろう。したがって、裸族の国はこの地域一帯の島々の事であろうと類推したい。

このように歯を黒く染めたり、体を日焼けさせて黒くしたりして、霊力を身に付け、特に熱帯特有の病気（黄熱《おうねつ》・テング熱・睡眠病《すいみんびょう》・発疹熱《ほっしんねつ》・腸チフス・コレラ・ペスト・ノカルジア症・ヒストプラスマ症・フランベジア・回帰熱《かいきねつ》・マラリア・フィラリア症）など多くの病気があるために、これらに打ち勝つために霊力や超自然の力に頼ろうとして、体まで日に焼いて黒くする風習が生まれたように思われる。独立国「ソロモン諸島」は一九九五年は人口三七八〇〇〇人、二〇一四年は同六〇万人と一九年間で六三パーセント増加している。

また、同じメラネシアに属するパプアニューギニア（ニューギニア島の東半分と、その東の一〇余の島からなる国）は、一九七五年に独立国となり、一九九五年は人口四〇七万人、一九年後の二〇一四年には、八四・三パーセント増加して七五〇万人となっている。近年、人口が急増しているが、古の時代からこの地域では、出生率は余り変わらないと思われるので、急増の要因を考察してみよう。近年の人口急増は、医療体制の充実が主因ではないかと推察される。したがって、古の時代は疫病などのため寿命が著しく短かったために、人口が増えなかったのだろうと考えられる。同じような事をくどくどと述べたが、倭国を臣下国としていた魏の調査船が、一年掛けて辿《たど》り着いたこの地の事を、女王国の東南船行一年で裸国・黒歯国に着くと簡略に述べているが、この地域には我々には理解し難い超複雑な事情があった事が解った。

第一五章　参問《さんもん》倭《わ》地《ち》周旋《しゅうせん》可《ばかり》五千《ごせん》余里《より》について

「倭人伝」の記述を記す。

☆参問《さんもん》倭《わ》地《ち》絶《ぜつ》在《あり》海中《かいちゅう》　洲㠀《しゅうとう》之《の》或《あるいは》絶《ぜつ》　或《あるいは》　連《つらなる》周旋《しゅうせん》可《ばかり》五千《ごせん》余里《より》、とある。

和訳すると、倭地に着いて尋ねてみると、海中の洲《す》や島の上にあり、遠く離れていたり連なったりして一周《ひとまわ》り五〇〇〇余里である、と訳せる。これは「参問」とあるので、航海して一周した訳ではなく地図で計測するなどして、倭地で尋ね合わせて見ると五〇〇〇里余りあるとの見積りが得られたのであろう。ここでも里の尺度を示していないので推測の域を出ないが、当時の魏の公里四三四メートルを用いて地図上で計測してみよう。

対馬の北端から出発し、西岸沿いに進み、福江島、佐多岬を経て北東進し、御前崎から富士川河口に着き、北西進して福井県敦賀《つるが》港まで進む。後は水行して山陰地方沿岸をほぼ西行する。こうして、島根県田古鼻から対馬北端まで進むと、倭地を一周した事になると考えての公里の里数ではないかと推定した。この水行および陸行の距離を積算すると、二一八〇キロメートルとなる。その地図を次頁に示す。

一里を公里四三四メートルで計算すると五〇二三里となり、記述とほぼ一致する。

三世紀当時、奈良県には纒向《まきむく》遺跡、静岡市には登呂遺跡が在った事から見ると東海地方までは倭人の地であった事は間違いないと見るが、実際は発掘遺跡から見ると東京付近まで倭人が進出し、毛人も少し居ただろう。しかし、「倭人伝」には「周旋五千余里」とあり、女王国では駿河湾付近までが倭人の地であり、その東は毛人の国だと告げたために「倭地周旋五千余里」として、短里でない事が一目で解る記述になっている。短里を取らず倭地は四国から南へ伸び公里で一周五〇〇〇余里の地だと思わせ、倭地は福建省の東と取らせ、当時、魏の敵国・呉を欺《あざむ》くための魏の戦略記述だと見る。根拠は、ここでも倭地は東に伸びている事を記していないからだ。

やはり、二五〇年頃は日本列島の中に倭人と毛人《もうじん》が住んでいて、毛人は狩猟民族の生き方を通したため、稲作や麦作が始まったとされる一世紀の始め頃から、両者の間で土地の占有をめぐって争いが起きて居たであろうと推察される。原野を開墾して稲や麦や野菜を作付けし、収穫するようになると、自分で汗して開墾した土地や作物に煩悩《ぼんのう》が涌《わ》くようになり、争いが起こっても途中で止める事はできず、農耕を続けながらその所に住み続けて、子育てや年老いた両親の面倒を見ていたものと思われる。子供が

(日本地図帳から転写)

成人すると、跡取り以外の男子は別の土地を探して移動しなければならない。できるだけ近くの土地に住もうとして、先住者のいる狩猟民の居所とぶつかっても引く訳にはいかず、わずかの穀物を渡して移転させ、二〜三年後にはその弟が独立のため、またほかの土地を探して移住する事が代々繰り返され、民族の存続を図って来たのだと思う。

第一六章　倭地の拡張とアイヌ民族の衰退

倭地の先住民族の毛人は、大和時代以降は蝦夷《えぞ》と呼び、今はアイヌと呼ぶが、今、北海道に少数生存しているだけとされている。この毛人一族の退却移動に伴って倭地が拡張されていったと考えられる。魏の帯方郡使は、三世紀半ばの二四〇年頃から何度か倭国を訪れ、その時得た情報によって「倭人伝」が作成されたと思われるが、「女王国東渡海千余里、皆倭種」とあるとおり、四国西岸はすでに倭人（農耕民族）の国になっていたと受け取れる。

そこで当時の農具と工具を示す。

それでは、当時の毛人の地と倭人の住む境界はどこかとなると、「倭人伝」に記載されている「倭地周旋五千余里」とある記述のみが参考となる記述のようである。筆者は、この記述を入念に分析した結果、第一五章に記述したとおり、その境界は東海地方であったとの結論を得た。

では、毛人一族は九州からいつ動き始め、

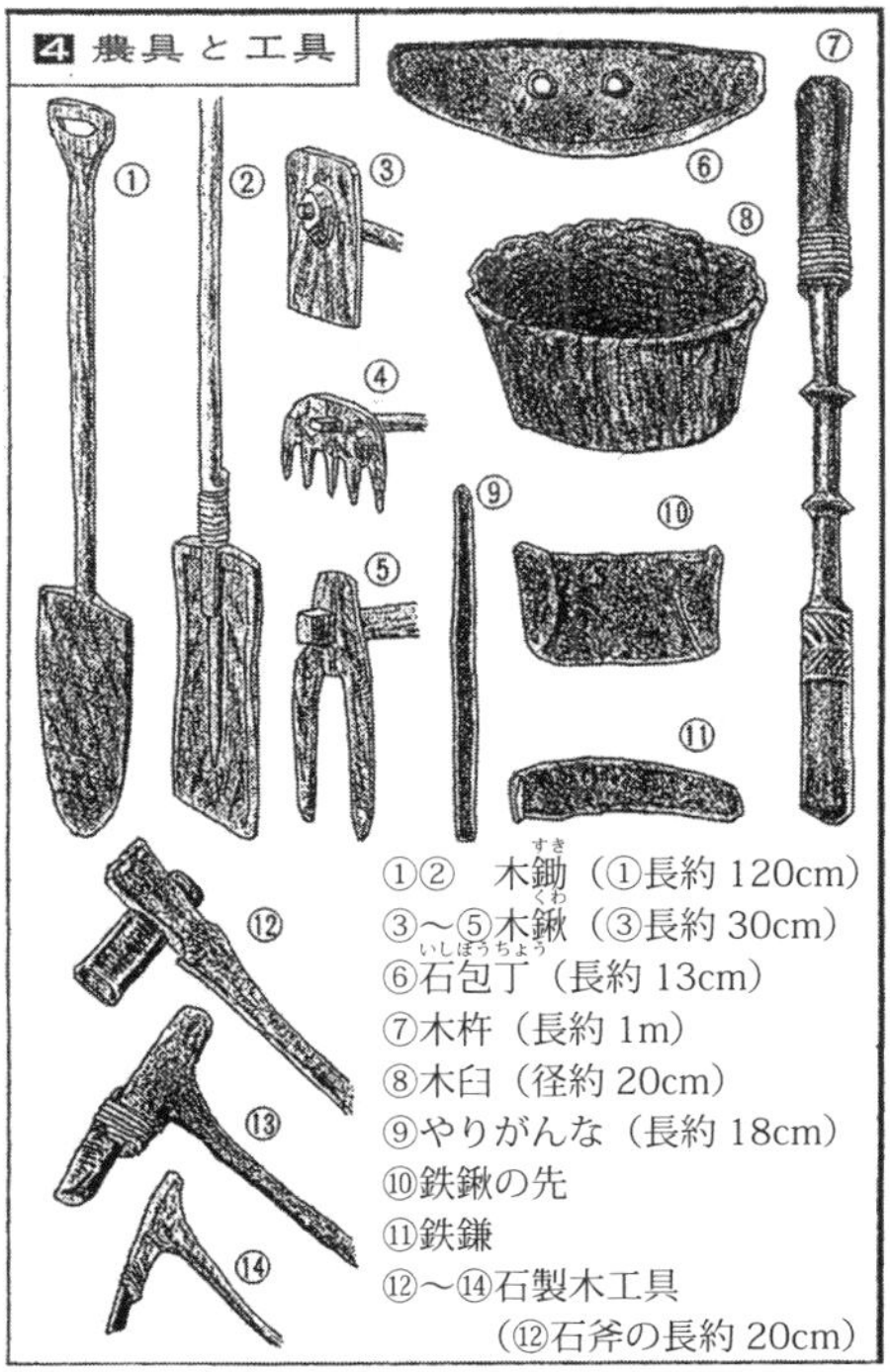

（日本史総合図録から転写）

どれ位の速度で移動したのかを考察する。ここで、「東北至毛人国界」とある地図を示す。

毛人一族に対する支配が古代から厳しく行なわれたと辞書にもあるが、人種の異なる人や外見が見窄《みすぼ》らしい人、見た目が不快で異様な人に対する寛容の精神性がどのようになっていたのかについても順を追っ

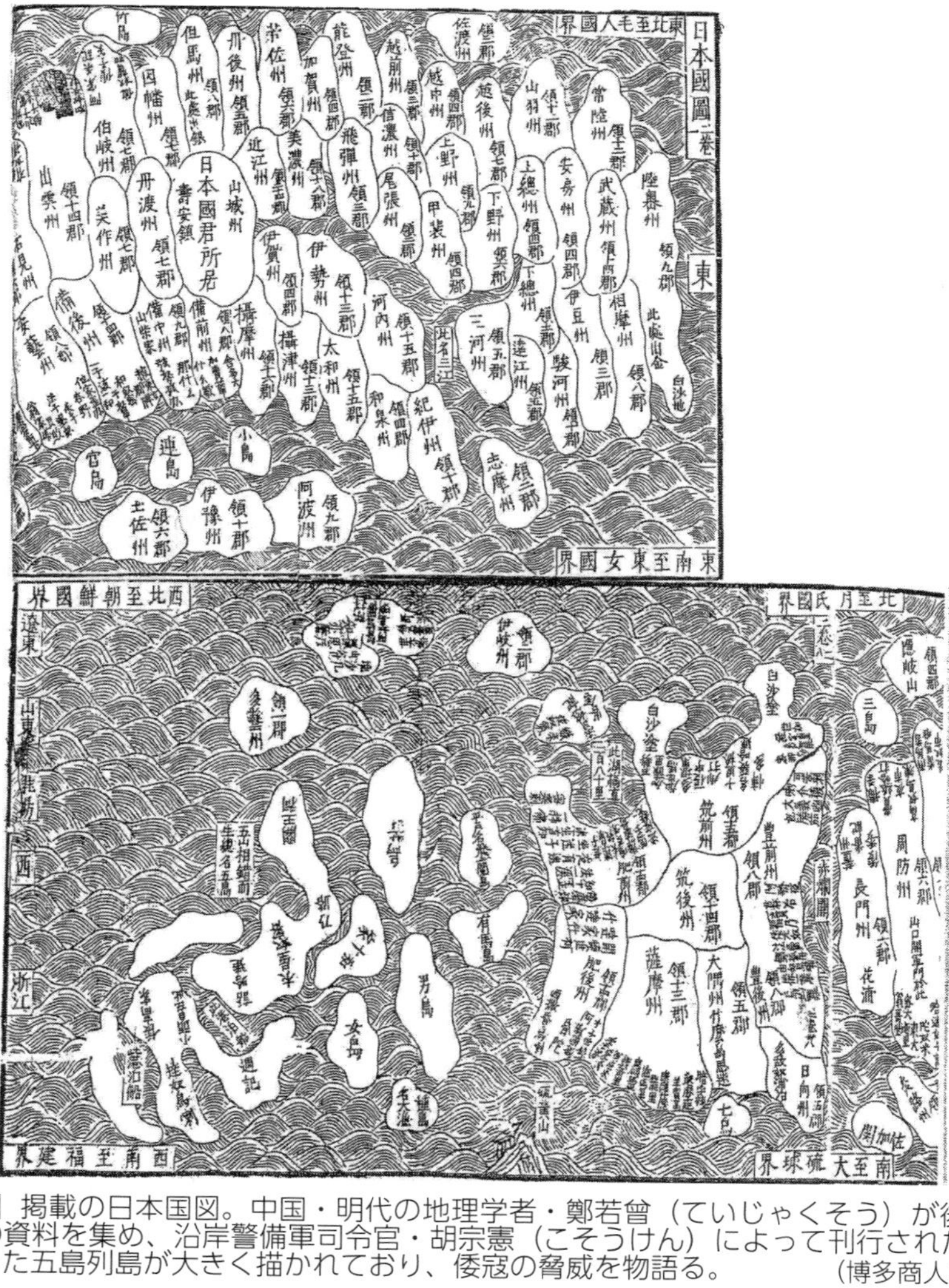

『籌海図編《ちゅうかいずへん》』掲載の日本国図。中国・明代の地理学者・鄭若曾（ていじゃくそう）が後期倭寇対策のための資料を集め、沿岸警備軍司令官・胡宗憲（こそうけん）によって刊行された。王直の拠点であった五島列島が大きく描かれており、倭寇の脅威を物語る。（博多商人本から転写）

て考察して行きたい。それは、毛人の一族が余りにも早く日本列島から消え去りつつあるため、先住民族であった毛人一族と今の日本人の祖先との関係がどうだったのか知りたいためである。倭国と呼ばれていた時代の史料は日本には無いが、当時の日本人と毛人一族の関わりは日本人同士間の関わりを知る事によって類推出来る部分も多少は有ると思われる。つまり、強者の倭人が毛人族の退却や移動にどう関係したのかを知るために、日本人同士間の関わりを知り、倭人が毛人族にどう対処したのかを類推しようとするものである。

倭国で稲作と麦作が同じ頃始まったと辞書にあり、一世紀初めには狩猟民と農耕民との間で土地をめぐる対立が起こっただろう。農耕民は耕作した土地が命であり、狩猟民は自然の原野や川や海が命である。そこで、強者が弱者を排除しようとする力が働き、最後には弱者は追い払われよう。倭地でも一世紀が始まる頃、原野を開墾し稲麦を植えると収穫までそこに居て草取りなどの手入れが欠かせない。秋になって収穫が終わると、次の夏に田植えするまでの間に耕して土を柔らかくして置く。新田造りは作土《さくど》を隅に寄せ、地盤を突き固めて水漏れを防ぎ、畦《あぜ》を作り、水を入れ、水漏れ試験の後、作土入れして仕上げるので手間が掛かる。水田耕作にしろ畑耕作にしろ農作をし始めると、即座に定住して管理しないと占拠され、折角手に入れた耕地を失う事となる。農耕が増えることは、定住者が増える事であり、狩猟民（少数民）は追い出される。

中国では、紀元前から奴隷《どれい》制度を法律で定め、奴隷は賤民《せんみん》の中でも最下位とされた。日本の律令制下における律令は、中国の法律などを学びに留学した遣唐使などが帰国後、見習って作ったものがほとんどを占めている。

日本では、律令《りつりょう》制度が始まった七〇一年以降、良民と区別して五色《ごしき》の賤《せん》をおいた。賤とは、けがれ観念とのかかわりが深く、卑《いや》しい身分とされた人で一般民衆より低い身分として制度的に差別を受ける人々だ。

五色《ごしき》とは、非人《ひにん》・穢多《えた》・散所《さんじょ》・河原者《かわらもの》・奴卑《ぬひ》の五種類を言う。では、五色の種類毎に説明しよう。

非人とは、律令政治下（七〇一年以降）では極貧の人や乞食《こじき》を指した。江戸幕藩体制下では、非人は四民《しみん》の下に置かれ、最下層の身分として仕事や居住地が制限され、中には非人専用の長屋に収容され、非人の中から頭になる人を決めて非人頭とし管理させ、それを役人が監督していた。非人に与えていた仕事は罪人の送致、刑場で斬首された死体の運搬・埋葬、行き斃《だお》れとなった人間の搬送や埋葬などであった。

穢多《えた》とは、律令制度下では非人などと共に賤民とされた。しかし、江戸幕藩体制下では身分制度が改められ、四民（士・農・工・商）の身分順位が制定され、その下に穢多《えた》非人が明記された。非人は犯罪者であった。穢多は、非人に次いで卑しい人とされ、居住地区や職業が制限されていた。仕事は牛馬の死体の運搬処理や、その皮を剥《は》いで鞣《なめ》して製品にしたり、その死体から膠《にかわ》（動物や魚類の骨や皮、腱や腸などを湯で煮て、その液を乾かして固めたゼラチン状の物質）を作り、物の接着剤として製品化したり、皮革（皮革とは生皮と鞣革のこと）製品の製作業などであった。そのほかに、罪人の逮捕や処刑場における処刑にも使役された。

散所《さんじょ》とは、律令制度政治下では建門寺社《けんもんじしゃ》（官が与える位の高い寺または神社）から、貸与されている耕作地の年貢を免除される代わりに、その寺社に属して掃除や土木・交通などの雑役に服した地区住民などであった。これを散所の民と呼んでいた。このほかに浮浪民の流入するものも多く、これも賤民視された。室町時代になると、卜占《ぼくうらない》・遊芸を業とする者が出たが、これらも散所と同じように賤民視された。

河原者とは、住む家が無いため河原に住み、雑役に従事する者、河原にしばらく住んで下級遊芸を行なって、木戸銭を得ながら転々と移動して生活して行く遊芸人を言った。

奴卑とは、律令制度の政治下では奴隷《どれい》の事であり、奴《ぬ》は男、卑《ひ》は女である。この制度下では、官奴卑と私奴卑があって、いずれも五賤の最下位とされていた。官では、召し使いの男女を言った。私では、下男・下女や農奴を言った。

下男は主人の家に住んで、屋敷内外の掃除、牛馬飼育（秣《まぐさ》刈り給飼、敷藁《しきわら》の取り替え、牛馬の川海での水洗い）、農作業全般のほか果樹の手入れ収穫、夜鍋《よなべ》は藁草履《わらぞうり》作りなどだった。

下女は、毎日三度か四度の食の支度調理配膳、ほか掃除や洗濯、お茶出し、台所全般の後片付けなどで、休む暇なく、夕食後は夜鍋《よなべ》仕事で縫い物や繕《つくろ》い物を小灯《ことぼし》の下で終え、夜食を出し後片付けを終えて床に就き、一番鶏の鳴き声で起き惣菜収穫、朝食準備に取り掛かる。下男・下女への給金は、多年契約前金で親に支払った。本人へは、正月と盆ほか祝儀や慰労の心付けが有り、実家の在る者は帰省できた。これは小作人一家の常だった。帰る家の無い女は生涯住み続け、子守などして過ごし老婢《ろうひ》と呼ばれた。

農奴とは、封建時代（鎌倉時代から明治維新まで）の生産労働の基本的要素であって、一生領主に隷属し、領主から貸与された土地を耕作収益し、領主への賦役《ふえき》・貢租《こうそ》の義務を負う者の事である。逃亡や転住、転業は厳禁とされていた。また、この農奴とされる賤民には、種別名が有り列記すると、名子《なご》・被《ひ》官《かん》・家抱《けほう》・作子《つくりこ》・門百姓《かどびゃくしょう》などであった。

名子とは、中世から近世（鎌倉時代から明治維新まで）、一般農民より下位に置かれ、家主に隷属して賦役を提供した農民で賤民とされた。賦役とは農民が地主に労働にて地代を返す事で、名子は皆労働で地代を返した。

被官《ひかん》とは、農民の場合は戦国時代から江戸時代に移るまでの間、在地領主や土豪《どごう》の家来《けらい》で、屋敷地の一部と田畑を分与され、手作りしつつ主家の軍事・家政・農耕に奉仕していた者で、賤民とされ被官百姓と言った。

家抱《けほう》とは、江戸時代、百姓の下人《げにん》で、地主の屋敷角《かど》の家と耕地を分与された後、まだ完全に独立していない者で、家抱《けほう》百姓・庭子《にわこ》・門《かど》百姓などと言った。

作子《つくりこ》とは、肥料・農具などを地主から借り受けて小作する小作人で、まる小作《ごさく》と言っていた。

江戸時代には、農民の賤民制度は無くなって、士・農・工・商の四民の下に、えた・非人を置いて身分を固定化した。明治維新後には、華族の族称《ぞくしょう》を新たに加え、皇族の下、士族の上に置き、従来の族称、農・工・商を平民に一本化したが、えた・非人は族称の最下位として残し、士族以下の族称を、士族・平民・えた・非人とした。しかし、えた・非人は、一九七一（明治四）年、太政官布告により平民の籍に編入された。が、その後も社会的差別が存続した。

これらの族称は、いずれも一九四七（昭和二二）年、廃止された。平民となったえた・非人だが、明治四年の全国制定初の壬申戸籍《じんしんこせき》にはまだ、えた・非人が記載されていたそうで、終戦直後大急ぎで徹夜して筆墨を塗って消し、水平社（部落解放同盟）と書いたと市役所職員は語り、探偵社員は電球で透かすと良く見えたと筆者に語った。しかし、今は違う。

古代の一世紀が始まる頃から、狩猟民である少数民族の毛人一族は空地《くうち》の多い東へ逃げ始めたと思われる。逃げる途中も川の有る平地には、倭人が住んでいて居住できず、空地を転々と進みながら逃げていたと類推せざるを得ない。未開の地に居所を構えても、たぶん三年ばかりで開墾者達に居所を奪われ、空地を求めて移動し、ようやく住居を定め暮らしていると、数年でまた開墾者に追い払われ、これを繰り返していたと筆者は確信を持つようになった。それは「倭人伝」に記載する「倭地周旋五千余里」とある記述に由来する。

第一五章一七一頁に、倭地の範囲を記載したとおり、二五〇年頃は関東地方から東は、蝦夷《えぞ》の古称毛人の占有地だったと類推される。縄文・弥生の毛人は、のちのち蝦夷と呼ばれ、九州からは西暦元年頃移動を始め、二五〇年掛けて約八〇〇キロメートル東の東海地方まで移動したようだ。すると年平均およそ三キロメートル移動した事になり、六キロメートル離れた次の空地《くうち》に居住地を見付けても二年しか住めない計算になる。二〇人位が一つの集団を作り、数家族が揃って子育てをしながら逃げる訳であるが、この現象は倭人の人口増に起因するので止まらないはずだ。それから二〇〇年程して四五〇年頃になると、奈良県付近に大和《やまと》政権が確立されたが、毛人一族は大和政権に従わず東北の地に住んでいて、のちに政権軍と戦っていたとされる。ここからは、毛人《もうじん》を蝦夷《えぞ》と記述する。

四五〇年頃、蝦夷民は東北南部に居たとされ、二〇〇年で三〇〇キロメートル移動し、年に約一・五キロメートルの移動となる。奈良時代、律令体制下では、蝦夷対策が本格化した。東北経営と呼ぶ年表など次頁に示す。鎌倉時代に至っても、蝦夷民は東北地方に住んでいたとされ、これの支配と交易目的に蝦夷管領《えぞかんれい》という役所が津軽に置かれていたと辞書にある。江戸幕府は、蝦夷民の支配を強めるために

③ 東北経営年表

年　代	事　項
647（大化3）	渟足柵築造
648（　4）	磐舟柵築造
658（斉明4）	秋田・渟代・津軽方面を鎮定（阿倍比羅夫）
708（和銅1）	出羽郡設置，出羽柵築造
709（　2）	蝦夷征討（巨勢麻呂ら）
712（　5）	出羽国設置。内地百姓移民
720（養老4）	蝦夷征討（多治比県守ら）
724（神亀1）	蝦夷の反乱鎮圧（藤原宇合）。多賀城築造
733（天平5）	出羽柵を雄物川河口に移す
737（　9）	陸奥・出羽の連絡路開通（藤原麻呂・大野東人ら）
759（天平宝字3）	桃生城築造。雄勝柵築造
767（神護景雲1）	伊治城築造
774（宝亀5）	蝦夷征討（大伴駿河麻呂）
780（　11）	伊治呰麻呂（上治郡大領）反乱
788（延暦7）	蝦夷征討（紀古佐美）
789（　8）	蝦夷征討軍敗退
794（　13）	蝦夷征討（坂上田村麻呂ら）
797（　16）	坂上田村麻呂を征夷大将軍に任命
801（　20）	蝦夷征討（坂上田村麻呂）
802（　21）	胆沢城築造，鎮守府移す
803（　22）	志波城築造
811（弘仁2）	蝦夷征討（文室綿麻呂）〔以後蝦夷の内民化進む〕

④ 多賀城跡

⑤ 東北地方の経営

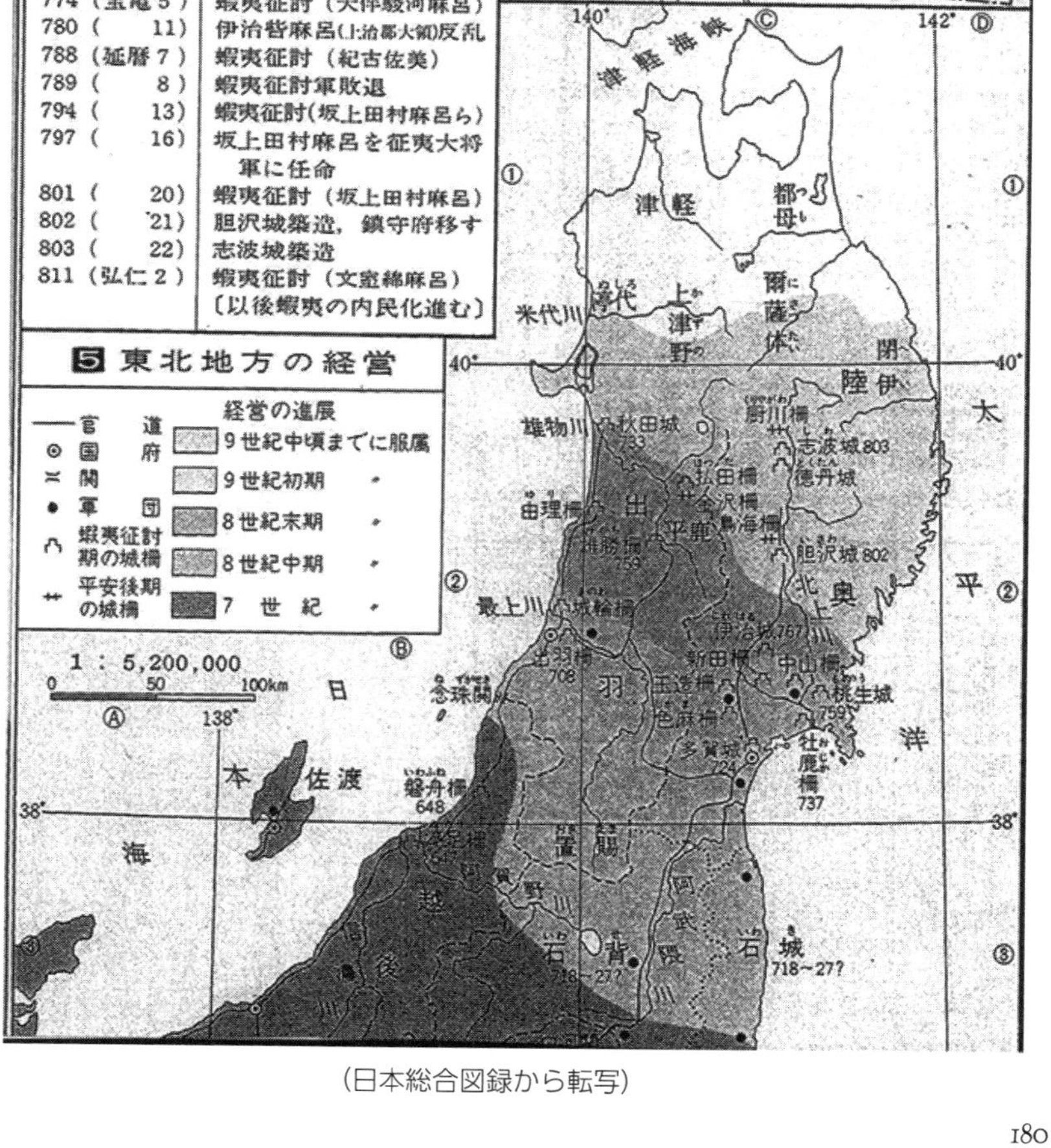

（日本総合図録から転写）

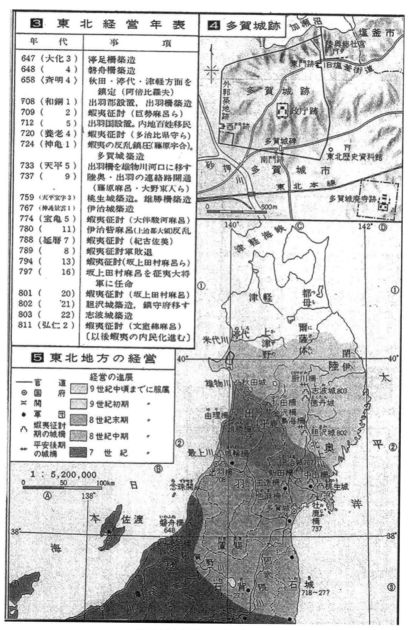

一八〇二年二月、北海道の箱館《はこだて》に蝦夷奉行を置き、同年五月に箱館奉行《はこだてぶぎょう》と改称した。その頃は、東北地方に居た蝦夷民族は北海道に移り住んでしまっていたと見てほぼ間違い無いように類推される。すると、鎌倉から江戸期（一二〇〇年から一八〇〇年）の約六〇〇年間に、東北南部から北海道まで約三〇〇キロメートル移動した事になる。年平均〇・五キロメートル移動しており、以前よりも移動速度が大巾減速に転じており、一回の移動距離を八キロメートルとすると、約一六年間留まれた事になる。しかし、政権は長居を許さず、さらに支配を強めたため人口が激減したとされる。

一八〇七年には北海道南部の渡島《おしま》半島南部に従来の箱館奉行を移し、松前奉行所とし、さらに蝦夷民の支配を強めたとされている。その後、一八五五年には再び箱館に奉行所を移し、一八六四年には北方警備と蝦夷民支配のために五角形をした大城郭《だいじょうかく》を箱館奉行所庁舎として建造した。その三年後の一八六七年には、大政を奉還し、第一五代将軍・徳川慶喜《よしのぶ》は将軍職を退《しりぞ》いたが、御年《おんとし》三〇歳の慶喜は翌年一八六八年一月三日、薩摩藩討伐を名目に一五〇〇〇の兵で、大坂城から京都へ進撃途中、鳥羽・伏見（京都市南部）で薩摩・長州中心の新政府軍五〇〇〇の待ち伏せ攻撃を受け、大敗を喫したが決着せず、慶喜はその夜、大坂城で軍議を開き、徹底攻撃を命じた。しかし、本人は夜の内に大坂城を密かに脱出、大坂湾に用意していた軍艦に乗り、江戸城へ帰ってしまっていた。慶喜は官軍の兵器を見て幕軍の敗滅を悟り、全滅の前に戦《いくさ》を終わらせるため君子《くんし》豹変人智《ひょうへんじんち》の行動を取った君子の器量を持つ偉人に見える。この戦、翌日には幕軍の敗走で終わった。

しかし、これは戊辰《ぼしん》戦争の始まりに過ぎなかった。この戦いに勝利した後、新政府の軍隊は江戸・上野での彰義隊《しょうぎたい》との戦い、新潟県中部の長岡藩や会津藩二三万石の会津若松城の攻防戦（少年白虎隊《びゃっこたい》で有名)、ほかに東北諸藩連合軍との戦いを続けながら北進していた。新政府軍の戦いの目的は全国統一であった。折しも、この戦争の最中の一八六八年、旧幕府の海軍副総裁・榎本武揚《えのもとたけあき》らの一派は、同年旧幕府所属の軍艦数隻と諸藩の艦も加わり、箱館に移動して五稜郭を占拠し、事実上の独立政権を作り、新政府に抵抗した。しかし、翌年、新政府軍の攻撃を受け、五月には降伏した。これによって二年に及んだ戦争は幕を閉じる事になった。大坂城から内密に軍艦を使って移動に成功した慶喜は、その後、水戸を経て駿府城(静岡市)に隠棲《いんせい》した。この城は、徳川家康が引退後、ここで老中の支配や旗本を任命した所とされている。のちに慶喜は、華族最高位の公爵の地位を与えられている。

華族には、公・侯・伯・子・男の爵位があった。一八六九(明治二)年、皇族の下士族の上に置かれた。この爵位は、明治維新に貢献の有った人に贈られていたが、一九四七年、新憲法施行により廃止された。

蝦夷民族の事に戻るが、江戸時代は奉行所の支配を受けていたが、その後は明治政府の開拓政策や同化政策によって、人口もさらに激減したとされている。蝦夷民の人種系統は不明とされているが、古の時代から日本列島に住んでいた先住民族であったとされている。かつては、鮭《さけ》・鱒《ます》などの川漁や鹿などの狩猟、野生植物の採集や海獣猟もしていた。

ここからは、蝦夷をアイヌと記したい。

倭国で農耕が始まったとされる弥生時代にアイヌ民族は、農耕に踏み切れなかった人々であるが、九世紀中頃、政権に服従したと書にある。しかし、追われていた事に間違い無く、ついには賤民視されるようになり、空地の多かった北の地方へ逃げて行ったと類推される。

第一七章　一大率の諸国検察と出入国管理

「倭人伝」の記述を記す。

☆自《より》女王国《じょおうこく》以《い》北《ほく》特《とく》置《ち》一大率《いちだいそつ》検察《けんさつ》諸国《しょこく》畏《い》憚《たん》之《これ》常《じょう》治《ち》伊都国《いとこく》於《おいて》國中《くにじゅう》有如《ゆうごとし》刺史《しし》王《おう》遣使《けんし》詣《もうでる》京都《けいと》帯方郡《たいほうぐん》諸韓《しょかん》國《こく》及《およぶ》郡《ぐん》使《し》倭國《わこく》皆《みな》臨《のぞむ》津《つ》捜《さがし》露《あらわす》傳送《でんそう》文書《ぶんしょ》賜遺《しい》之物《のもの》詣《もうでる》女王《じょおう》不《ふ》得《とく》差錯《ささく》。

これを和訳する。以下この章で記す「女王国」とは、邪馬台国の事である。

女王国以北には、特別に一人の大率を置き、諸国を検察させている。諸国は、これを畏《おそ》れ憚《はばか》っており、魏の州施政官のようであり、伊都国に住んでいて政治の政務を執行している。女王が使者を朝貢のため京都《けいと》（魏の都《みやこ》・洛陽《ルオヤン》）に派遣する時や、帯方郡または諸韓国に派遣する時、及び帯方郡使が倭国に派遣され到着した時は、出入り港に出向いて積荷を調査・点検する。女王への文書や賜遺《しい》の物がある時は、分別して女王に伝送して届ける。この時、品目や数量に錯誤があってはならない。

さて、大率の仕事がだいぶ解って来たので、もう少し詳しく見てみよう。まず、女王国以北の諸国を検察しているとあるが、一体何を検察しているのか。これは倭王の治所に収める租税（物納）の品目や数量を倉庫に入って点検・確認して治所への送付を指示したり、租税の確実な収納を督促し、指示を行なっていたと類推される。また、租税納入の滞納者や、同収授の担当者の違反・怠慢・横領なども調べ、罰を与える権限（一定以下）も有していただろう。その根拠は、「この大率には国中皆が畏《おそ》れ憚《はばか》り中国の刺史《しし》の如し」とあるからだ。刺史とは、魏の時代は州の施政官（長官を補佐する政治・行政面の執行官であろう）と推察される。いずれにしても、大きな権限を有し、部下数人従えて諸国を巡回検察する事で、権限の大きい事もあり、畏憚されていたようだ。

江戸時代に有った巡見使《じゅんけんし》は、地方政治を監察させ、将軍に実状を報告させるもので、一六二四年以降、地域別に派遣され、また幕府領には別の巡検使が派遣されていた。

倭国の大率は、巡見使と違い一定以下の罰を与える権限を有し、重犯罪に対しては倭国へ起訴するなどの権限を有し、軽犯罪に対しては即決で罰を与えていたと類推される。大率のもう一つの役目は、今の税関の一部の役割も担っていたように見える。関税制度は無かったように見えるが、政治や軍事に関する秘密事項の持ち出しや、危険動物や危険分子の入国阻止、また朝貢時の贈答品などの点検、賜与品などの受領伝送であった。

また、一つ大事な文言が出て来たので、これについて述べる事にする。それは、「倭人伝」の記述に女王への文書や賜遺《しい》の物は伝送するとある。つまり、大率が受け付けて伝送すると言うのだ。伝送とは、順次伝え送る事、宿継《しゅくつぎ》で送る事と、「広辞苑」にある。つまり、伊都国で受け取った女王宛の荷物などは遠いため伝送していた、と解釈できる。おそらく、人足により日日取り次いで伝送できる制度ができていたのだろうと思われる。もし、女王国が奴国（治所は春日市付近か）であれば、大率が部下に命じて荷を運び届ける事で伝送とは呼ばず、分別して届けたとの記述になるはずだが、そうではない。

ところで、大率とは誰なのかについて解明を試みてみたい。定説は無いようだが、筆者は大率は伊都国王で名は難升米と類推する。ある説は、女王を補佐して政治を行なっている男弟であり、大率であり、さらに伊都国王でもある難升米だと言う。この説について述べてみたい。難升米は伊都国王として同国を統治する一方、邪馬台国において倭国を統治する女王を補佐して政治を行ない、また大率として女王国以北の諸国を検察し、さらに朝貢時や帯方郡あるいは諸韓国に向け出港する公船の積荷の検査および郡使が到着した時、積荷の検査と女王への賜遺《しい》の物や文書の受取り、伝送などの役目を熟《こな》さなければならない。ところが、女王へ文書や荷物を届けるには伝送しなければならないほど女王国は遠く離れた所に在る、と解釈できる。すると、「大率は伊都国に常治」とあるので伊都国王である事はほぼ間違い無いが、伊都国から遠く離れている所に住む女王の政治を補佐して行なう事は、伝送の制度を使っても役人への指示など含め到底できないだろう。なぜならば、当時、意志を伝えるには、文字は十分には無かっただろうから、重要事項伝達は言葉と併用していたはずだからである。したがって、難升米は女王を補佐している男弟では無いと推定され、この一人四役説は「伝送」の文字によって成立しなくなったと筆者は見ている。

また、女王国は奴国（春日市付近か）に在ったとする説に対しては、他の件で矛盾点を指摘したが、伊都国から女王国への荷物などは伝送しなければならないほど遠くに在る事になるので「伝送」の文字によって、また一つ矛盾事項が加わったと言える。

さらに、この二文字の影響する所は大きくて、女王国は福岡県朝倉市付近に在ったとする説に対しては、伊都国から朝倉市までは約四五キロメートルあるので、荷物や文書の伝送も矛盾は生じないと言えよう。ただし、この場合は女王国は奴国とは別の国でなければ伝送の事で問題となるが、別の国だとすれば他の記述に有るように投馬国はこの北に在る事になるので、北九州付近に在った事になってしまう。すると、不弥国（宇美町か）から南へ水行二〇日で投馬国に着くとの記述や、奴国と女王国が境を接する事になり、矛盾が広がる。それでは、女王の治所は朝倉市付近であり、福岡一帯を含めてこの地を邪馬台国と呼んでいたとしよう。すると「伝送」の問題は解決したように見えるが、本当はそうでは無い。それは、伊都国（糸島市か）と女王国が国境を接している事になり、伝送では無く、その国境付近で文書や荷物を受渡しすれば済む事になる。当時、隣りの境を接した国へ荷物を届ける場合、伝送とは言わないだろう。だとすると、記述の文言《もんごん》と矛盾が生じる。実際は、国境が離れていて遠い所に在る女王国へ物品などを届けるためには伝送せざるを得なかったため、伝送の文字が記述されたものと受け取れる。

つまり、「伝送」の記述によって、女王国は奴国に存在したという説も、福岡県朝倉市付近に在ったという説も、一つ矛盾が増えただけだと思える。ところで、これら両説は、これらの矛盾点をどのように克服して行くのか、数多くの人がこれらの地を女王の都の在った所として比定している中で、今後どのような展開を見せるのか、気掛かりでもあり、楽しみだ。

第一八章　邪馬台国の経済・産業・交易

第一節　食糧事情と戸当たり人数

この地域は、熊本県北部に位置し、ゆるやかな丘陵《きゅうしょう》や平地が多く、畑作や稲作に適した広大な土地で菊池平野と呼ばれている。この菊池平野は、南北約二〇キロメートル、東西約四〇キロメートルのほぼ楕円《だえん》状をなしている。そのほぼ中心部に位置しているのが玉名郡和水町《なごみまち》である。和水町役場の東南約一キロメートルの所に江田という地名があるが、この地、江田は延喜式官道の駅屋があった所で、今では玉名市、山鹿市、菊池市、阿蘇地方、さらに大分県を結ぶ交通の要衝《ようしょう》の地となっており、町役場の北約二キロメートルの所には九州高速道の菊水インターがある。この江田という地には江田川があって菊池川に流れ込み、江田船山古墳などがあって有名地区となっているが、これ程ロマン溢《あふ》れる地域は二つと無いだろう。

さて、食糧の問題に入るが、菊池市の北方や東方の山地を水源とする菊池川は、菊池市や山鹿《やまが》市域を経て和水町《なごみまち》や玉名市中心域を流れるが、山鹿市の上流域は、縄文時代は広大な湖で弥生期から水が引き、水田が造られたようだ。また、江戸期までは数年毎に飢饉《ききん》に見舞われたとされ、その原因は肥後では長雨・干害・洪水・害虫害により凶作となる、と熊本県「津奈木町誌《つなぎまち》」から受け取れる。水不足も一つの原因だったようだ。その点、菊池平野は、山地が多く比較的水に恵まれた地域のように思える。さらに、熊本県中央部の地域は熊本平野と呼ばれているが、ここも面積が広大で熊本市水前寺付近を中心にほぼ南北約三〇キロメートル、東西約二〇キロメートルに及ぶ。この平野も水利が良く、中央部を白川、南部を緑川が流れ、水の都とも呼ばれることがある。これら両平野の西岸には、当時は干潮《かんちょう》時には干潟《ひがた》が現れ、老若男女《ろうにゃくなんにょ》潮干狩《しおひがり》に励《はげ》んでいたであろう光景《こうけい》が目に浮かぶ。当時、この地域は自然の恩恵《おんけい》を最も受け易い場所であったと推測される。

さて、戸数七万を擁《よう》する大国であるこの国の人口はどれ位だったかを類推する。当時の戸当り人数の記録は一切無いので推定以外にはできないが、熊本県葦北郡《あしきたぐん》津奈木町《つなぎまち》編集の「津奈木町誌」上巻に江戸時代初期の記録がある。その記録は一六三三年のものであるが、その家族構成表によると津奈木町総人口九八九人、男五九〇人、女三九九人とある。ただし、士族は除外してある。この頃は、女性数が少ないのが特徴で、赤子の女子はさらに少なかったとある。これは、それ程生活が苦しかった事を物語っているのだそうである。それはさて置き、一戸当りの人数は四・六人とある。この四・六人の中には、名子《なご》、下男《げなん》、作《つく》り子などを含むとなっており、弥生時代にはこれらの制度は無いはずなので、その数一〇五人を差し引くと、一戸当りの家族数は四・一人となる。ところで、三世紀当時はどうであっただろうか。たぶん、これよりも少ないのでは無いかと推定している。

それは当時は家と言っても発掘した遺跡を見ると竪穴《たてあな》住居で、茅葺《かやぶき》屋根の土間一間の家で、広さは六ないし八坪位である。家の中程に囲炉裏《いろり》があり、暖房や煮炊《にたき》に使っていたと思われるが、大家族であっても五から六人、小家族は一から二人とすると平均三から四人だろう。このようなことから推定すると一戸当り人数は三・五人位であっただろうと類推したい。したがって、この国の人口は七万戸で三・五人、二四万五〇〇〇人位であったと推定しておきたい。

ところで、食糧であるが、この人数であれば平常時にはほぼ供給できたと考えられる。しかし、当時は旱魃や風水害、害虫による被害も多かったと思われるので、生き残って行く事は大変であっただろう事は否《いな》む術《すべ》を知らない。九州諸国の本田《ほんでん》面積その他による対比表、表…2を次頁に掲示する。この表で穀物高を見ると、肥後が最大であり、次が筑前となっている。日向が特に少なく、ほかの田地調べでも少ない。日向の雑穀類は一段と少ない。戸数七万の邪馬台国や戸数五万の投馬国の食糧を賄《まかな》うには、日向の穀高《こくだか》では無理であろう。日向の地を邪馬台国や投馬国《つまこく》の比定地にする人もあるが、日向は農地開発が遅れたと取れるので別の所を比定してほしい。

ここで、この表にある本田《ほんでん》や本稲《ほんとう》などの字儀《じぎ》について解説する。

本田《ほんでん》とは江戸時代、幕府や諸藩《しょはん》が租税《そぜい》を徴収《ちょうしゅう》する田地《でんち》として検地帳《けんちちょう》に記載してある耕地のことである。新しく開発された新田や隠《かく》し田《だ》（課税されないように官庁にかくして耕作している田）は、本田には含まれない。また、本田面積の欄に「丁」とあるが、これは面積の単位で今日では町《ちょう》と書く。太閤検地後は、一町は三〇〇〇歩とされ、今日でも田畑や山林の面積に良く使われる面積の単位である。また、一歩《ぶ》と一坪《つぼ》の面積は同じであり、一歩は曲尺《かねじゃく》で六尺平方、一坪は三・三平方メートルとされている。また、距離に使う場合は、一町《ちょう》は六〇間《けん》（一〇九メートル強）、一里は三六町、三九二七・二七メートル。表中に本稲《ほんとう》とあるが、これは本田に栽培した稲のことで、畑地に栽培する陸稲《りくとう》など除外し、量は束としてあるが、これは稲を刈り取る時、茎《くき》の直径を握《にぎ》り拳《こぶし》ぐらいの大きさに束《たば》ねた物を一把《いちわ》とし、十把《じっぱ》で一束《いっそく》と呼ぶ決りからの呼び方で、一束《いっそく》とは十把《じっぱ》のことである。このようにして、収穫量をおおよその目安として

九州諸国の本田面積その他による対比表

国名	郡数	郷数	本田面積	正・公	本稲	雑穀類
筑前	一六	一〇二	一万八五〇〇余丁	各二〇万〇〇〇〇束	七九万〇〇六三束	三九万〇〇六三束
筑後	一〇	五四	一万二八〇〇余	各二〇万〇〇〇〇	六二万三五八二	(二)二万三五八二
肥前	一一	四五	一万三九〇〇余	各二〇万〇〇〇〇	六九万二四九九	(二)九万二五八九
肥後	一八	九八	二万三五〇〇余	各三〇万〇〇〇〇	一五七万九一一八	七七万九一一八
豊前	八	四三	一万三二〇〇余	各二〇万〇〇〇〇	六〇万九八二八	二〇万九八二八
豊後	八	四七	七五〇〇余	各二〇万〇〇〇〇	七五万三八四二	二五万三五四二
日向	四	二八	四八〇〇余	各一五万〇〇〇〇	三七万三一一〇	七万三一一〇
大隅	八	三七	四八〇〇余	—	—	—
薩摩	一三	三五	四八〇〇余	各八万五〇〇〇	二四万二五〇〇	七万二五〇〇
壱岐嶋	二	一一	六二〇	正 一万一五〇〇 公 五万〇〇〇〇	九万〇〇〇〇	二万五〇〇〇
対馬	二	九	四二八	—	三九二〇	—

(『倭名類聚抄』による)

表2　（「海路」から転写）

集計したものと思われる。

今日では、このような稲の刈り取りをするのは、棚田ぐらいでしか見られなくなった。

この表で特に目立つのは、肥後の雑穀類《ざっこくるい》（雑穀《ざっこく》と麦《むぎ》）の量が多いのには驚かされる。

この表から見ても肥後は食糧供給上は大国であり、平常時における食糧供給は可能であったが、飢饉《ききん》の時は知る術《すべ》を知らない。

第二節　経済・交易事情《こうえき》

この地域で貿易港《ぼうえきこう》として比定《ひてい》できる所は、菊池川河口の津港、熊本市中央部を流れる白川《しらかわ》の河口の津港、その約六キロメートル程南に在る緑川《みどり》の河口にある津港が考えられる。今は干拓が進んで河口には津港は見られなくなっているが、当時の河口は湾奥へ深く入り込んで天然の津港を形成していたように地図上では見受けられる。当時、帆船を使った外国との貿易時に使用できた津港は、一通り整備されていたと考える。邪馬台国が三〇国を統治して行くためには、外国の進んだ文化や技術を導入し、保持して行かなければならない。特に鉄製品の輸入や製造技術を他国に先んじて習得し、保持し続けていく必要があるが、この地域は島原《しまばら》湾を出れば朝鮮や中国へは沿岸沿いや島伝いに航行できるので遭難の危険性も低く、交易できたはずだ。ただ交易には交換の品が必要だ。木綿《もめん》は七九九年に伝来したと「日本後紀」にあり、輸出品目は麻《あさ》製品、絹製品、魚介類の干物《ひもの》や塩物《しおもの》、その他装身具で櫛《くし》、簪《かんざし》、耳飾《かざ》り、手首に嵌《は》める貝輪、硝子《がらす》小玉《こだま》、勾玉《まがたま》や管玉《くだたま》、顔料《がんりょう》、真珠《しんじゅ》など。また、「出真珠青玉其山有丹《しゅつしんじゅせいぎょくそのやまありたん》」と「倭人伝」は記す。この漢文の詳細は、第一一章に詳述したので概略を述べるに留めたい。

青玉は青色をした硬い宝石である。その硬さを利用してガラス切りや研磨材などに用いる。「倭人伝」には、倭地では青玉を産すると有るが、産地がどこなのか不明である。青玉《せいぎょく》は、青藍色透明で装飾に使う宝石のほか、図…８に示すような品を作る時の穿孔《せんこう》や研磨《けんま》材として用いられたと思われる。

次は、「丹がある」と記すが、丹は赤色の土で硫黄と水銀の化合したもの。成人男子が体に朱丹《しゅたん》を塗っているとある事から見ると、この丹から朱色の顔料《がんりょう》を作っていたものと類推される。顔料は水やアルコールなどにも溶けず不透明物質で、化粧品の原料にも使われている物質である。また、日本画の顔料として古くから用いられていたとされている。

次に、倭地では真珠が取れるとある。これは、天然物が取れていたのだろう。

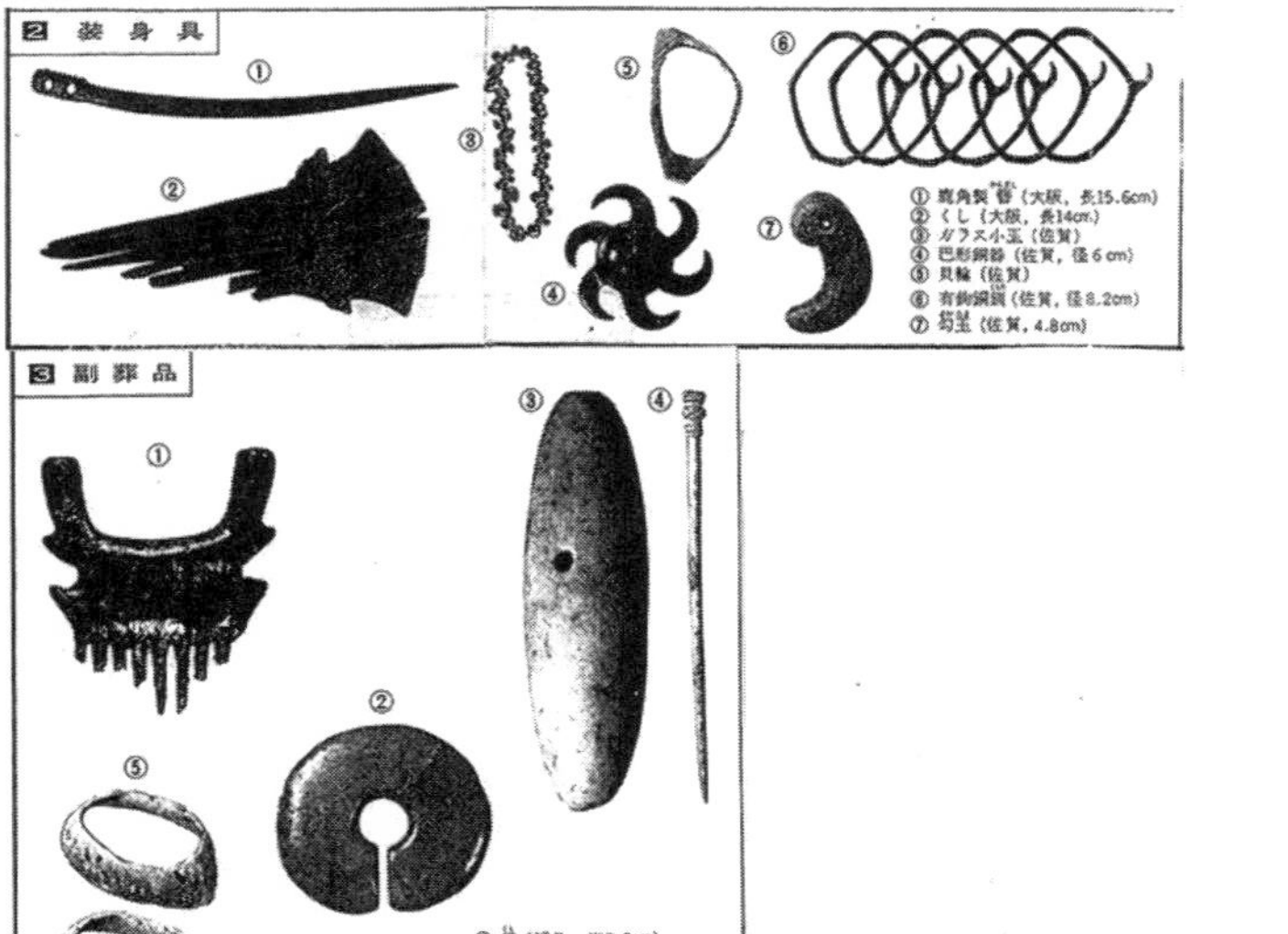

図８　（日本史総合図録から転写）

第三節　外洋航行帆船の建造

この地で造船所を整備するのに最も適した場所は、総合的見地からすると菊池川河口域であろう。当時、倭国の住居は、立てた股付《またつき》丸太に梁《はり》を渡し、最上部に丸太の棟木《むなぎ》を乗せ藁縄《わらなわ》で縛《しば》り、竹や茅《かや》で覆う掘建《ほった》て小屋で、斧《おの》一丁でできる位の家だった。図：9に示す。一方、船の方は沿海域《えんかいいき》の交易に、煮炊《にたき》や寝泊《ねとま》りができる船が必要であり、それを所有していたと思われる。外洋船の方は、一世紀頃から中国へ朝貢する倭の国々があったと中国の史書にあり、その頃から外洋船を建造し、運行していたと思われ、その格差に驚かざるを得ない。それだと一世紀頃から金属製の斧《おの》や鋸《のこ》や釘《くぎ》が入手できたことになり、造船技術が急速に発達しただろう。働き手は、この地域で大工や木挽《こびき》や鍛冶工《かじこう》などを養成して揃え、その指導者に朝鮮の技術者を迎えていたと筆者は推測している。事業の主体は、諸国の国営として、各諸国が自国の経済力に応じて設立し、多種類の造船用材の集積地も同所に設け、造船のみならず貿易港として整備されていたものと推測される。

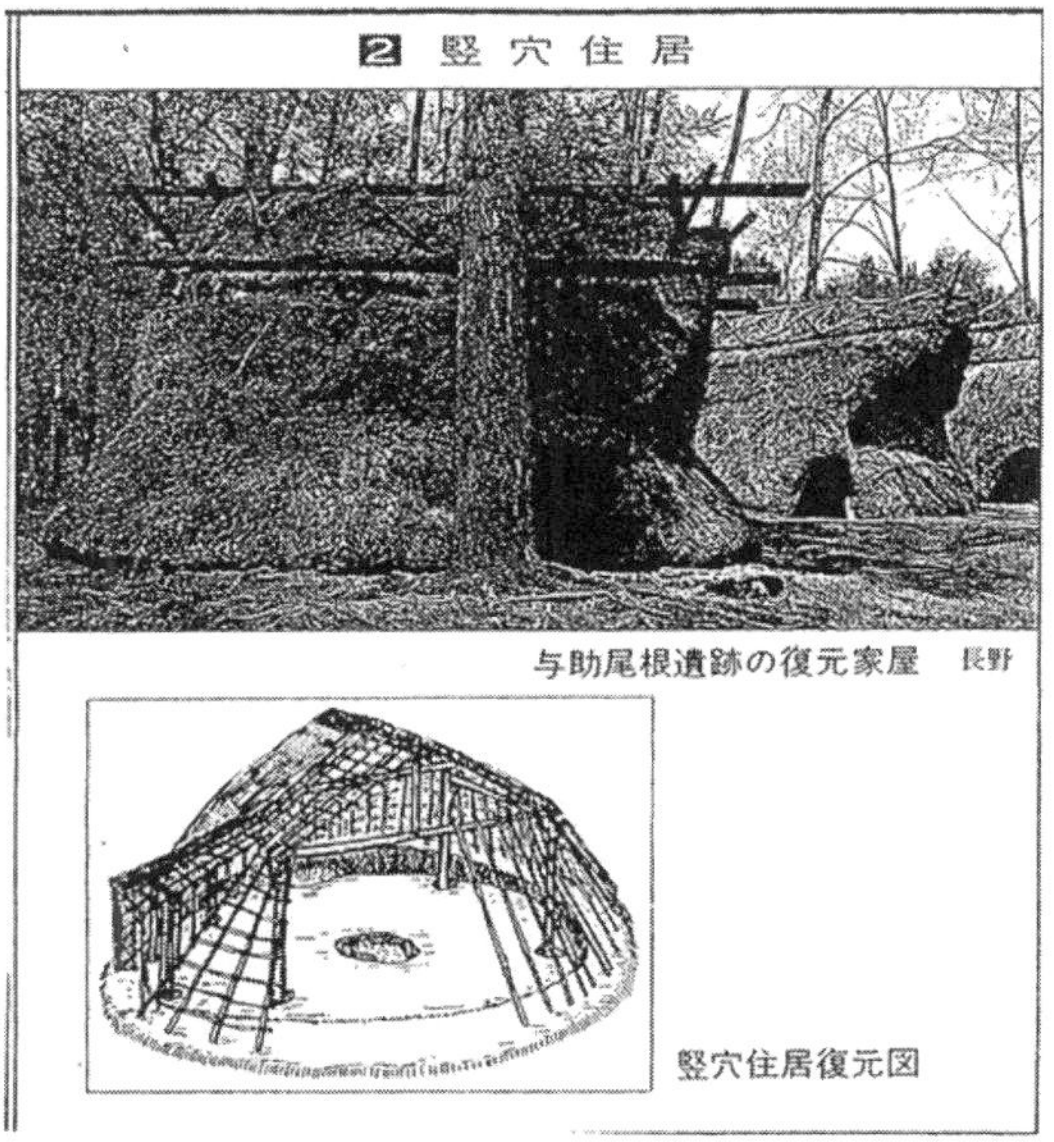

図９（日本史総合図録から転写）

木造船の建造には多種類の木材を集積して置く必要があるが、菊池川流域は小山があり、丘陵《きゅうしょう》あり、山林も豊富な地域であり、今日でも「古代の森」として複数箇所保存されている程である。この川の流域で伐採《ばっさい》された木材を筏《いかだ》に組み、この川を利用して河口へと流し下ることで木材の調達集積については、十分に成し得たものと類推できる。

第四節　外洋航行帆船操縦の技術

江戸時代、この邪馬台国地域の沿岸部沖合は、南九州域から四国や近畿地方に旅行する際の重要な海《かい》路《ろ》となっていたのだが、三世紀当時も九州内の南北および東西の交易上の重要な海路となっていたものと思われ、漁業者を含めて操船技術者は多数存在したと推定できる。

江戸時代は、お伊勢参りや四国・讃岐《さぬき》の金比羅《こんぴら》参《まい》りに行く時は、熊本県葦北郡「津奈木町誌」によると、津奈木港で乗船して、八代海、島原湾、有明海に入り、高瀬（玉名市か）で下船、以後陸行し、小倉港で再び乗船して瀬戸内海を水行していたとの記録が残っている。延喜式官道が整備されたのは九〇五年頃であるが、江戸時代までは道路事情が悪く、良く海路を利用していた事が随所に記録されている。三世紀当時は交易に行くには海と川を利用し、船内泊だったはずだ。それは宿屋や食堂が、もし有ったとしても牛馬がいないので代物《だいぶつ》や商品の運搬ができず、船を使うしかなかった。このため、海上交通が次第に発達し、操船技術も向上し、外国との交易に外洋帆船《がいようはんせん》を存分に活用できたものと類推したい。

第五節　邪馬台国の所有する外洋帆船

倭国の三世紀当時の船舶の大きさなどに関する記録は、外国の史書にも全く見当たらない。中国では軍艦として紀元前一世紀頃から大型の帆船を大量に保有していたとされ、その大きさは、大きい方の船で全長約二八メートル、横幅不明、櫂《かい》要員五〇人、戦士二六人、ほか乗組員一五人、全員合計九一人であったとされる。

さて、邪馬台国における三世紀当時の外洋航行用の帆船は、どれ位の大きさだったのか推定してみる。「倭人伝」によると後漢の一世紀頃から倭の国々の者が、中国に朝貢に訪れていたと記述しているので、朝鮮や中国で保有している船を見習って建造したであろうと推測される。そこで筆者は、船の想定図をイラストにするほか、船の大きさや性能について推定してみた図…10。

全長約二〇メートル、幅四メートル、帆柱二本、帆二張、櫂座一〇、櫂要員二〇人、操舵三人、大工一人、賄《まかな》い三人、船長一

図 10　邪馬台国の外洋帆船（類推）

人、乗客一五人、定員四三人。船の時速は、無風時一〇キロメートル、帆走時最大二〇キロメートル、船の横方向の復元力四〇度位だろう。船は横からの風波に弱い。時化の時、横波を受けながら進む事は禁物である。急に予想もできないような大波が出現し、船が大波の谷底に落ち込んだ時、次の波の斜面が来襲して傾き、帆柱が過ぎ去ろうとする大波に突込んで、折れたり、船が転覆したりする。

筆者が重視する事は、当時の帆船は横風での帆走はできない横帆《おうはん》取り付けをしていたということである。一〇世紀過ぎに至っても追い風専用で、横風の帆走はできないような帆の取り付けになっている図しか無いからだ。今日のように横風であっても帆走可能な縦帆《じゅうはん》取り付けであれば、少し無理して航海し、横からの突風や大波を受けて転覆する事故が起《おこ》り易くなる。これを防ぐために、後方からの風の時だけ帆走可能な帆の取り付け方になっていたと考えられる。その根拠を、図…11、図…12で示す。

この横風帆走不可の原因は、船の横方向の復原力だろう。その復原力が四五度位であれば可能だが、図にある遣明船《けんみんせん》模型の方は、船底まで見えるので良く分かるが、三枚板造《さんまいいたづく》りの船で底が浅く、キール

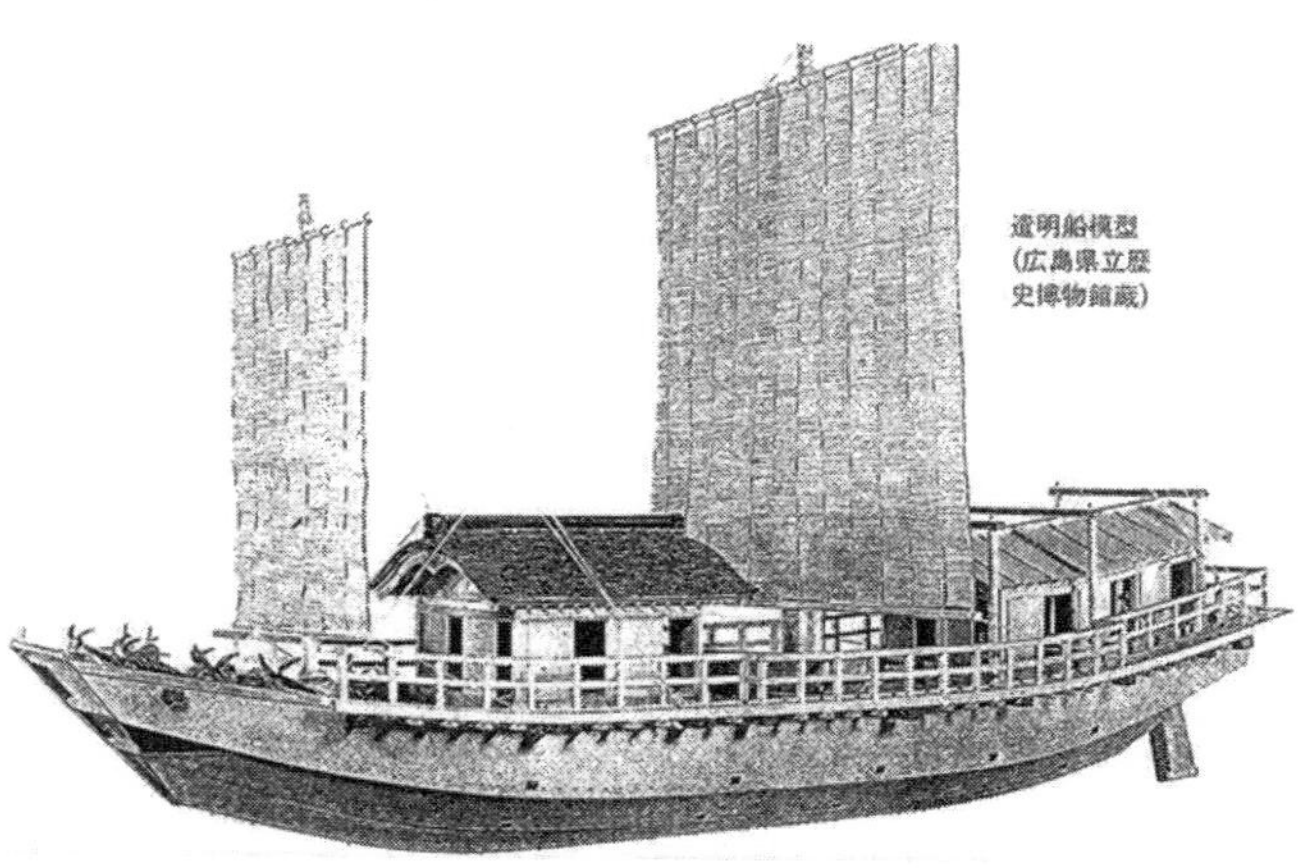

図 11　　(博多商人から転写)

（竜骨《りゅうこつ》、船首から船尾にかけて、船底の中心線に沿って縦に通した鉄または木の骨組み）が無い。太くて重いキールが有ると横の復原力が増えるが、その造りには成っていない。帆はどちらの船も後方からの風のみを受けられる固定式で、横風には対応できない取付けとなっており、これを横帆と言う。

もう一船《いっせん》、九六〇年から一二七九年の間の宋船《そうせん》模型《もけい》であるが、図…13を次頁で示す。

この船の帆も大帆《たいはん》小帆《しょうはん》共追風のみ対応可能な取り付けをしている事が解る。横風で進めるようにするには、帆は左右自在に反転できなければならないが、帆柱から前方に伸びる綱や構造物に邪魔されて、帆の反転ができないようになっており、追風のみの帆走船だ。

次は、図…10、一九五頁で示した女王国所有船（帯方郡使が往来時に使用する船とほぼ同性能）の外洋帆船の「航行規準」を作成してみる。一、天気大雨以外可。二、風速秒速一五メートル未満。三、有義波高三メートル以下。四、視界三キロメー

図 12　（日本史総合図録から転写）

トル以上。ここで有義波高としたが、これは一〇〇個の波の内高い方から三三個の波の高さの平均。理論的には二〇分《ぷん》に一つはこの一・六倍の、二～三時間に一つは二倍もの高さの波が発生するとされる。ただ、波高と言えば有義波高の事である。

次は、賄《まかな》いだが、主食は米麦、副食は入港の地で生鮮食品を米と交換して調達し、煮付けて食べたはずだ。食は高杯を用い手掴《てづか》みで食すと「倭人伝」に記す。洗い物は全て海水、衣類は後水濯《すす》ぎ、体は入港地で海に入って洗い、後水で塩分を流す位だろう。

倭国の外洋帆船のイラストは、船首と船尾を高く描いたが、理由を述べる。時化《しけ》に遭《あ》い、船首からシーアンカー（海錨）を流し、漂流中に大波を受けても船首が水没するのを防ぐためであり、またその波で船首が持ち上げられ、船が後《うし》ろ下《さが》りして船尾から水中に没するのを防ぐためである。外洋帆船であっても大波を船首側から受けて船首を四〇度位持ち上げられると、船は棒のようになって船尾から没する（那覇港《なはこう》の船、参照乞う）次図…14。

また、風波を後方から受けて前進中に大波が来て船尾を高く持ち上げられると、前進の力も加わって

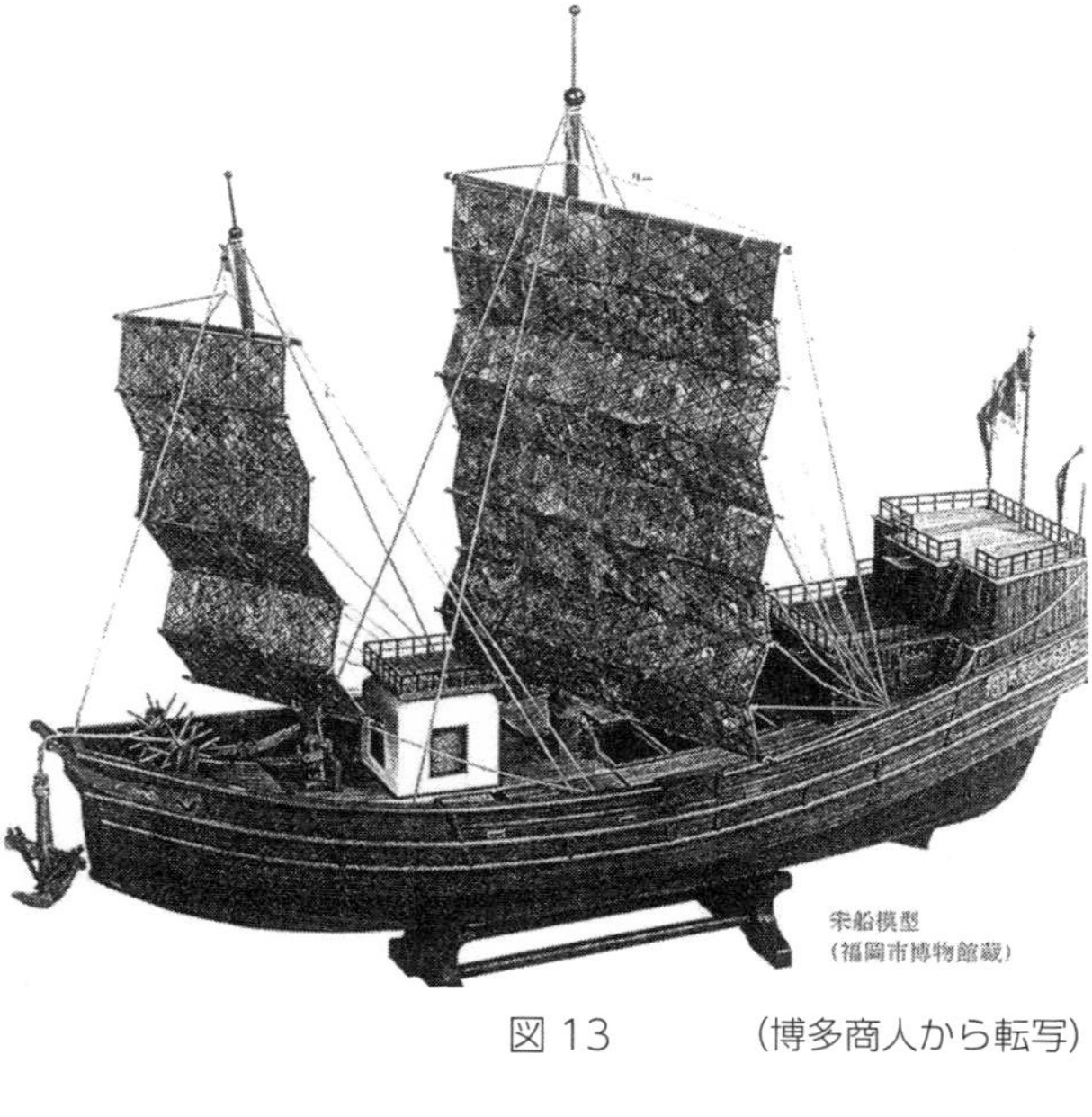

図13　（博多商人から転写）

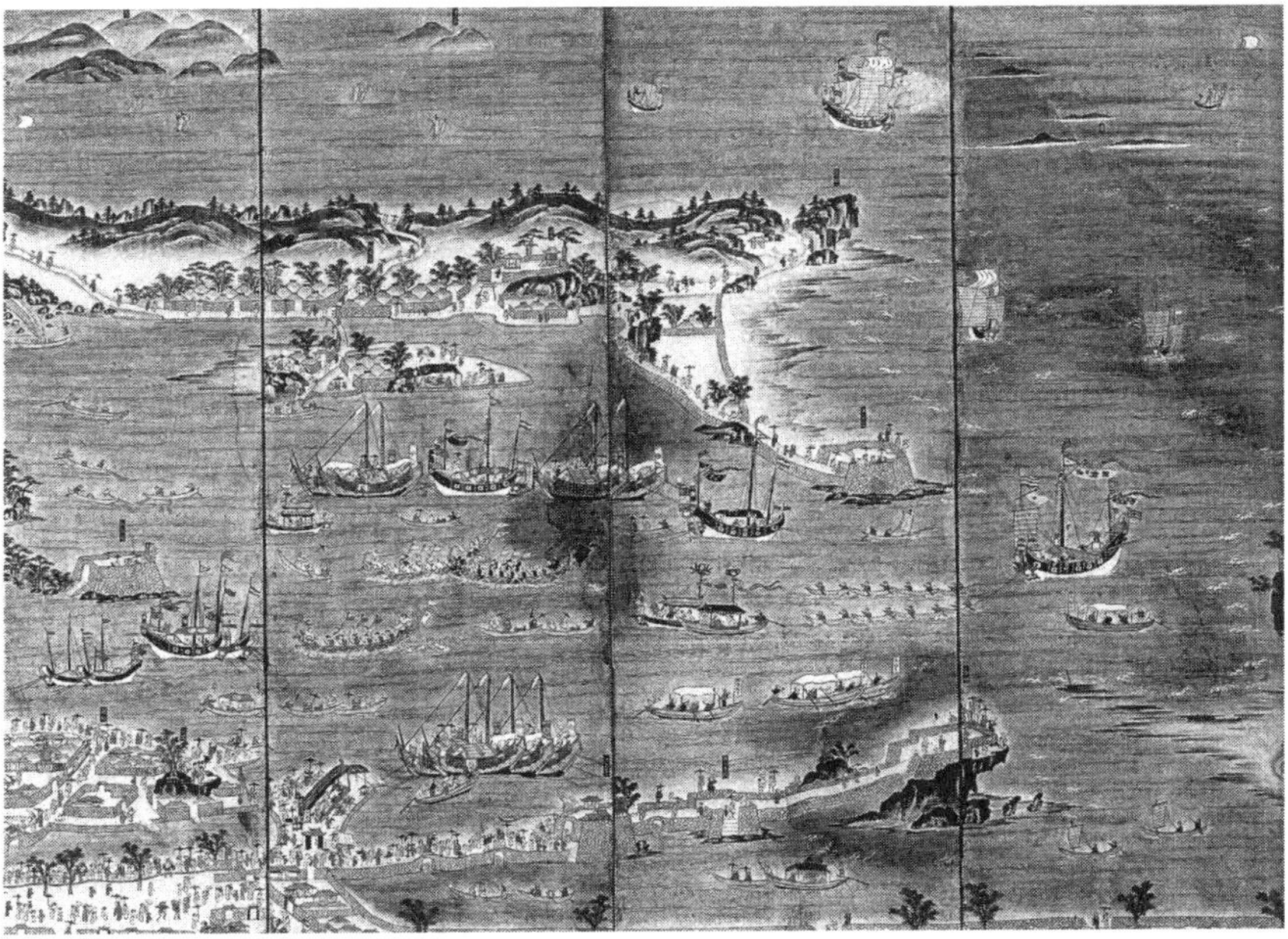

図 14　　（博多商人から転写）

波の下り斜面を滑り落ちることになり、丁度《ちょうど》海鳥《うみどり》が小魚目《こざかなめ》掛《が》けて頭から突っ込んで行く様《さま》に似て、船首から水中に没する。これを防ぐために船の前部を高くし、後部は操船上、見張りを利《き》かせるためにさらに高くしてある。この形の造りは外海《がいかい》で多く使う中国の帆船や沖縄のサバニ船に見られ、宮崎県で出土した櫂座《かいざ》一二を持つ大型船の埴《はに》輪《わ》（図…15）も、外洋の大波に強い形をしている。当時の外洋帆船は、船首・船尾の海中突っ込みを防ぐため、この形《かたち》だったようだ。

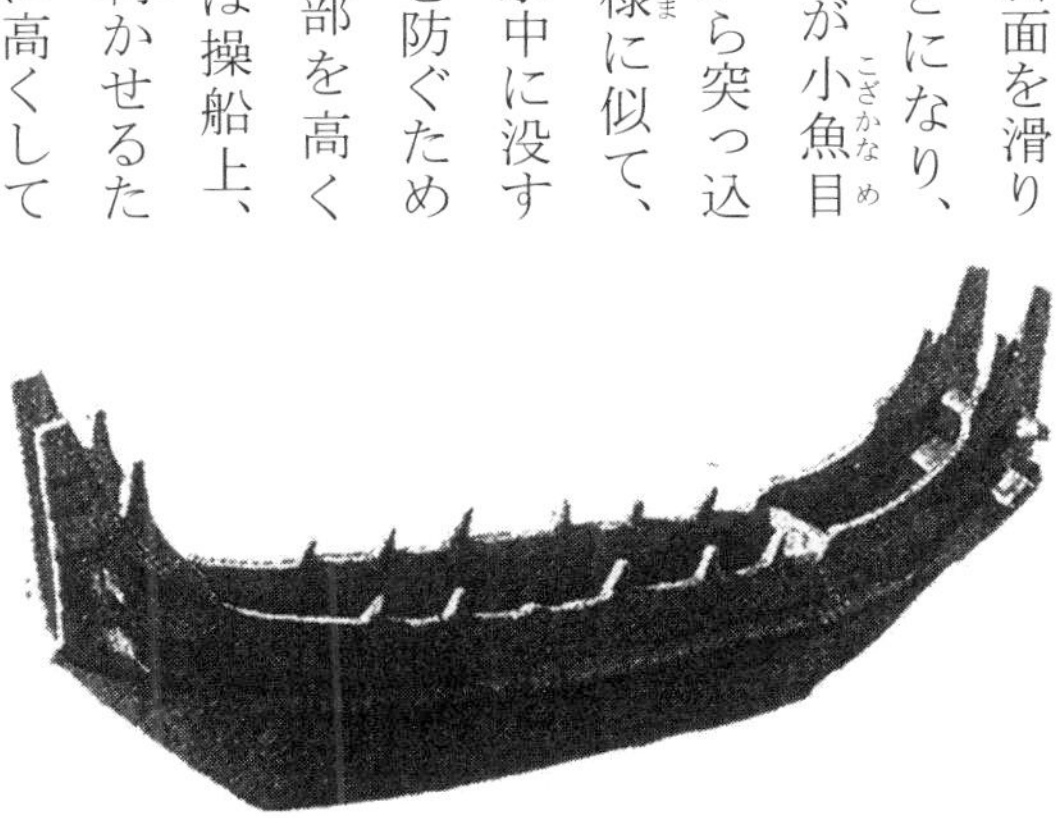

④ 舟（宮崎，長101cm）

図 15　　（日本史総合図録から転写）

第一九章　狗奴国の場所と女王国との境界

「倭人伝」によれば、女王国の南にある「狗《く》奴《な》國《こく》男《だん》子《し》爲《ために》王《おう》其《その》官《かん》……不《ふ》屬《ぞく》女《じょ》王《おう》」とある。

この狗奴国は、邪馬台国を戦《いくさ》で脅《おびや》かす程の強国であるとされているので、経済のみならず外国との交易も進んでいたと思われる。国土も広く、人口も多く、他国に依存せずに自立できていたのだろう。類《るい》推《すい》すると、この国は熊本県南部の地域で、統治の中心は人吉市だったと思う。この地は、「景行紀」には大和《やまと》政権に対して「熊襲《くまそ》反《そむ》きて朝貢《ちょうこう》せず」とある。それ程兵揃《つわものぞろい》の国であったようだ。この人吉市は人吉平野の中心域にあって、球磨《くま》川の中流域にあり、旧《きゅう》相良《さがら》藩《はん》の城下町であった。この球磨川を利用して川下りすると八代市の中心部に行き着く。そこは八代海であり、そこからほぼ西に一五キロメートルばかり進むと天草の大戸《おおと》ノ瀬戸に達し、外洋に通じる。この狗奴国は、外国との貿易には球磨川と八代《やつしも》市の津港が欠かせ無い存在だ。今の八代市は旧八代郡で、江戸時代から干拓《かんたく》事業が盛んに行なわれ、海岸地帯は広大な田地《でんち》が広がっているが、三世紀当時は山裾《すそ》まで海がせまっていて耕地はごく僅かであったように地図上では見える。

人吉市は今日に至るまでには幾多の変遷《へんせん》を歴《へ》てきたが、明治時代初期には旧相良《さがら》領《りょう》を人吉《ひとよし》県とした。その後、明治四（一八七一）年、人吉県およびおおむね上益城郡《かみましきぐん》以南を八代《やつしろ》県と改称された。今の熊本県が発足したのは明治九（一八七六）年二月の事であると『日本史総合図録』に記載されている。その地理的条件からみて人吉市と八代市は密接な関係性があったと思われる。当時、八代市は耕地が狭く、津港が球磨川河口に開け、そこは漁業や外国との交易の拠点として賑わっていた程度の村で、狗奴国の統治の拠点は人吉市だっただろう。「日本史総合図録」から「廃藩置県図」を図：16に示す。

次は邪馬台国との境界はどこなのか、であるが、それは八代郡と下益城郡の境界線に当たるほぼ東西に伸びる線の北側が邪馬台国側で、南側が狗奴国側となっていたと類推する。従って下益城《しもましき》郡以北は邪馬台国の方に入っていたことになる。すると狗奴国《くなこく》の南限は旧葦北《あしきた》郡水俣《みなまた》村、現・水俣市であったと推定される。つまり狗奴国は郡割で言えば八代《やつしろ》郡、球磨《くま》郡、葦北《あしきた》郡、天草《あまくさ》郡の四郡であったことになる。

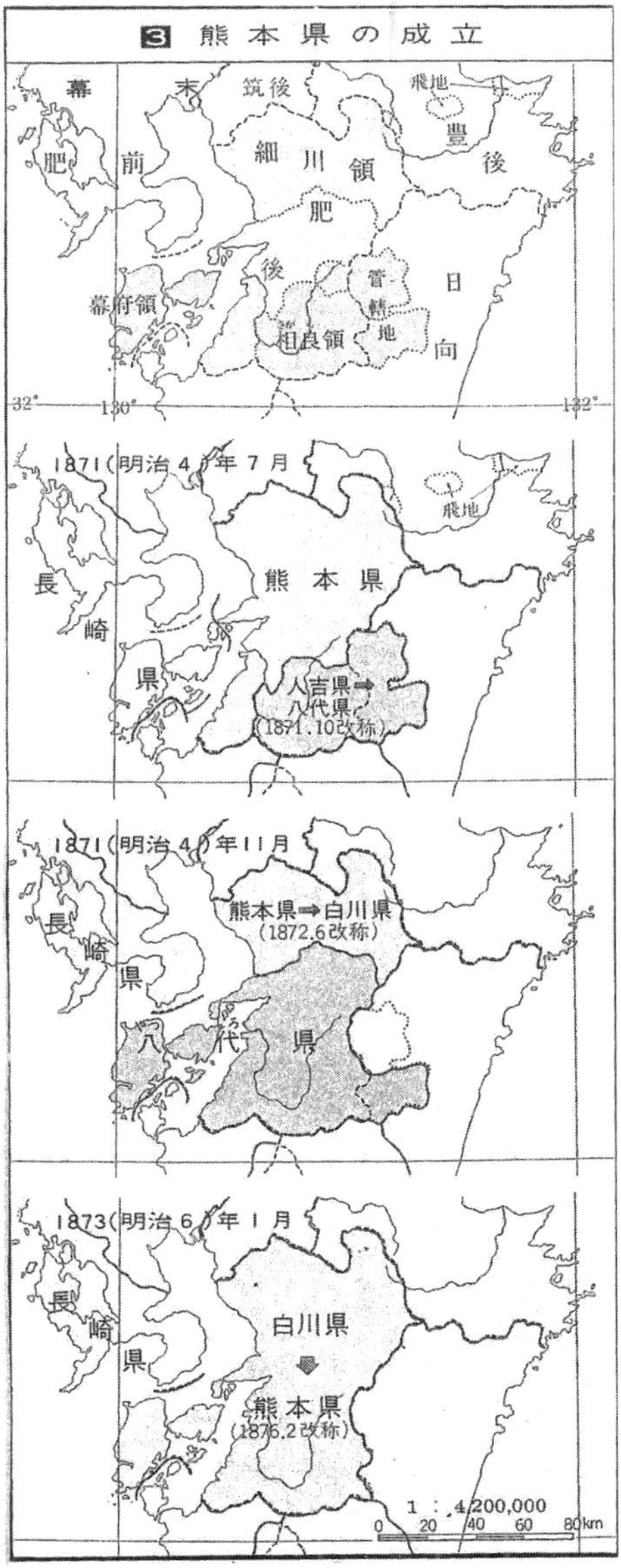

図16　廃藩置県　(日本史総合図録から転写)

この境界が北上すると、地理的にみて緑川が境界となり、女王国の国力が弱くなり、狗奴国に対抗できなくなるとの見積りから八代郡以南を狗奴国に比定した次第である。

次に当時の武器を図…17に示す。

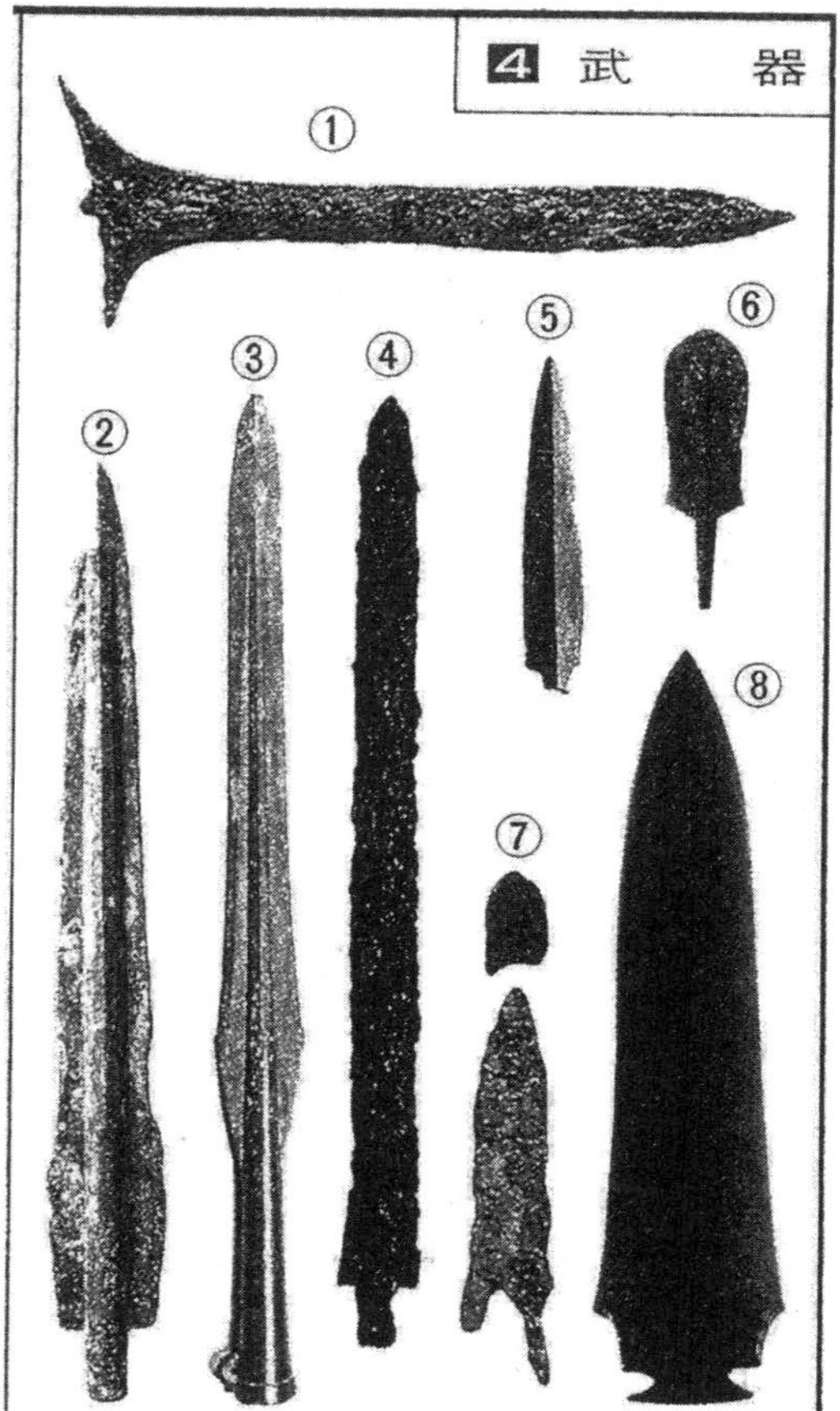

① 鉄戈《てっか》（福岡、長 42.3㎝）
② 細方銅剣（山口）
③ 細方銅矛（長崎、長 54.1㎝）
④ 鉄剣（佐賀、長 51.4㎝）
⑤ 石鏃《せきぞく》（佐賀、長 6㎝）
⑥ 銅鏃（京都、長 7.1㎝）
⑦ 鉄鏃（福岡、長 11.2㎝）
⑧ 石剣（佐賀、長 17.6㎝）

図 17　（日本史総合図録から転写）

第二〇章　邪馬台国（女王の都の所）の国防

「倭人伝」では、女王国は城柵を厳重に設置して常時守衛の兵を置いている。武器は矛《ほこ》、楯《たて》、木弓《もっきゅう》、鉄製の矢鏃《やじり》や骨製矢鏃《こっせいやじり》、矢竹《やたけ》（矢の中程の部分）を所有しているとある。この時代までは攻撃武器としては矛《ほこ》と弓《ゆみ》が主力武器で、防具として楯《たて》が使用されていたことが分かる。刀《かたな》はまだ使われていなかったようだ。骨製《こっせい》の矢鏃《やじり》がある事から見ると鉄が不足していたことが伺える。

さて、この国の総兵員数はいかほどだったか類推しなければならない。この国の人口は推定で二四万五〇〇〇人としたので、その〇・四パーセントの九八〇人位を常備兵として七箇所の駐屯地に、司令部要員の一二六人を除いて八五四人を一二二人ずつ配置し、各駐屯地には見張り所を近くに設置し、狼煙《のろし》番や伝令員を配置して外敵の侵入に備えていたのではないかと推察する。ここで兵員数を〇・四パーセントとしたのは、近時、日本の警察と自衛隊を合わせた人数の総人口に対する比率を基に算定したもので、常備兵の人数であり、平時は警察の役割も果たし、戦時には予備役兵《よびえきへい》と合流して戦闘の主役を担っていたと推察する。また、兵員の駐屯地および見張所を七箇所としたのは、この国の防衛線（南側および西海岸側）約一一二キロメートルであるので、一六キロメートル毎に見張所を設置して、伝令員が駆けつけられる所に駐屯地を置いて一体化させ、即応できる態勢を構築して置く必要が有ると見るからだ。

第二二章　邪馬台国（女王の都の所）の場所

第一節　「倭人伝」の記述との矛盾点の有無

「倭人伝」によれば、不弥国（宇美町か）の所で記しているが、邪馬台国に至るには南へ水行一〇日陸行一月を要するとある。また、その南には狗奴国が在るとも記している。さらに、奴国（中心は春日市か）とは境が離れているとあり、女王の都の所を玉名郡付近としたが、次頁の図のとおり矛盾点は全く見当たらない。

第二節　邪馬台国（女王の都の所）の他国との位置関係

他国との位置関係を図…18に示す。

前節にある奴国と女王国とは境が離れているとあり、隣接する国を示して無いのは投馬国だけであり、この国が女王国の北にあると受け取れるので位置関係に矛盾は無い。

邪馬台国（女王の都の所）の場所

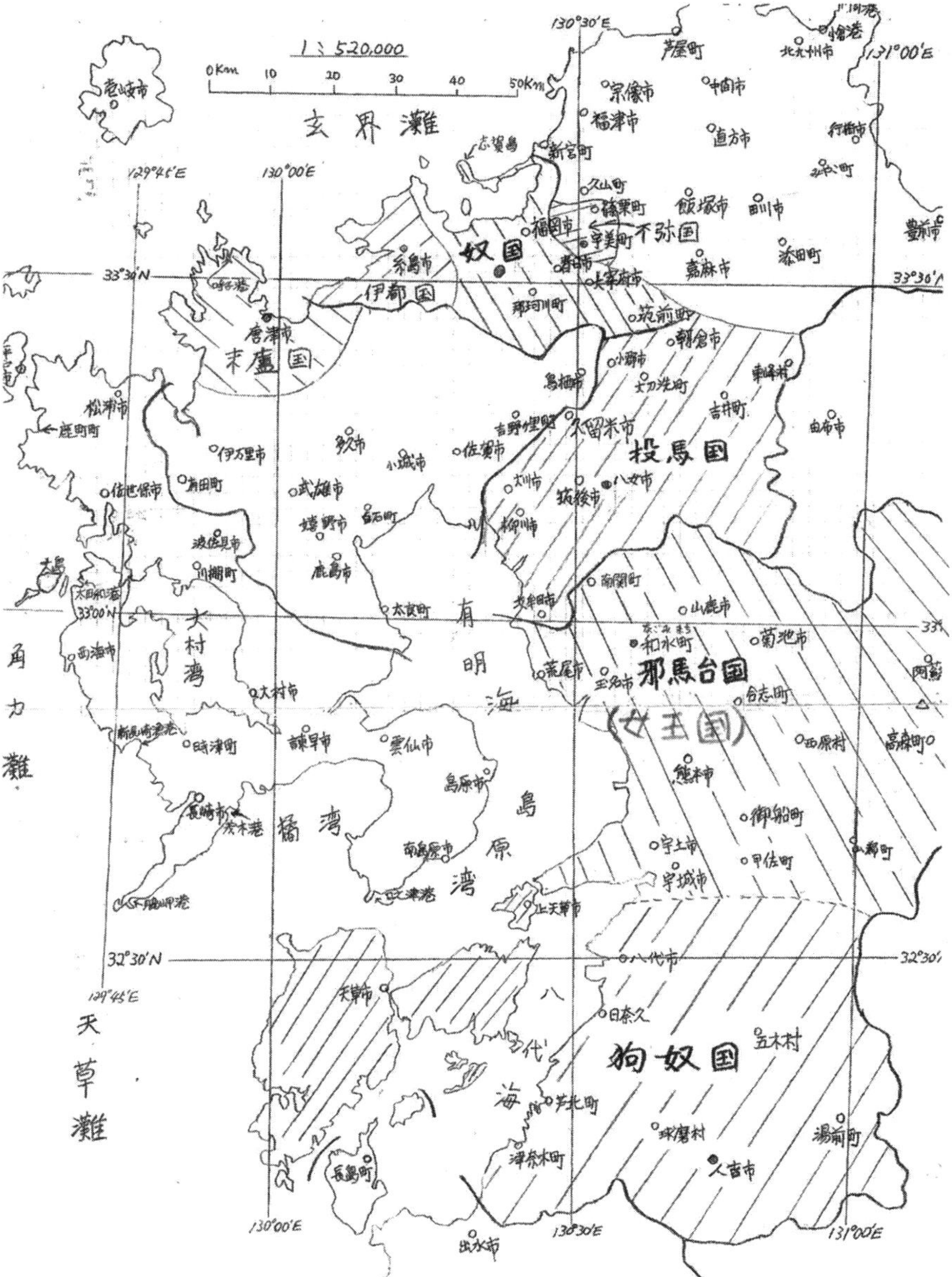

図 18

第二二章　投馬国の食糧供給能力と外国との交易の可否

投馬国の本拠は旧筑後国で、中枢は第九章第三節（九五頁）のとおり八女市に比定した。この国の北限は、筑紫山地の南の筑後川を含む筑紫平野《つくしへいや》一帯だったと見られるが、西側は旧肥前国と有明海であったと見る。南側の境界は当時の邪馬台国との境界となるが、それは今の熊本県と福岡県との境界と同じだろうと思われ、これを変えるほどの根拠を知らない。

さて、食糧であるが、投馬国は纏《まとま》りの良い形をした国境を有し、何よりも水利が良いように見える。それは、同国北部を筑後川が、中央部を矢部川が流れ、その水系や支流と相俟《あいま》って国の大部分を潤《うるお》している。また、この国の穀類高を第一八章第一節表２（一九〇頁）で見ても当時の主要国で多い順に邪馬台国、投馬国、次が狗奴国であろうと読み取れる。

次に、この国の一番の利点は、国境侵入の危険性が低く、防衛線が短くて済む事だろう。それは、北側の隣接《りんせつ》国は同じ連合国の奴国《なこく》と見られるので、筑後川の上流部と旧肥前の国と接する地域が重点監視対象となろう。南西は、遠浅干潟であり、見通しが良く、侵入は難しく、守り易い。南は連合の盟主国であり、対象外となる。食糧の件、戦争ほど食糧生産を阻害するものはない。島原の乱の時、一八三八年一月三日、原城攻略のため熊本を出港した肥後藩の軍勢は二万三〇〇〇人だったと葦北郡「津奈木町誌」にある。この時、津奈木町から地侍のほか百姓数十人が、鉄砲方や人足、加子《かこ》として出陣したため田畑の耕作ができず大いに困ったとある。投馬国は、平常時は食糧は自給可能な穀高を得ていたと見える。外国との交易は、矢部川河口に港が整備され、朝鮮との交易が可能で、交易品は第一八章第二節（一九一頁）に記した女王国とほぼ同じ物だった、と類推される。

第二三章　投馬国の周辺国との位置関係の矛盾点の有無

周辺国との位置関係については、第二一章第二節図18（二〇五頁）に示すとおりで、邪馬台国（女王の都の所）の北に占位し、その北端は奴国と境界が接し、矛盾点は無い。

第二四章　邪馬台国（女王の都の所）の所在地の最終点検

「倭人伝」によれば、帯方郡から邪馬台国（女王の都の所）までは一万二〇〇〇余里とある。また、帯方郡から不弥国までは一万七〇〇里と算出されるので不弥国から邪馬台国（女王の都の所）は、（一二〇〇〇－一〇七〇〇）一三〇〇里となる。一里の長さは、第八章第二節にあるとおり六八・六メートルであるので、一三〇〇里×六八・六メートルは約九〇キロメートルとなる。これは第一〇章第三節に示したとおり、当時の伝送路を念頭に進むと、熊本県旧玉名《たまな》郡和水町《なごみまち》役場近くの江田付近が九〇キロメートルの所となり、帯方郡から一万二〇〇〇里の地は、この付近一帯であろう。

第二五章　文書物品運送制度、伝送にて確立

「魏志・倭人伝」に記す倭人の日常生活や公的活動を綿密に分析してみると、本章表題のとおり文書に依る通信および物品運送が、取り次ぎ伝送に依り成されていた事が解った。その根拠は、第一に挙げられるのは「臨《のぞむ》津《つ》捜《さがす》露《あらわす》傳《つたえ》送《おくる》文書《ぶんしょ》賜《し》遺《い》之《の》物《もの》……」とある「倭人伝」の記述に因《よ》る。

和訳すると、朝貢した公船が津港に到着した時、大率は津港に出向き積荷を調べ仕分けして隣国以外へは伝送する、となる。これは、一二文字に過ぎないが実に大事な意味を含んでいる。伝送の場合、届け先を知るには漢文で書かれたと思われる文字が読めなければ伝送の手続きは取れない。漢字の読みは必須であると言え、役人はそれができたと言えよう。

第二の根拠、「装《そう》封《ふう》付《づき》難《な》升《ず》米《め》牛《ぎゅう》利《り》還《かえり》到《いたる》録《ろく》受《うけ》悉《ことごとく》可《べし》以《もって》示《しめす》汝《なんじ》国《くに》中《じゅう》人《ひと》使《しむ》知《しらせ》……」と詔書に言う記述である。簡潔に和訳すると、下賜品は難升米と牛利に託して置いたので、帰り着いたら記録して受け取り、貴殿の国中の者に悉《ことごと》く知らしめると宜しいとなる。この文に「記録して……」とあるが、これは倭人が文字の読み書きができていた事を意味すると見て良いだろう。漢字の読みができなければ何を言っているか分からない。「詔書」に記録して、と記しているのは文字が書けたからであると受け取る事ができる。もし、倭人の上層部に於いても漢字の読み書きができないのであれば、魏帝が発する「詔書」に細かい要求を記載するはずは無いと言えるのではないだろうか。

第三の根拠は、「収粗賦有邸閣《しゅうそふあるていかく》」と記す「倭人伝」の記述である。和訳すると、物納で賦課《ふか》した租税《そぜい》を収める大倉庫が有るとなる。当時、課税には、物納と労役に依る分が有ったと思われるが、物納については納税者名や租税品目・数量・納税時期などが必要であるが、すでに漢字の文字が使用できたから広範囲な課税ができ、大倉庫を要したと言える。文字によって明記された書が無ければ各人の税品目や数量を覚えて置くのは無理だろうから、やがて物納の完納・未納をめぐって紛争に発展し、収拾がつかなくなるだろう。このように、課税・納税面だけを取って見ても書き物を要し、役人や商人は一通り文字の読み書きができていたと類推できる。

第四の根拠は、「自女王国以北特置一大率《いちだいそつ》検察諸国畏憚《いたん》」と「倭人伝」に記す。和訳すると、特別に一人の大率を置き、女王国以北（女王国を含む）を検察させ、諸国はこれを畏《おそ》れ憚《はばか》っているとなる。それでは、何を検察させているのかの推定であるが、最重要事項は租税の徴収が適切に成され、その保管・使用などの管理が適切に行なわれているかなどであったと思われる。おそらく、徴収した税（物納）は納税者ごとに記録した徴税簿があって、徴収した総量が記されていたはずである。物納品は、自国の王や倭国王からの指示書によって倉庫から移動されたはずなので、その書に基づいて移動した分を差し引いた分が倉庫に保管されていなければならない。これの確認だけでも、倉庫役人が記録した書面が無ければ検察の仕様が無い。検察時は、部下数人を従えて行なったと思われるが、その役人は文字の読み書きおよび数の計算ができなければ、検察そのものが成り立たない。大率が諸国を検察し、忌憚《いたん》されていたという事は、納税の忌避《きひ》や課税・徴税役人の怠慢《たいまん》・不正・横領《おうりょう》などが帳簿によって判明できるようになっていたからであると推定される。日本の文字は、万葉仮名《まんようがな》が七〇〇年代に使われ、片仮名《かたかな》・平仮名《ひらがな》は平安時代初期の七八〇年代にできたと「広辞苑」にあり、従って、使用されていた文字は漢字であり、漢文による読み書きが役人や王など地位の高い人、商人の大部分の人の間では、当時すでにできていたと類推したい。

第二六章　木造船「たで船」の書き置き

木船《もくせん》の手入れで一番の難儀《なんぎ》は、何と言っても「たで船《ふね》」であろう。これは、船食虫《ふなくいむし》を焼き殺し、付着物を除去するためだが、この虫は紐状数センチの白色の虫で、海中の木材に穿孔して石灰質の管を作り、その中に住む。船食虫の駆除は、焼き殺すしか無く、船板が燃えない程度で焼き、白い汁が出ると終わる。五〇年位前まであったこの作業を「たで船」と言う。これをするには、前々から用意して置かなければできない。まず、満潮時に船を波打際《なみうちぎわ》に寄せて、船底に数本の陣（太材木）を取り付けて置き、船底の付着物を擦《こす》り落とした後で、潮が干いて船底が乾いてから焚木《たきぎ》を敷き詰め火をつけるのだが、その焚き木には荻《おぎ》・茅《かや》・葦《あし》・松葉が良い。小舟は小麦藁《わら》でも良い。木竹《もくちく》だと船板が燃えてしまうからだ。

この作業は、付着物を除去するのが一番大変で、数日を要する事もある。大船は船を傾けて片側ずつ行なうので最低でも二日を要し、付着物落としに数人を要する。しかし、これを怠ると船底に穴を空けられ、やがて浸水に至り、二～三年くらいで使えなくなる。「たで船」を几帳面に行なうと二〇年以上使える。

「たで船」は、真夏には週一回、真冬には月一回は行なう必要が有った。要するに、船食虫は暑い時期に活性化すると言う事だ。さて、伊太利《イタリア》人のコロンブスは、西班牙《スペイン》の女王イサベルの援助を受けて一四九二年、亜細亜《アジア》に行くと言って西班牙《スペイン》を出発し、到達した国は亜米利加《アメリカ》近くの島だったが、その後中南米へも渡航した、と伝記や「広辞苑」にもある。特に中南米へ渡航した時は、伝記によると船食虫に食われた船底の修理に乗組中の船大工も追いつかず、船数隻を失ったとあるが、「たで船」の事は不明。特に中米の熱帯地域での船食虫被害は、凄《すさ》まじかったと言う。今日、海では木船は見ないが、FRPの不用船の場合、全長七メートルの船で廃棄費用が約四〇万円も掛かるため、海浜や港に放置されており環境上も問題である。

しかし、最近になって不要船の廃棄が督促され、持ち主による廃棄がなされ、見違えるほど改善されつつある。

おわりに

邪馬台国女王の都の場所が、今日に至っても尚不明の儘《まま》だったのは、戦時秘匿のための方位や距離に関する基点の略述にあった。「魏志・倭人伝」を「三国志」として編纂した人物は、西晋の陳寿で、二九七年に編纂を終えた。西晋はその一七年も前の二八〇年に呉を破って天下を統一し、三一五年まで平和が続いた。統一後は倭国の場所を匿す必要は無いはずで、したがって「倭人伝」に限っては魏が戦時中に編纂出版した「戦時秘匿本」で、それを戦利品として魏から引き継いで、ほぼそのまま「魏志・倭人伝」とした書物と見える。

この書の最大の困惑は、女王の都の所を、不弥国の所で投馬国に続いて記述し、女王国の場所を、ただ南水行一〇日陸行一月として、方位と距離の基点を示していない事であるといえる。

ほとんどの研究者が、これまでの記述を見て軍事秘匿だとし、方位の九〇度捩じ曲げ説や距離などの十倍増や縮小説まで飛び出した。

次の困惑は、水行の船が外洋帆船か小型手漕ぎ船かの区別が無い事だ。これは、船速や航行可能日数が大きく違うので、これを見極める事が最重要だが、経験や地の利を得てないと無理だろう。

次は、地図が不正確だった事で、方位誤差が大きいため捩じ曲げられたように見えるわけで、第五章図１（四三頁）に近い地図使用だったと理解すればこの説は消えるはずだ。当時、倭人は跣《はだし》で歩き、食事は手掴み、男の服は布をほぼ結び合わせただけ、里数を知らず、距離は日数で数え、市《いち》では物々交換。

男は皆、顔・体に入れ墨し、成人男子は全身に丹朱《たんしゅ》を塗ると記す。

次は「倭人伝」研究者の事だが、女王国の都は福岡市地域とする説である。論拠として中国には戦果は一〇倍にして発表する決まりがあり、女王の都の所が帯方郡から一万二〇〇〇余里は一二〇〇里の事で、直線で計ると福岡市沿岸域に当たる。したがって、女王の都は福岡市域だと言う。それだと、投馬国は不弥国の南ではなく北となり、方位が逆となるほか水行二〇日で着くとの記述とも矛盾し、成立しないと言える。

ところで、郡使持参の地図についてであるが、古代の地図は特に日本付近は不正確であった事の証《あか》しとして世界と日本の地図を次頁に示してみる。室町時代末期のこの地図には、右端に日本が付いているが、朝鮮半島南岸と九州北岸との距離が約九九〇キロメートルも有る。実際は二〇〇キロメートル位である。また、この地図はグリニッチを通る経線が、東経一三三度であり、ここを零度に直すと福岡市は一四四度であり、実際には一三〇・五度、その差一三・五度で、距離約一二一五キロメートルとなる。郡使が使っていた地図は日本付近ではこれよりもっと精度の高い物だったと類推されるが、今の地図に比べると目に見える誤差が有ったと思われる。しかし、倭地周旋五〇〇〇余里の事も、会稽東治の東の倭地も、また女王国の東「渡海千余里」や「南四千余里」に在るとする国にしてもその場所を比定できるので、誤差は許容範囲に収まっていると言えるだろう。当時、これ程の精度で方位や距離を算出できたのは、相当に熟練した船乗りがいて倭地関連の位置を報告書に記述できていたからであろうと推定できる。

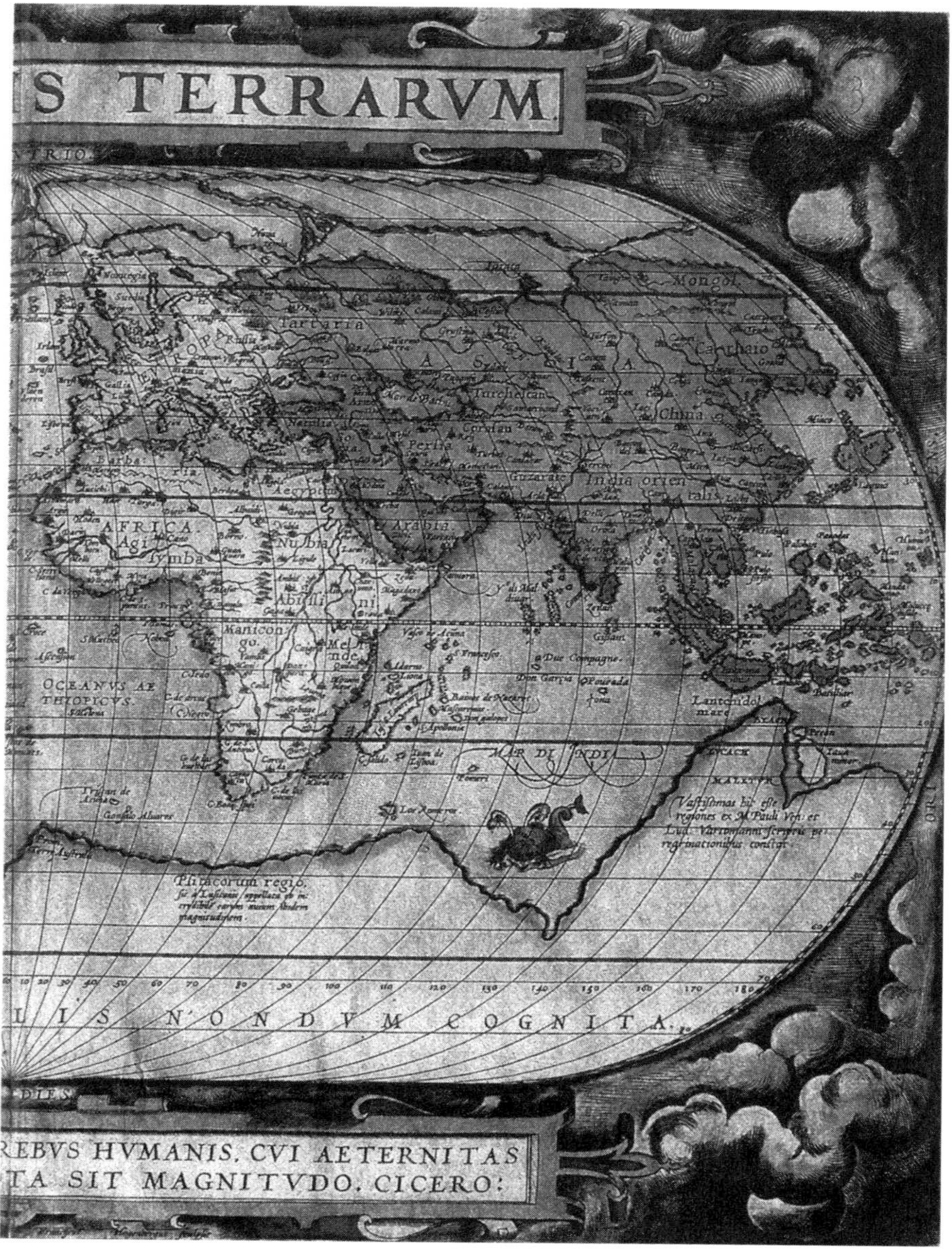

オルテリウス『世界図』。ベルギー・アントウェルペンの地図メーカー・オルテリウスが最新の情報を１冊にまとめ 1570 年に発行した地図帳。大航海時代の世界像が凝縮されている。（長崎県蔵）　（博多商人本から転写）

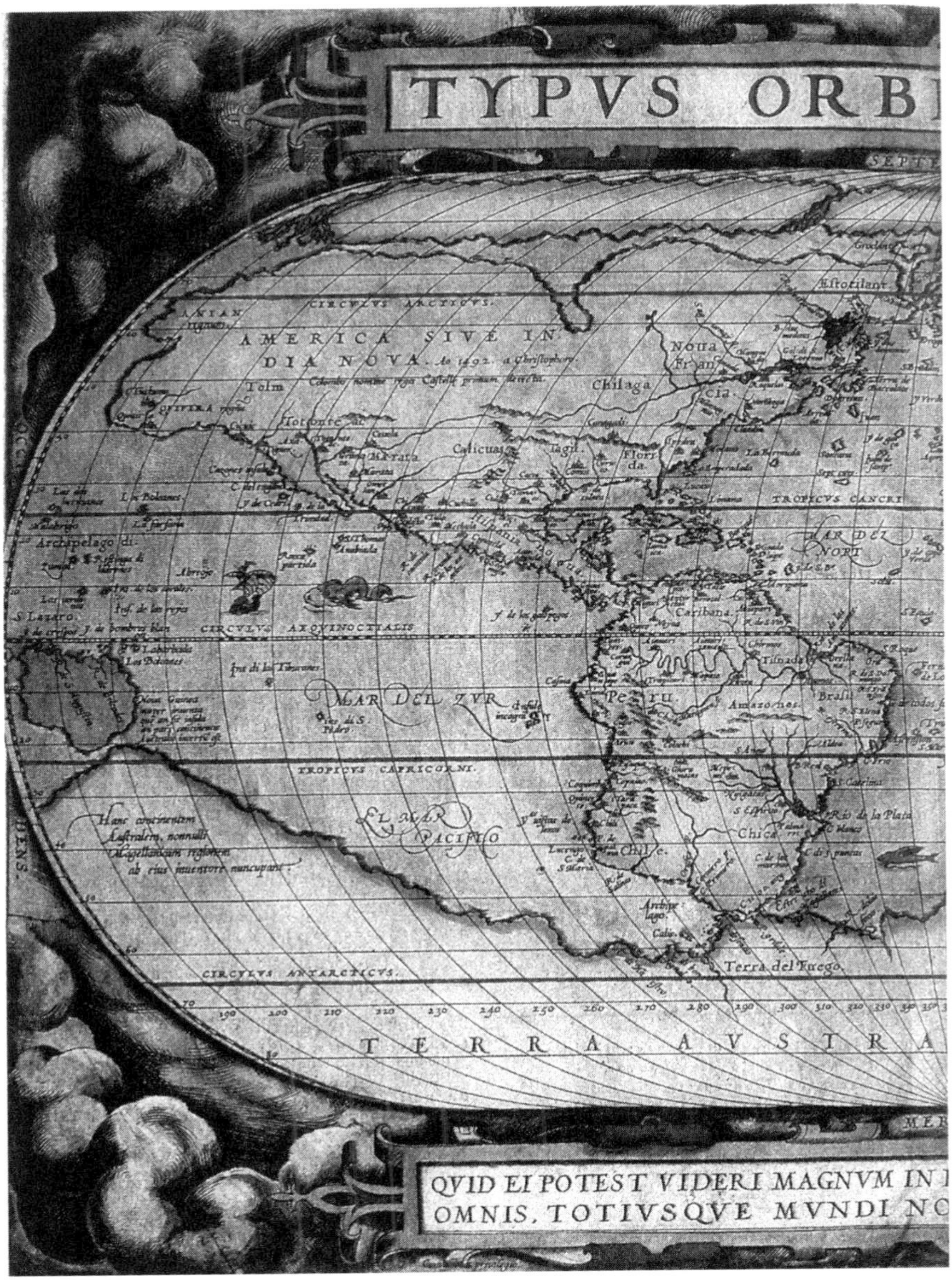
TYPVS ORBI
AMERICA SIVE IN DIA NOVA
CIRCVLVS ARCTICVS
TROPICVS CANCRI
CIRCVLVS AEQVINOCTIALIS
TROPICVS CAPRICORNI
CIRCVLVS ANTARCTICVS
MAR DEL ZVR
MAR DEL NORT
Terra del Fuego
Rio de la Plata
TERRA AVSTRA
QVID EI POTEST VIDERI MAGNVM IN
OMNIS, TOTIVSQVE MVNDI NO

当時、帯方郡の公船（軍船以外）は夜航海はしていないはずであるので、倭国の位置をどのようにして知ったのかであるが、北極星や太陽の高度を二点間で計測し、緯度を知り、経度は太陽の南中する二点間の距離から一二支で等分して一支三〇度で動く事を知り、西安《シーアン》付近を経度零度とする地図を使っていた可能性もある。この地図を基に航海し、入港地で夜、北極星の高度を測定し、地図補正を行ない、緯度位置を決めて報告書を作成したように見える。したがって、女王国の南四〇〇〇余里に在る「こびと国」は北極星の高度から決めたようで良く合致する。また、倭国を会稽東治の東に当たるとしたが、この書は全て八方位で示しているので、東とあるが誤差〇・五度とほぼ適合である。

この「倭人伝」は、秘匿のため略述が多い事から、推理小説化している感があるが、やはり史書であって内容は事実を良く捉え、良心的に記述され、当時としては記述の正確さに驚かされる。それにも増して、女王国の都の幾重にも亘る略述秘匿は、臣下国だったゆえであり、これで救われた面も有ったと言えよう。略述の多い項目は、方位およびその基準点、距離の尺度および基準点、水行船舶の種類だ。以上の各項目について、特に入念に調査を行なったところ、略述《りやくじゅつ》部分の文言や数値が掴めた。

筆者は、帆船や手漕ぎ船の運航の経験に基づき、その実態に即して解読し、女王国の場所解明に成功したと自負している。それは、全体として各国間の場所の整合性が取れている事を地図上で確認しているからである。さらに、他の記述との矛盾や不整合も無い事を全て点検、確認済みだからであり、「倭人伝」の記述の解明は成し得たと満足している。

この「倭人伝」は、里の尺度や方位・距離・基点の略述を行ない、倭女王の都の所を匿し、特に魏の敵国であった呉や蜀にその場所を知られないように、「倭人伝」を工夫して書きあげ出版していたものと類推される。

国書であるため虚偽記載は行なわず、その体面は確かに保たれている。方位の若干の違いは有るが、当時の地図誤差によると見られ、虚偽記載では無いと筆者は見ている。

次は、敵国にとっては間違って受け取られ易い記述が有ることを述べてみよう。

その一つは、「倭人伝」によると女王国は「當在會稽東治之東」と記しており、地の利を得ている我が国の研究者でさえ、これは福建省に在った「会稽郡東治県」の事だとほとんどが受け取っており、魏の意のままのようである。この記載は、第一二章一四九頁に詳述したが、女王国は台湾の東方洋上に在ると思わせ、呉など敵国の艦隊を洋上で迷走させるための戦略的な記載であると筆者は見ている。

二つ目は、女王国は「所有無《しょゆうない》與《よ》儋耳《たんじ》朱崖《しゅがい》同《おなじ》倭地《わち》温暖《おんだん》冬夏《ふゆなつ》食《しょく》生菜《せいさい》」と記す。

簡潔に和訳すると、有る物無い物海南島と同じであり、気候温暖で冬でも夏でも生野菜《なまやさい》を食べているとなる。なお儋耳・朱崖は、中国（当時呉国）海南島の地方名である。

この表現も、倭の女王国は冬でも温暖で、南方に在ると思わせる記述をしている。

また、「倭人伝」は「自郡至女王国萬二千餘里」と記し、これを当時の公里（四三四メートル）で計ると五二〇八キロメートルとなって、南緯およそ一〇度となり、オーストラリアの北端辺りとなってしまう。さらにまた、婦人の服装のことを一重の貫頭衣を着用と記しているが、これは夏服の事であり、冬服については何の記述も無い。

当時は、今より温暖だったと言う人もいるが、縄文時代以降は今より温暖だった時期は無いはずだが、当時の気候表を次頁に示そう。その後地球は次第に温暖化し、氷が融けて海面が上昇し、没する島が出ている。

遂に、冬季の事は記さず、ひたすら温暖な南国である事を強調し、倭国の場所を匿し、外敵の侵入を防ぐための記述に終始したと見える。

計らずも、、本論で記載しきれなかった事が二つだけ有り、心残りとなるので述べて置く事にしたい。

その一、第一四章に述べた裸国・黒歯国からの帰路の事である。往路は、女王国からほぼ一年でガダルカナル島ホニアラ港に到達できたが、帰路は幾月を要したかである。一一月にホニアラを出港し、往路の逆コースで進み、セレベス海東部のクラウド諸島からミンダナオ島に渡り、後はフィリピンや台湾東岸に沿って進むと、赤道無風帯域以外、ほぼ全域追い風、追い潮の海域を航行する事となる。距離の短縮も有り、往路に対しておおよそ四割減の七月を要し、翌年六月には女王国に到着できたと推定される。この時季は、南洋に於いても、倭国に於いても台風の危険がほとんど無くて済む。

その二、海流・潮流についてであるが、船乗りや漁師、海上保安庁の係官でさえ、その実態は良くわからない。なぜなら、それは観測がほとんど成されてないからだ。潮流の方は、若干の観測が成され、主要海峡や水道の流れを海図に記しているが、そのほとんどは観測値に基づいた計算値で、実測値ではない。黒潮のように藍黒色の大規模海流はほぼ把握されているが、これは一定方向の風や水温・塩分差などによって生じる流れで、日本付近では黒潮と呼ばれ、フィリピン群島の東岸から台湾東側を経て南

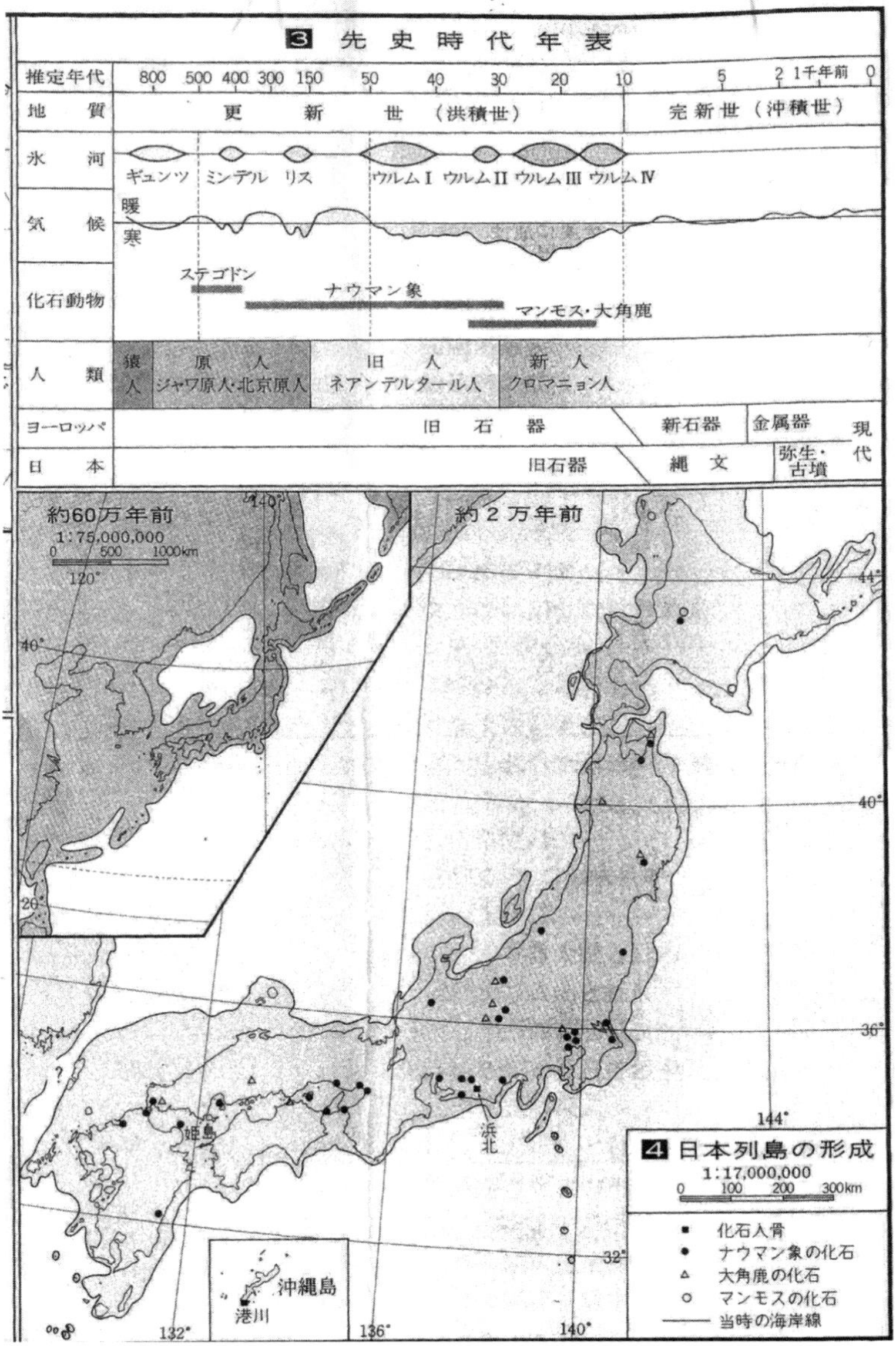

3 先史時代年表
推定年代
800 500 400 300 150 50 40 30 20 10 5 2 1千年前 0
地質
更新世（洪積世）
完新世（沖積世）
氷河
ギュンツ ミンデル リス ウルムⅠ ウルムⅡ ウルムⅢ ウルムⅣ
気候
暖
寒
化石動物
ステゴドン
ナウマン象
マンモス・大角鹿
人類
猿人
原人 ジャワ原人・北京原人
旧人 ネアンデルタール人
新人 クロマニョン人
ヨーロッパ
旧石器
新石器
金属器
日本
旧石器
縄文
弥生・古墳
現代
約60万年前
1:75,000,000
0 500 1000km
約2万年前
沖縄島
港川
姫島
浜北
4 日本列島の形成
1:17,000,000
0 100 200 300km
化石人骨
ナウマン象の化石
大角鹿の化石
マンモスの化石
当時の海岸線

(日本史総合図録から転写)

西諸島の西側、日本列島の南岸を流れ、犬吠埼《いぬぼうざき》付近で陸から離れる。この海流は、太平洋最大の海流であり、幅はおおよそ一〇〇キロメートル、流速は時速おおよそ五・四キロメートルと「広辞苑」にある。また、週毎の海洋速報にも載る。

対馬海流は、黒潮の一部が種子島付近の西方海上で分岐して、九州西方から対馬海峡（対馬海峡の西水道＝朝鮮海峡とも）と東水道（対馬と壱岐との間）を通り、本州の日本海沿岸を流れる暖流と辞書にも有り、安定した速度の流れとする「倭人伝」の研究者もある。しかし、この対馬海流は流れが極めて不規則で、かつまた弱く、海流として記録できない程であり、海洋速報にも記載される事はほとんど無い程弱い。ただし、山陰沖から先は流路が推定できるようになり、海洋速報に記載される事が多くなる。最新の海図では、対馬海峡東水道の中央域の実際の流れは、満ち潮時は南西流で最大時速約三キロメートル、引き潮時は北東流で同四キロメートルとあり、海流は潮流に打ち消されて姿を晦《くら》ましている。海上保安庁は、その流速を公表しないが、海流がある事は認めており、同庁係官にしつこく質《ただ》す中で北東流一キロメートル以下だと感じた。同海峡の潮流は、引き潮時〇・五キロメートルの海流が加わり時速四キロメートルとなり、満ち潮時は同流速が減じられ時速三キロメートルとなっているようである。同海峡の海流の最大時速は、約〇・五キロメートルで北東流と見る。

次は最後になるが、三世紀当時、倭国内や帯方郡との通信手段は何を用いたのか再記して置きたい。おそらく、その通信連絡には漢字文書を用い、役人などはおおむね漢文の読み書きができ、文書は役人が運び、荷物は役人の監督下人夫が運び取り次いだと見る。根拠は、届け先を知るには文字の読みが不可欠、また「収租賦《しゅうそふ》」や大率の検察、魏の文書などを「伝送」とあり、詳細は第二五章に記した。

ところで、女王の都の所を、筆者は熊本県旧玉名郡付近としたが、その確定には「親魏倭王《しんぎわおう》」の金印、または紫綬・制詔・下賜品もしくは女王統治時の、自身の所持品がしかるべき場所で見付かる必要があろう。それで、始めて「女王の都の所」が確定することになるだろう。これは多分、今後の発掘に掛かっているのだと思う。和水町に在る松坂古墳は、変形した前方後円墳で、墳長一三四メートルとされているが、詳しい発掘はまだ為《な》されてなく、今は草木が茂っていると町役場の係の人は言っていた。速い発掘に期待したい。

読者の皆様、最後までお付き合い戴き有難う御座いました。

吉野《よしの》　満昭《まんしょう》

参考文献

石井幸孝「海路」　海鳥社　二〇一五年
安本美典「邪馬台国は福岡県朝倉市にあった!!」　勉誠出版　二〇一九年
田島代支宣「卑弥呼女王国と日本国の始まり」　海鳥社　二〇〇八年
笹山晴生「日本史総合図録」　山川出版社　二〇〇三年
孫栄健「邪馬台国の全解決」　言視社　二〇一八年
津奈木町「津奈木町誌」　ぎょせい　平成五年
土居善胤「金印　日本号　かぶと」　西日本シティ銀行　昭和五四年
岡本顕實「元寇」　さわらび社
山本博文「日本の歴史二」　株式会社KADOKAWA

付録

『魏志』「倭人伝」

倭人傳

倭人在帶方東南大海之中依山島爲國邑舊百
餘國漢時有朝見者今使譯所通三十國從郡至
倭循海岸水行歷韓國乍南乍東到其北岸狗邪
韓國七千餘里始度一海千餘里至對海國其大

官曰卑狗副曰卑奴母離所居絶島方可四百餘
里土地山險多深林道路如禽鹿徑有千餘戸無
良田食海物自活乗船南北市糴又南渡一海千
餘里名曰瀚海至一大國官亦曰卑狗副曰卑奴
母離方可三百里多竹木叢林有三千許家差有
田地耕田猶不足食亦南北市糴又渡一海千餘
里至末盧國有四千餘戸濵山海居草木茂盛行
不見前人好捕魚鰒水無深淺皆沉沒取之東南
陸行五百里到伊都國官曰爾支副曰泄謨觚柄
渠觚有千餘戸世有王皆統屬女王國郡使往來

魏志三十　二十六

常所駐東南至奴國百里官曰兕馬觚副曰卑奴
母離有二萬餘戸東行至不彌國百里官曰多模
副曰卑奴母離有千餘家南至投馬國水行二十
日官曰彌彌副曰彌彌那利可五萬餘戸南至邪
馬壹國女王之所都水行十日陸行一月官有伊
支馬次曰彌馬升次曰彌馬獲支次曰奴佳鞮可
七萬餘戸自女王國以北其戸數道里可得略載
其餘旁國遠絶不可得詳次有斯馬國次有巳百
支國次有伊邪國次有都支國次有彌奴國次有
好古都國次有不呼國次有姐奴國次有對蘇國

倭人

次有蘇奴國次有呼邑國次有華奴蘇奴國次有
鬼國次有爲吾國次有鬼奴國次有邪馬國次有
躬臣國次有巴利國次有支惟國次有烏奴國次
有奴國此女王境界所盡其南有狗奴國男子爲
王其官有狗古智卑狗不屬女王自郡至女王國
萬二千餘里男子無大小皆黥面文身自古以來
其使詣中國皆自稱大夫夏后少康之子封於會
稽斷髮文身以避蛟龍之害今倭水人好沈沒捕
魚蛤文身亦以厭大魚水禽後稍以爲飾諸國文
身各異或左或右或大或小尊卑有差計其道里

當在會稽東治之東其風俗不淫男子皆露紒以
木緜招頭其衣橫幅但結束相連略無縫婦人被
髮屈紒作衣如單被穿其中央貫頭衣之種禾稻
紵麻蠶桑緝績出細紵縑緜其地無牛馬虎豹羊
鵲兵用矛楯木弓木弓短下長上竹箭或鐵鏃或
骨鏃所有無與儋耳朱崖同倭地溫暖冬夏食生
菜皆徒跣有屋室父母兄弟臥息異處以朱丹塗
其身體如中國用粉也食飲用籩豆手食其死有
棺無槨封土作冢始死停喪十餘日當時不食肉
喪主哭泣他人就歌舞飲酒已葬舉家詣水中澡

倭人

浴以如練沐其行來渡海詣中國恒使一人不梳
頭不去蟣蝨衣服垢汚不食肉不近婦人如喪人
名之爲持衰若行者吉善共顧其生口財物若有
疾病遭暴害便欲殺之謂其持衰不謹出真珠青
玉其山有丹其木有枏杼豫樟楺櫪投橿烏號楓
香其竹篠簳桃支有薑橘椒蘘荷不知以爲滋味
有獮猴黑雉其俗舉事行來有所云爲輒灼骨而
卜以占吉凶先告所卜其辭如令龜法視火坼占
兆其會同坐起父子男女無別人性嗜酒（魏略曰其俗不
知正歲四節但計春耕秋收爲年紀）見大人所敬但搏手以當跪拜其

人壽考或百年或八九十年其俗國大人皆四五
婦下戶或二三婦婦人不淫不妒忌不盜竊少諍
訟其犯法輕者沒其妻子重者沒其門戶及宗族
尊卑各有差序足相臣服收租賦有邸閣國國有市
交易有無使大倭監之自女王國以北特置一大
率檢察諸國畏憚之常治伊都國於國中有如刺
史王遣使詣京都帶方郡諸韓國及郡使倭國皆
臨津搜露傳送文書賜遺之物詣女王不得差錯
下戶與大人相逢道路逡巡入草傳辭說事或蹲
或跪兩手據地爲之恭敬對應聲曰噫比如然諾

其國本亦以男子爲王住七八十年倭國亂相攻伐歷年乃共立一女子爲王名曰卑彌呼事鬼道能惑衆年已長大無夫婿有男弟佐治國自爲王以來少有見者以婢千人自侍唯有男子一人給飲食傳辭出入居處宮室樓觀城柵嚴設常有人持兵守衛女王國東渡海千餘里復有國皆倭種又有侏儒國在其南人長三四尺去女王四千餘里又有裸國黒齒國復在其東南船行一年可至參問倭地絶在海中洲島之上或絶或連周旋可五千餘里景初二年六月倭女王遣大夫難升米

等詣郡求詣天子朝獻太守劉夏遣吏將送詣京都其年十二月詔書報倭女王曰制詔親魏倭王卑彌呼帶方太守劉夏遣使送汝大夫難升米次使都市牛利奉汝所獻男生口四人女生口六人班布二匹二丈以到汝所在踰遠乃遣使貢獻是汝之忠孝我甚哀汝今以汝爲親魏倭王假金印紫綬裝封付帶方太守假授汝其綏撫種人勉爲孝順汝來使難升米牛利涉遠道路勤勞今以難升米爲率善中郎將牛利爲率善校尉假銀印青綬引見勞賜遣還今以絳地交龍錦五匹臣松之以爲地應爲綈漢文帝著皁衣謂之弋綈是也此字不體非魏朝之失則傳寫者誤也絳地縐粟罽十張蒨絳五十匹紺青五十匹荅汝所獻貢直又特賜汝紺地句文錦三匹細班華罽五張白絹五十匹金八兩五尺刀二口銅鏡百枚真珠鉛丹各五十斤皆裝封付難升米牛利還到録受悉可以示汝國中人使知國家哀汝故鄭重賜汝好物也正始元年太守弓遵遣建中校尉梯儁等奉詔書印綬詣倭國拜假倭王并齎詔賜金帛錦罽刀鏡采物倭王因使上表答謝詔恩其四年倭王復遣使大夫伊聲耆掖邪狗等八人上獻生口倭錦絳青

縑緜衣帛布丹木拊短弓矢掖邪狗等壹拜率善中郎將印綬其六年詔賜倭難升米黄幢付郡假授其八年太守王頎到官倭女王卑彌呼與狗奴國男王卑彌弓呼素不和遣倭載斯烏越等詣郡説相攻撃状遣塞曹掾史張政等因齎詔書黄幢拜假難升米爲檄告喩之卑彌呼以死大作冢徑百餘歩徇葬者奴婢百餘人更立男王國中不服更相誅殺當時殺千餘人復立卑彌呼宗女壹與年十三爲王國中遂定政等以檄告喩壹與壹與遣倭大夫率善中郎將掖邪狗等二十人送政等

還因詣臺獻上男女生口三十人貢白珠五千孔
青大句珠二枚異文雜錦二十匹
評曰史漢著朝鮮兩越東京撰錄西羌魏世匈奴
遂衰更有烏丸鮮卑爰及東夷使譯時通記述隨
事豈常也哉 魏略曰西戎傳曰氐人有王所從來久矣自漢開益州置武都郡排其種人分竄山
谷間或在福祿或在汧隴左右其種非一稱槃瓠之後或號青氐或號白氐或號蚺氐此蓋蟲之類而處中國人即其服
色而名之也其自相號曰盍稚各有王侯多受中國封拜近去建安中興國氐王阿貴白項氐王千萬各有部落萬餘至
十六年從馬超為亂超破之後阿貴為夏侯淵所攻滅千萬西南入蜀其部落不能去皆降國家分徙其前後兩端者置
扶風美陽今之安夷撫夷二部護軍所典是也其太守善分留天水南安界今之廣平魏郡所守是也其俗語不與中國
同及羌雜胡同各自有姓姓如中國之姓矣其衣服尚青絳俗能織布善田種畜養豕牛馬驢騾其婦人嫁時著衽露其

魏志三十　卅一

緣飾之制有似羌衽露有似中國袍皆編髮多知中國語由與中國錯居故也其自還種落間則自氐語其嫁娶有似於
羌此蓋乃昔所謂西戎在於街冀豲道者也今雖都統於郡國然故自有王侯在其虛落間又故武都地陰平街左右亦
有萬餘落 貲虜本匈奴也匈奴名奴婢為貲始建武時匈奴衰分去其奴婢亡匿在金城武威酒泉北黑水西河東西畜
牧逐水草鈔盜涼州部落稍多有數萬不與東部鮮卑同也其種非一有大胡有丁令或頗有羌雜處由本亡奴婢故
也當漢魏之際其大人有檀柘死後其枝大人南近在廣魏令居界有禿瑰來數反為涼州所殺今有劭提或降來或遁
去常為西州道路患也 燉煌西域之南山中從婼羌西至蔥領數千里有月氏餘種蔥茈羌白馬黃牛羌各有酋豪北
與諸國接不知其道里廣狹傳聞黃牛羌各有種類孕身六月生南與白馬羌鄰西域諸國漢初開其道時有三十六後
分為五十餘從建武以來更相吞滅於今有二十道從燉煌玉門關入西域前有二道今有三道從玉門關西出經婼羌
轉西越蔥領經縣度入大月氏為南道從玉門關西出發都護井回三隴沙北頭經居盧倉從沙西井轉西北過龍堆到
故樓蘭轉西詣龜茲至蔥領為中道從玉門關西北出經橫坑辟三隴沙及龍堆出五船北到車師界戊己校尉所治高

昌轉西與中道合龜茲為新道凡西域所出有前史已具詳今故略說南道西行且志國小宛國精絕國樓蘭國皆并屬
鄯善也戎盧國扜彌國渠勒國皮穴國皆并屬于寘罽賓國大夏國高附國天竺國皆并屬大月氏 臨兒國浮屠經云
其國王生浮屠浮屠太子也父曰屑頭邪母云莫邪浮屠身服色黃髮青如青絲乳青毛蛉赤如銅始莫邪夢白象而孕及
生從母左脅出生而有結墮地能行七步此國在天竺城中天竺又有神人名沙律昔漢哀帝元壽元年博士弟子景盧
受大月氏王使伊存口受浮屠經曰復立者其人也浮屠所載臨蒲塞桑門伯聞疏問白疏間比丘晨門皆弟子號也浮
屠所載與中國老子經相出入蓋以為老子西出關過西域之天竺教胡浮屠屬弟子別號合有二十九不能詳載故略
之如此 車離國一名礼惟特一名沛隸王在天竺東南三千餘里其地卑溼暑熱其王治沙奇城有別城數十人民怯
弱月氏天竺擊服之其地東西南北數千里人民男女皆長一丈八尺乘象橐駝以戰今月氏役稅之 盤越國一名漢越
王在天竺東南數千里與益部相近其人小與中國人等蜀人賈似至焉南道而西極轉東南盡矣 中道西行尉梨國危
須國山王國皆并屬焉耆姑墨國溫宿國尉頭國皆并屬龜茲也楨中國莎車國竭石國渠沙國西夜國依耐國滿犁國

魏志三十　卅二

億若國榆令國捐毒國休脩國琴國皆并屬疏勒自是以西大宛安息條支烏弋烏弋一名排特此四國次在西本國也無
增損前世謬以為條支在大秦西今其實在東前世又謬以為彊於安息今更役屬之號為安息西界前世又謬以為弱
水在條支西今弱水在大秦西前世又謬以為從條支西行二百餘日近日所入今從大秦西近日所入 大秦國一號犂
靬在安息條支西大海之西從安息界安谷城乘船直截海西遇風利二月到風遲或一歲無風或三歲其國在海西故
俗謂之海西有河出其國西又有大海海西有遲散城從國下直北至烏丹城西南又渡一河乘船一日乃過西南又渡
一河一日乃過凡有大都三卻從安谷城陸道直北行之海北復直西行之海西復直南行經之烏遲散城渡一河乘船
一日乃過周回繞海凡當渡大海六日乃到其國國有小城邑合四百餘東西南北數千里其王治濱側河海以石為城
郭其土地有松柏槐梓竹葦楊柳胡桐百草民俗田種五穀畜乘有馬騾驢駱駝桑蠶俗多奇幻口中出火自縛自解跳
十二丸巧妙其國無常主國中有災異輒更立賢人以為王而生放其故王王亦不敢怨其俗人長大平正似中國人而
胡服自云本中國一別也常欲通使於中國而安息圖其利不能得過其俗能胡書其制度公私宮室為重屋旌旗擊鼓

白蓋小車郵驛亭置如中國從安息繞海北到其國人民相屬十里一亭三十里一置終無盜賊但有猛虎師子爲害行道不羣則不得過其國置小王數十其王所治城周回百餘里有官曹文書王有五宮一宮間相去十里其王平旦之一宮聽事至日暮一宿明日復至一宮五日一周置三十六將每議事一將不至則不議也王出行常使從人持一韋囊自隨有白言者受其辭投囊中還宮乃省爲决理以水精作宮柱及器物作弓矢其別枝封小國曰澤散王曰驢分王曰且蘭王曰賢督王曰汜復王曰于羅王其餘小王國甚多不能一一詳之也國出細絺作金銀錢金錢一當銀十有織成細布言用水羊毳名曰海西布此國六畜皆出水或云非獨用羊毛也亦用木皮或野繭絲作織成氍毹毾㲪罽帳之屬皆好其色又鮮於海東諸國所作也又常利得中國絲解以爲胡綾故數與安息諸國交市於海中海水苦不可食故往來者希到其國中山出九色次玉石一曰青二曰赤三曰黃四曰白五曰黑六曰綠七曰紫八曰紅九曰紺今伊吾山中有九色石即其類陽嘉三年時疏勒王臣槃獻海西青石金帶各一又今西域舊圖云罽賓條支諸國出琦石即次玉石也大秦多金銀銅鐵鉛錫神龜白馬朱髦駭雞犀瑇瑁玄熊赤螭辟毒鼠大貝車渠馬腦南金翠爵羽翮象牙符采玉明月珠夜

光珠眞白珠虎珀珊瑚赤白黑綠黃青紺縹紅紫十種流離璆琳琅玕水精玫瑰雄黃雌黃碧五色玉黃白黑綠紫紅絳紺金黃縹留黃十種氍毹五色毾㲪五色九色首下毾㲪金縷繡雜色綾金塗布緋持布發陸布緋持渠布火浣布阿羅得布巴則布度代布溫宿布五色桃布絳地金織帳五色斗帳一微木二蘇合狄提迷迷兜納白附子薰陸鬱金芸膠薰草木十二種香大秦道既從海北陸通又循海而南與交趾七郡外夷比又有水道通益州永昌故永昌出異物前世但論有水道不知有陸道今其略如此其民人戶數不能備詳也自葱領西此國最大置諸小王甚多故錄其屬大者矣澤散王屬大秦其治在海中央北至驢分水行半歲風疾時一月到最與安息安谷城相近西南詣大秦都不知里數驢分王屬大秦其治去大秦都二千里從驢分城西之大秦渡海飛橋長二百三十里渡海道西南行繞海直西行且蘭王屬大秦從思陶國直南渡河乃直西行之且蘭三千里道出河南乃西行從且蘭復直西行之汜復國六百里南道會汜復乃西南之賢督國且蘭汜復直南乃有積石積石南乃有大海出珊瑚眞珠且蘭汜復斯賓阿蠻北有一山東西行大秦海東東各有一山皆南北行賢督王屬大秦其治東北去汜復六百里汜復王屬大秦其治東北去於羅三百四十里渡海

也於羅屬大秦其治在汜復東北渡河從於羅東北又渡河斯羅東北又渡河斯羅國屬安息與大秦接也大秦西有海水海水西有河水河水西南北行有大山西有赤水赤水西有白玉山白玉山有西王母西王母西有脩流沙流沙西有大夏國堅沙國屬繇國月氏國四國西有黑水所傳聞西之極矣　北新道西行至東且彌國西且彌國單桓國畢陸國蒲陸國烏貪國皆幷屬車師後部王王治于賴城魏賜其王壹多雜守魏侍中號大都尉受魏王印轉西北則烏孫康居本國無增損也北烏伊別國在康居北又有柳國又有巖國又有奄蔡國一名阿蘭皆與康居同俗西與大秦東南與康居接其國多名貂畜牧逐水草臨大澤故時羈屬康居今不屬也呼得國在葱領北烏孫西北康居東北勝兵萬餘人隨畜牧出好馬有貂堅昆國在康居西北勝兵三萬人隨畜牧亦多貂有好馬　丁令國在康居北勝兵六萬人隨畜牧出名鼠皮白昆子青昆子皮此上三國堅昆中央俱去匈奴單于庭安習水七千里南去車師六國五千里西南去康居界三千里西去康居王治八千里或以爲此丁令即匈奴北丁令也而北丁令在烏孫西似其種別也又匈奴北有渾窳國有屈射國有丁令國有隔昆國有新梨國明北海之南自復有丁令非此烏孫之西丁令也烏孫長老言北丁令有馬

脛國其人音聲似鴈鶩從膝以上身頭人也膝以下生毛馬脛馬蹄不騎馬而走疾馬其爲人勇健敢戰也短人國在康居西北男女皆長三尺人衆甚多去奄蔡諸國甚遠康居長老傳聞常有商度此國去康居可萬餘里　魚豢議曰俗以爲營廷之魚不知江海之大浮游之物不知四時之氣是何也以其所在者小與其生之短也余今汎覽外夷大秦諸國猶尚曠若發蒙矣況夫鄒衍之所推出大易太玄之所測度乎徒限處牛蹄之涔又無彭祖之年無緣託景風以迅游觀騕褭以遐覽但勞眺乎三辰而飛思乎八荒耳

倭在韓東南大海中依山島爲居凡百餘

『後漢書』「倭伝」

國自武帝滅朝鮮使驛通於漢者三十許
國國皆稱王世世傳統其大倭王居邪馬
臺國（案今名邪摩惟音之訛也）樂浪郡徼去其國萬二千
里去其西北界拘邪韓國七千餘里其地
大較在會稽東冶之東與朱崖儋耳相近
故其法俗多同土宜禾稲麻紵蠶桑知織
績爲縑布出白珠青玉其山有丹土氣温
腝冬夏生菜茹無牛馬虎豹羊鵲（鵲或作雞）其
兵有矛楯木弓竹矢或以骨爲鏃男子皆

後漢列傳七十五　十七

黥面文身以其文左右大小別尊卑之差
其男衣皆横幅結束相連女人被髪屈紒
衣如單被貫頭而著之並以丹朱坋身（説文
曰坋塵也音蒲頓反）如中國之用粉也有城柵屋室父
母兄弟異處唯會同男女無別飲食以手
而用籩豆俗皆徒跣以蹲踞爲恭敬人性
嗜酒多壽考至百餘歳者甚衆國多女子
大人皆有四五妻其餘或兩或三女人不
淫不妒又俗不盗竊少爭訟犯法者沒其

妻子重者滅其門族其死停喪十餘日家人哭泣不進酒食而等類就歌舞爲樂灼骨以卜用決吉凶行來度海令一人不櫛沐不食肉不近婦人名曰持衰若在塗吉利則雇以財物如病疾遭害以爲持衰不謹便共殺之建武中元二年倭奴國奉貢朝賀使人自稱大夫倭國之極南界也光武賜以印綬安帝永初元年倭國王帥升等獻生口百六十人願請見桓靈閒倭國

後漢列傳七十五　十八　李杲

大亂更相攻伐歷年無主有一女子名曰卑彌呼年長不嫁事鬼神道能以妖惑衆於是共立爲王侍婢千人少有見者唯有男子一人給飲食傳辭語居處宮室樓觀城柵皆持兵守衞法俗嚴峻自女王國東度海千餘里至拘奴國雖皆倭種而不屬女王自女王國南四千餘里至朱儒國人長三四尺自朱儒東南行船一年至裸國黑齒國使驛所傳極於此矣會稽海外有

東鯷人鯷音達奚反分爲二十餘國又有夷洲及澶洲傳言秦始皇遣方士徐福將童男女數千人入海事見史記求蓬萊神仙不得徐福畏誅不敢還遂止此洲世世相承有數萬家人民時至會稽市會稽東冶縣人有入海行遭風流移至澶洲者所在絶遠不可往來沈瑩臨海水土志曰夷洲在臨海東南去郡二千里土地無霜雪草木不死四面是山谿人皆髡髮穿耳女人不穿耳土地饒沃既生五穀又多魚肉有犬尾短如麕尾狀此夷舅姑子婦臥息共一大牀略不相避地有銅鐵唯用鹿格爲矛以戰鬭摩礪青石以作弓矢取生魚肉雜貯大瓦器中以鹽鹵之歷月所日乃啖食之以爲上肴也

後漢列傳七十五　十九　朱梓

『晋書』「倭人伝」

倭人在帶方東南大海中依山島爲國地多山林无良田食海物舊有百餘小國相接至魏時有三十國通好户有七萬男子无大小悉黥面文身自謂太伯之後又言上古使詣中國皆自稱大夫昔夏少康之子封于會稽斷髮文身以避蛟龍之害今倭人好沉没取魚亦文身以厭水禽計其道里當會稽東冶之東其男子衣以横幅但結束相連略无縫綴婦人衣如單被穿其中央以貫頭而被髪徒跣其地温暖俗種禾稻紵麻而蠶桑織績土无牛馬有刀楯弓箭以鐵爲鏃有屋宇父母兄弟卧息異處食飲用俎豆嫁娶不持錢帛以衣迎之死有棺无槨封土爲冢初喪哭泣不食肉已葬舉家入水澡浴自潔以除不祥其舉大事輒灼骨以占吉凶不知正歲四節但計秋收之時以爲年紀人多壽百年或八九十國多婦女不淫不妬无爭訟犯輕罪者没其妻孥重者族滅其家舊以男子爲主漢末倭人亂攻伐不定乃立女子爲王名曰卑彌呼宣帝之平公孫氏也其女王遣使至帶方朝見其後貢聘不絶及文帝作相又數至泰始初遣使重譯入貢

吉野　満昭（よしの　まんしょう）

著者略歴
慶應義塾大学中退
海上自衛官（艦艇乗組ほか航空基地にて気象班長兼気象海洋予報官歴任、平成元年定年退職、三等海佐）現在熊本県上天草市在住
会社員（株式会社朝日ビルメンテナンス業務部長・株式会社ディ・エス・エス九州営業所所長）
漁師（八代海・玄界灘・有明海で操業）
所有免許・建築物環境衛生管理技術者免許状など

邪馬台国女王の都遂に解明!!
それは紛れも無く熊本県旧玉名郡付近に在った

2022 年 2 月 1 日　初版
著者　吉野　満昭
発行　熊本出版文化会館
熊本市西区二本木 3 丁目 1-28
☎ 096（354）8201（代）
発売　創流出版株式会社
【販売委託】武久出版株式会社
東京都江東区亀戸 8-25-12
☎ 03（5937）1843　http://www.bukyu.net
印刷・製本／モリモト印刷株式会社
※落丁・乱丁はお取り換え致します。
ISBN978-4-906897-73-5　C0021
定価はカバーに表示してあります